LA QUALIFICATION DU TRAVAIL :

DE QUOI PARLE-T-ON ?

la documentation française

I.S.B.N. : 2-11-000220-4

AVANT-PROPOS

Au début de l'année 1977, le Commissariat général du Plan a proposé à un certain nombre de chercheurs, d'universitaires ou de chargés d'études dans l'administration, de participer aux réunions régulières d'un séminaire de recherche centré sur les problèmes de l'emploi et du travail. Regroupant ainsi économistes et sociologues d'origines diverses, ce séminaire a maintenant une existence établie. Il est animé par Bernard Meriaux, Maître de conférences associé à l'Université des sciences sociales de Grenoble, aidé de René Cessieux, chargé de mission au Commissariat général du Plan.

Ce volume constitue la première publication des travaux du séminaire. D'autres suivront dans la même collection ou sous d'autres formes.

Depuis l'origine, il est dans la mission du Commissariat général du Plan de constituer un carrefour entre chercheurs et administrateurs, théoriciens et praticiens, hommes d'études et acteurs sociaux et politiques. Ces échanges s'effectuent sous des formes variées — commissions de préparation du Plan, groupes prospectifs, groupes d'études, liaisons informelles...

Mais c'est sans doute une des premières fois que l'accent est mis aussi délibérément, dans une structure animée par le Commissariat, sur la confrontation des études et recherches en amont des urgences de l'action administrative ou politique.

L'explication en est simple. Les travaux préparatoires du VIIe Plan ont profité de l'apport important d'études et de recherches effectuées depuis le début des années 70, et ont manifesté un progrès certain dans la compréhension des mécanismes de l'emploi et du travail. Ils ont mis aussi en lumière le fait que les supports théoriques et empiriques des hypothèses faites restaient souvent fragiles — et qu'un investissement considérable pour les assurer devait être réalisé.

Il faut notamment faire en sorte que les travaux menés si l'on peut dire sur des plans parallèles par les économistes du travail d'une part, les sociologues du travail d'une autre, les macro-économistes enfin, soient rendus convergents ou à tout le moins soient systématiquement rapprochés et confrontés, que des habitudes de travail en commun et de discussion soient prises, que plus modestement, des relations suivies succèdent à l'ignorance, voire à l'indifférence mutuelle entre chercheurs de disciplines différentes opérant tous sur l'emploi et le travail.

Ce souci du Commissariat général du Plan était partagé : à preuve l'accueil qu'a reçu la création du séminaire, à preuve aussi le nombre et la qualité de contributions qui ont été suscitées par le séminaire, dont les lecteurs de ce volume auront une première impression.

Il nous reste à espérer que l'instrument de dialogue entre chercheurs que constitue le séminaire ne servira pas seulement à faire progresser la recherche mais aussi à nourrir les réflexions de ceux qui ont la charge de préparer et de mettre en œuvre sur le terrain la politique économique et sociale. C'est à eux aussi, c'est à eux d'abord que s'adresse ce volume.

Bernard Brunhes,
Chef du service des affaires sociales,
du Commissariat général du Plan.

SOMMAIRE

Pages

PRÉSENTATION

Cet ouvrage sur la qualification publié dans la collection « Economie et Planification », réunit des contributions soit présentées par leurs auteurs et discutées dans le cadre du Séminaire Emploi organisé par le Commissariat général du Plan, soit directement rédigées à la suite de ces débats. Il constitue donc une innovation.

En effet, même si à strictement parler quelques-unes de ces contributions ne peuvent être considérées comme originales, aucune d'entre elles n'avait fait l'objet jusqu'alors de tirages autres que confidentiels.

C'est la raison pour laquelle le Commissariat du Plan a permis au Séminaire d'accéder à l'une de ses collections : carrefour, lieu de rencontre et d'échange d'idées, il entre aussi dans ses missions de leur assurer une diffusion vers des publics plus larges.

La qualification ne constitue pas en elle-même un nouveau thème de réflexion, en particulier pour les sociologues français qui, à la suite de G. Friedman, P. Naville et A. Touraine et leurs équipes, lui ont toujours accordé une grande attention. Mais ce thème a indubitablement connu un intérêt accru ces dernières années à travers l'étude des classifications des entreprises [1], de leurs crises [2] ou leurs significations [3] mais aussi à travers les évolutions plus globales des emplois, du travail et de leurs rapports avec la formation.

Le Commissariat général du Plan lui-même n'a pas été étranger au regain d'intérêt pour ce deuxième volet puisque c'est dans le cadre du groupe technique de prévision « emploi-formation » ainsi que du comité de l'emploi et du travail mis en place lors de la préparation du VIIe Plan que le problème des qualifications et de leurs évolutions a émergé à nouveau comme point central des rapprochements entre les formations et les emplois [4].

---

1 Y. Dupuy : *Les méthodes de qualification du travail dans les grandes entreprises françaises,* Institut d'études de l'emploi, Toulouse ; édité par le CEREQ dans la collection des documents, document n° 8, janvier 1973.

2 J.-M. Bouguereau et P. Boulle : *La crise des systèmes de classification,* Centre d'anthropologie économique et sociale. Rapport CORDES, Paris. 1976. Document ronéoté.

3 M. Dadoy : *Système d'évaluation de la qualification du travail et politique de gestion du personnel,* Paris, Groupe de sociologie du travail, 1976. Document ronéoté.

4 Commissariat général du Plan : *Rapport du groupe technique de prévision emploi-formation,* La Documentation française, Paris, 1976.

Commissariat général du Plan : *Rapport du Comité de l'emploi et du travail,* La Documentation française, Paris, 1976.

Rapidement, en effet, un débat s'est ouvert à partir de la question : y a-t-il eu ou non une tendance à la déqualification en France ces vingt dernières années ? Tout constat ne valant que par les instruments utilisés pour l'enregistrer et ces instruments dépendant à leur tour des concepts qui leur sont sous-jacents, le débat est rapidement remonté au niveau des théories, voire des présupposés.

Pour mieux cerner sa nature, on peut le ramener à un certain nombre de questions simples mais essentielles qui concernent les statistiques sur l'emploi et les formations.

— Ce que l'on appelle traditionnellement l'évolution des qualifications correspond en fait à une évolution de la répartition de la population active au travail entre les postes d'une nomenclature d'emplois ou d'activités individuelles : quelle est la validité des tendances observées sachant que les réponses divergent fortement selon qu'elles ont comme origine les individus ou les entreprises [1] ? Autrement dit, indépendamment de la pertinence des catégories retenues, quelle est la fiabilité des sources statistiques ?

— En admettant qu'il n'y ait pas de biais aléatoires venant trop perturber leur enregistrement, que signifient les évolutions constatées ? Correspondent-elles à des modifications dans le contenu des activités individuelles ou à des transformations dans les classifications professionnelles, souvent retenues par les entreprises pour répondre aux enquêtes statistiques ? Elles seraient dans ce dernier cas intimement liées aux résultats de négociations salariales. En corollaire, quels peuvent être les rapports entre la nature du travail effectué et son enregistrement dans des nomenclatures ? Se pose alors le problème du vieillissement de ces dernières.

— Le rapprochement entre les formations possédées par des jeunes sortant de l'appareil éducatif et les emplois auxquels ils accèdent, traduit des écarts en leur défaveur par rapport aux normes de correspondance usuellement admises : ce phénomène d'écart peut-il être interprété comme une déqualification ? Est-il correct de raisonner en ces termes et si oui, quelle signification attacher à un tel raisonnement ?

Un tel débat était d'autant plus utile qu'il intervenait au moment où l'Institut national de la statistique et des études économiques (INSEE) et le Centre d'études et de recherches sur les qualifications (CEREQ) avaient reçu pour mission de la part des pouvoirs publics de créer, chacun en ce qui

1 M. Cézard et A. Goy : L'offre d'emploi par profession, *Economie et statistique*, n° 81-82, septembre-octobre 1976, pp. 15 à 26.

les concerne, une nouvelle nomenclature des activités individuelles [1] et un observatoire permanent du contenu de ces activités [2] qui constitueront tous deux les bases de l'information à venir [3].

A propos de problèmes éminemment concrets qui ont fait l'objet de publications par ailleurs [4], était donc relancé un débat d'idées dont les contributions qui constituent ce volume gardent une trace profonde.

En raison de l'ampleur du champ qu'il aborde, ce volume ne couvre pas la totalité du sujet et en particulier ne donne pas un bon aperçu des recherches étrangères ni des recherches sociologiques françaises en ce domaine. On pourrait le déplorer. Il semble préférable de s'en réjouir car est ainsi faite la preuve de la vitalité retrouvée de la réflexion dans ce domaine [5].

Compte tenu de la variété des points de vue des différents auteurs, il n'a pas paru possible, ni même souhaitable, de procéder à une tentative quelconque de synthèse. Il a semblé préférable de laisser aux lecteurs le soin de se forger leurs propres opinions à la lumière des arguments échangés, même si le parti adopté peut engendrer un certain sentiment de redite. Toutefois, que le lecteur ne se trompe pas, nombre de constats ou d'arguments communs débouchent, lorsqu'ils sont repris dans des approches différentes, sur des conclusions diamétralement opposées.

Afin d'en faciliter la lecture, ce volume a été structuré en deux parties. La première correspond à des contributions qui ont été rédigées et dis-

---

1 Cette nomenclature devra être disponible pour le prochain recensement de la population prévu en 1981.

2 Il s'agit du Répertoire français des emplois dont la mise en place doit s'achever à la fin de 1978.

3 Une première réflexion avait été engagée au moment de la conception du Répertoire, sur les classifications, les nomenclatures et leurs rapports avec l'analyse du travail :

— Y. Dupuy : *Etude des classifications d'emploi de quelques organismes publics étrangers ou internationaux*, Institut d'étude de l'emploi, Toulouse, décembre 1972.

— Ouvrage collectif : *L'analyse des qualifications et les classifications d'emplois*. Collection bibliothèque du CEREQ, volume n° 5, septembre 1973, La Documentation française.

4 Outre les données chiffrées figurant dans le rapport du groupe technique de prévision emploi-formation déjà cité, on pourra se référer sur ce sujet à diverses publications de l'INSEE dont :

— *Economie et statistique*, volume 81-82, septembre-octobre 1976.

— J.-M. Chanut : L'adéquation entre l'emploi et les formations dans les régions, INSEE, *collection R*, n° 26, août 1977.

5 Cette vitalité est attestée par les différents articles publiés dans le numéro spécial sur « les qualifications du travail », in revue *Sociologie du travail*, n° 2, avril-juin 1973.

Voir également André Barcet : *Le concept de qualification : essai d'analyse spectrale*, thèse de 3e cycle, UER de Sciences économiques et de gestion, Lyon II, 1978. Document ronéoté.

cutées en rapport avec le Séminaire Emploi lui-même. Elle commence par deux notes qui exposent des thèses, suivies par des analyses critiques de ces dernières, et s'achève sur des commentaires plus synthétiques formulés à l'issue des débats. La deuxième regroupe des contributions qui ont été rédigées en grande partie à la suite des débats précédents et se présentent comme un prolongement et un enrichissement de ces derniers.

A. d'Iribarne et M. de Virville du Centre d'études et de recherches sur les qualifications ouvrent ce volume, en présentant un certain nombre de thèses qui seront plus ou moins fortement critiquées par les autres auteurs. Leur contribution centrée sur les relations emplois-formations au cœur desquelles ils placent la qualification, commence par une présentation des évolutions des emplois, des formations et des mobilités en France et en Allemagne ces vingt dernières années : ils proposent de les interpréter à travers une action de l'appareil éducatif sur la structuration du travail. Ils abordent ensuite la notion de qualification et ses fondements en cherchant, dans un premier temps, à faire le tri entre diverses approches qui, bien qu'étroitement liées les unes aux autres, doivent être selon eux clairement distinguées : l'optique de l'entrepreneur, celle du marché du travail, celle des nomenclatures. Affirmant la relativité de la notion de qualification et lui attribuant un caractère contingent et culturel, ils proposent cependant par ailleurs, en vue d'interpréter valablement l'évolution du travail, de construire un référentiel stable. Ils insistent alors sur le rôle que peut jouer la formation dans la structuration du travail et dans son évolution. Refusant l'idée d'une tendance évidente à la déqualification dans une société technicienne, ils argumentent, pour finir, en faveur d'une mutation de cette dernière accompagnée d'une émergence possible de véritables néo-métiers.

Comme les auteurs précédents, mais avec une approche radicalement différente, M. Vernières du Laboratoire d'économie social de l'université de Paris I, cherche à dégager les diverses notions qui sont généralement associées à celles de qualification et de déqualification. Reprenant la distinction faite entre la qualification des emplois et la qualification des travailleurs, il propose d'assimiler la première aux classifications qui se déterminent suivant le jeu des luttes salariales, pour réserver exclusivement le terme de qualification à celle des travailleurs : la qualification serait alors constituée par la formation et l'expérience du travailleur, qui doit lutter contre l'employeur pour la faire reconnaître. Il attire alors l'attention sur l'importance des rapports macro-économiques entre emploi et formation dans la détermination de cette qualification. Abordant ensuite le thème de l'évolution des qualifications, il écarte la notion de surqualification et s'intéresse au seul phénomène de déqualification. Il souligne la nécessité d'en définir une acception reconnue et de construire des échelles de qualifications, échelles qui, elles-mêmes, dépendent de critères préalablement choisis.

Les deux contributions suivantes de M. Freyssenet du Centre de sociologie urbaine et de R. Salais de l'Institut national de la statistique, correspondent à des remarques critiques formulées sur les notes précédentes, les auteurs renvoyant pour le reste au fondement de leurs thèses déjà exposées par ailleurs [1].

M. Freyssenet se limite ici au seul problème de la définition unique de la qualification. Il commence par rappeler qu'une distinction de départ doit être faite entre diverses notions de qualification et pour sa part en propose sept : celle requise du travailleur, la qualification réelle de ce dernier, celle qui lui est attribuée après une formation, celle attribuée au poste de travail, celle qui est exigée à l'embauche pour un poste donné, celle qui correspond à la totalité d'un procès de travail donné et celle, enfin, attribuée par les organismes officiels de statistiques. Il développe ensuite l'idée qu'entre tous les emplois il existe un élément commun qui est « le temps nécessaire de réflexion sur la pratique ». Cette partie intellectuelle du travail, enjeu de lutte entre les travailleurs et les employeurs, constitue la qualification. Il découpe ensuite ce temps de réflexion en trois éléments distincts : le temps d'acquisition des savoirs de base, celui d'adaptation des savoir-faire aux problèmes posés et celui d'innovation. Soulignant enfin les difficultés d'utilisation de ce concept, il propose de l'appliquer à des postes de travail clairement délimités.

R. Salais commence par rappeler que, pour lui, la qualification est avant tout celle de l'individu : qu'elle est au centre des relations entre formation et emploi qui, elles-mêmes, s'inscrivent dans un double mouvement historique et d'action. Il s'attache ensuite pour l'essentiel à critiquer deux points de la première contribution : le rôle prêté à la formation et l'incidence des technologies sur la structuration du travail ; la lutte des individus pour la reconnaissance de leur formation. Refusant l'idée que l'éducation puisse être un facteur déterminant des structurations du travail et que des sous-systèmes culturels puissent définir les qualifications, il réaffirme le rôle dominant du complexe technologie-organisation du travail au profit de l'entreprise, critiquant au passage la notion de transférabilité des qualifications retenues par A. d'Iribarne et M. de Virville. Il affirme d'autre part la place centrale du processus de déqualification-qualification des emplois, insistant sur le rôle joué en la matière par l'OST*. Mais, précise-t-il, la nature profondément contradictoire du processus d'évolution d'ensemble le rend difficile à observer. Suggérant alors d'aborder l'étude de ce processus à travers « la qualification collective mise en œuvre par un procès de production complet », il rejette tout fatalisme technologique qui conduirait vers un abaissement ou une élévation automatiques des qualifications.

---

1 M. Freyssenet : *Le processus de déqualification-surqualification de la force du travail : éléments pour une problématique de l'évolution des rapports sociaux.* Paris, CSU, 1974. *Qualification du travail, tendance et mise en question.* Collection de la DATAR, La Documentation française, Paris 1975.

R. Salais : Qualification individuelle et qualification de l'emploi : quelques définitions et interrogations : *Economie et statistique,* n° 81-82, septembre-octobre 1975, pp. 3 à 12.

* OST = Organisation Scientifique du Travail.

Dans une note complémentaire, A. d'Iribarne répond aux critiques formulées par M. Vernières, M. Freyssenet et R. Salais. Il s'efforce, dans un premier temps, de mieux cerner les diverses notions de qualifications à partir des arguments développés par les divers auteurs et d'en dégager ainsi les points communs et les complémentarités. Il maintient cependant son opposition à l'idée que l'Organisation Scientifique du Travail (OST) et la déqualification qui serait son corollaire, soient des produits inéluctables des sociétés techniciennes, et insiste à nouveau sur le rôle moteur que joue probablement l'appareil éducatif dans les transformations des sociétés et donc du travail.

Pour faire face à ce qu'il considère comme un écheveau inextricable aujourd'hui, en raison de la multiplicité des thèmes sous-jacents, A. Desrosières propose d'essayer de voir plus clair dans la qualification en repartant d'une approche historique rigoureuse pour « montrer comment ces thèmes sont apparus successivement et quelles ont été leurs fonctions sociales ». Il développe alors quelques questions pour une telle approche : quelles ont été dans les années 50 les réactions ouvrières à la généralisation du taylorisme ? Que signifie l'accent mis dans les années 60 aux besoins en techniciens et la mise en évidence plus tardive de l'émergence d'une catégorie nouvelle intermédiaire entre les OP traditionnels et les OS ? Que signifient les nouvelles grilles de classification du type de celles négociées par l'Union des industries métallurgiques et minières (UIMM) ? L'auteur s'interroge ensuite sur la possibilité effective d'utiliser le temps comme mesure de la qualification, ainsi que le propose M. Freyssenet dans le cadre du processus de polarisation des qualifications qui caractériserait ces dernières années. Il insiste surtout sur le caractère de produit éminemment social que revêtirait la qualification, sur l'importance des écarts entre l'explicite et l'implicite à son propos, s'interrogeant enfin sur le pourquoi de la domination d'une approche technico-économique par rapport à une approche sociale selon lui essentielle. Ce volet serait-il tabou ? se demande-t-il in fine.

*
**

La seconde partie de ce volume débute par une importante contribution de A. Goy, également de l'Institut national de la statistique et des études économiques, qui, s'intéressant aux facteurs d'évolution à long terme des qualifications, commence par dresser un panorama des problématiques sous-jacentes aux travaux de prévision sur l'emploi et les besoins de formation à travers les plans français, du IVe au VIIe. Il étudie ensuite, retenant la distinction entre qualification des emplois et qualification des individus, comment les problèmes de structuration du travail par le système productif sont abordés ainsi que les caractéristiques respectives de la mobilité et de l'évolution du système de formation. Il se penche enfin sur la notion de qualification, le sens de l'évolution des qualifications et les possibilités de faire infléchir ce sens. En matière de qualification, il critique fortement l'analyse du travail présentée par A. d'Iribarne et

M. de Virville. Il accepte l'approche de M. Freyssenet et fait sienne celle en termes de potentiels individuels. Il retient une tendance générale à la déqualification du fait des technologies utilisées dans le cadre de l'OST mise en place par les employeurs pour accentuer leur contrôle du processus de production et abaisser leurs coûts de production. Mais ce mouvement serait freiné par la résistance des travailleurs, et surtout par la nature profondément contradictoire du processus de destructuration et restructuration du travail. Contestant enfin l'idée que l'appareil de formation soit susceptible d'influencer la structuration du travail, il considère qu'une intervention efficace sur les mouvements de qualification passe nécessairement par une politique industrielle contrôlant socialement les transformations de l'appareil productif.

L'approche de J.-P. Faugère et C. Voisin, du Laboratoire d'économie sociale de l'université de Paris I, bien que correspondant aux mêmes interrogations que celles des autres auteurs, présente une certaine originalité par l'étude plus poussée qu'ils font des représentations des emplois, que ce soit à travers les nomenclatures ou les analyses de contenu. Dans le premier cas, ils soulignent qu'il est impossible de considérer les nomenclatures comme neutres et universelles. Dans le second, après avoir rapidement examiné les rapports qu'entretient l'évaluation du travail avec les salaires, à travers les techniques de « job évaluation », les auteurs s'arrêtent plus longtemps sur les approches qui, dans l'optique du marché du travail, s'intéressent aux qualifications requises pour tenir les emplois et donc aux phénomènes de substituabilité entre personnes. De même, ils examinent les descriptions d'emplois réalisées par le CEREQ dans une perspective de définition de besoins en formation, auxquelles ils reprochent leur « timidité dans la prise en compte des structures sociales » et leur prétention de procéder à une analyse neutre. Ils abordent enfin eux aussi le domaine de la qualification du travailleur. Prenant comme point de départ la définition précédemment retenue par M. Vernières, ils se demandent alors quel est l'apport d'une telle notion ? Comment l'expliquer et la mesurer ? Qu'est-ce qu'une déqualification des travailleurs ? et concluent à la nécessité absolue de relier cette notion de qualification au fonctionnement du marché du travail et à la division du travail.

Les réflexions sur le concept de qualification de J.-F. Troussier, de l'Institut de recherche économique et de planification (IREP) de l'université des sciences sociales de Grenoble, passent également en revue, dans un premier temps, ce qu'il appelle les approches traditionnelles de la qualification qui distinguent d'une part la qualification des postes de travail et de l'autre celle des personnes. Il est amené ensuite, analysant ce qu'il appelle des nouvelles approches de la qualification, à approuver les auteurs qui refusent cette distinction et cherchent au contraire à articuler la qualification sur les rapports emplois-individus. Rappelant que dans la réalité l'un et l'autre sont indissociables, il critique au nom de cette imbrication les tentatives traditionnelles d'évaluation de besoins en formation à partir de prévisions d'emploi. Il développe enfin une conception de la qualification basée sur les rapports sociaux et accepte l'idée que le système éducatif peut avoir un impact sur la structuration du travail.

Les propos de R.-P. Rodin, de l'UER de psychologie de l'université de Grenoble, et ceux de G. Jean, de l'Echelon régional de l'emploi et du travail de Marseille, qui terminent cet ouvrage, rejoignent nous semble-t-il, d'une certaine façon, la thèse déjà développée par M. Freyssenet. Les auteurs mettent « le temps » au cœur de l'approche de la qualification. C'est la maîtrise du temps de travail qui est l'objet de la lutte entre les travailleurs et l'employeur capitaliste ; ce dernier, quand il ne peut pas faire autrement, cherche à le contrôler indirectement par des pratiques salariales. Grâce au machinisme et à l'OST, il cherche surtout à s'en assurer la maîtrise directe et à s'en approprier la plus grande part possible, tout en laissant croire au travailleur qu'il garde une certaine maîtrise de son travail. Pour cela, il fixe des normes qui laissent à ce dernier des possibilités de « boni ». Le temps de travail de référence est conçu comme une durée, une amplitude mais aussi une intensité. Faisant explicitement référence à P. Naville et à P. Rolle, ils considèrent que l'élément commun aux différentes forces de travail est qu'elles sont le produit d'apprentissages comparables et ordonnables par leurs durées respectives ; la qualification peut alors être conçue comme « le produit variable et évolutif du rapport entre l'utilisation de la force de travail et le temps de formation nécessaire à sa production ou sa reproduction ». Les auteurs concluent cependant en ces termes : « la qualification n'est décidément plus qu'un artifice de la sociologie libérale visant à masquer qu'être qualifié c'est être pour le travailleur conforme à la norme ».

Le problème essentiel de la qualification comme enjeu social est donc clairement posé. Indirectement comme nous l'avons vu par la manière dont elle influence les problématiques de l'emploi et de la formation, beaucoup plus directement par l'ensemble des éléments mis en cause : que ce soit le statut du travail, les conditions de répartition des fruits de la production entre les détenteurs du capital et les détenteurs de la force de travail ou entre les composants de cette force elle-même ; que ce soit la signification à accorder à la production de la qualité de cette force de travail, à ses conditions d'utilisation et à sa reconnaissance économique et sociale.

Au centre de la réflexion sur la nature et le contrôle des appareils productifs et éducatifs, la qualification apparaît donc au cœur des débats sur l'avenir de nos sociétés. On comprend dès lors le renouveau d'intérêt qu'elle rencontre aujourd'hui.

A. d'Iribarne.

PREMIÈRE PARTIE

débats du séminaire emploi

LES QUALIFICATIONS ET LEURS ÉVOLUTIONS ESSAIS D'ÉVALUATION*

Alain d'Iribarne - Michel de Virville,
Centre d'études et de recherches sur les qualifications (CEREQ)

En matière de politique économique et financière, les pouvoirs publics et les théoriciens se trouvent en situation difficile. En effet, les instruments de politiques qu'ils mettent en place pour combattre des phénomènes qu'ils jugent peu souhaitables et les théories dont ils disposent pour expliquer ces phénomènes persistent en grande partie à être peu opérants : les faits démentent les théories et les responsables des politiques ne savent plus quelles lignes de conduite adopter.

Cette situation est également vraie dans les domaines de l'éducation, de l'emploi et du travail. Pendant les années 50 à 60 nombreux étaient ceux qui croyaient que des politiques massives d'éducation des jeunes puis des adultes suffiraient pour résoudre de façon satisfaisante quatre problèmes jugés essentiels :

— une croissance forte facilitée par la mise à la disposition de l'économie d'une main-d'œuvre qualifiée et abondante ;

— une optimalisation de cette croissance par l'utilisation la plus efficace possible du facteur travail, facteur qui, en raison de ses capacités d'adaptation acquises grâce à la formation, pourrait s'allouer ou se réallouer de façon optimale en vue de l'efficacité de son utilisation ;

— une démocratisation par la promotion des individus, grâce à un accès professionnel aux postes les plus élevés, possible pour tous, indépendamment de leurs origines sociales et grâce à un égal accès au savoir ;

— un optimum social par la pleine mise en œuvre des potentiels individuels dans les situations professionnelles.

---

* Cet article reprend l'essentiel d'une note rédigée en application d'une convention passée avec la Commission de la Communauté européenne.

Malheureusement, en dépit d'un accroissement considérable du budget de l'éducation, on n'a pu que constater :

— la persistance de goulots d'étranglement sur certains types de main-d'œuvre, dont l'influence sur la croissance est mal connue, mais qui sont objets de critiques permanentes de la part des employeurs ;

— la présence stable à côté de ces pénuries, d'une main-d'œuvre formée et non utilisée, attestée par des niveaux et des durées de chômage relativement importants pour diverses catégories de personnes bien déterminées ;

— la persistance malgré une certaine atténuation, de décalages importants dans les accès aux filières éducatives en fonction des origines sociales de même que dans les accès aux emplois à la sortie de ces filières ;

— l'absence d'optimalisation sociale par la non ou la mauvaise utilisation dans la sphère de la production, des compétences acquises par les individus à travers leur formation.

Face à cette situation un certain nombre de recherches se sont développées cette dernière décennie qui rejettent les cadres habituels de référence et en particulier une de leurs hypothèses communes représentée par l'existence de forces convergentes agissant à travers les jeux des marchés conduisant à des équilibres dynamiques renouvelés et stables. C'est ainsi que se sont développées des notions comme celle de la « segmentation » pour l'analyse du marché du travail, ou celle de la reproduction sociale et du « filtre » pour l'analyse de l'appareil éducatif, qui toutes deux incluent, de façon endogène, des mécanismes de reproduction ou de production d'inégalités entre agents.

C'est dans cette perspective que les pays du marché commun se sont interrogés sur l'apparition d'une « internalisation des qualifications », c'est-à-dire une création et une captation des qualifications propres aux organisations employant la force de travail, limitant ainsi les possibilités pour les travailleurs de transférer ces qualifications des unes vers les autres. Ils se sont corrélativement interrogés sur les causes d'un tel phénomène, les mécanismes qui pourraient concourir à son apparition, les conséquences qu'il pourrait avoir pour le fonctionnement du marché du travail et pour les travailleurs, enfin sur les politiques correctrices qui pourraient être mises en place dans le domaine de l'emploi, du travail et des formations, au cas où ce phénomène serait jugé pernicieux et/ou tendrait à se développer.

Prétendre répondre à une interrogation d'une telle ampleur serait une gageure. Cependant, elle recoupait d'autres questions qui émergent continuellement lors de réflexions, par exemple sur le fonctionnement du marché du travail ou sur les évaluations à plus ou moins long terme des « besoins en formation ». Ce point de recoupement est constitué par la connaissance de ce qui est appelé « les qualifications et leurs évolutions ». Sa vertu majeure est qu'elle oblige, pour tenter un tant soit peu d'y répondre, à intégrer étroitement des approches en termes d'emploi, de travail, de formation mais aussi de mobilité jusqu'ici le plus souvent étudiées et traitées de façons indépendantes. C'est bien la structuration de ces éléments et leur dynamique qui devraient être appréhendées, étudiées et comprises.

Ce texte s'articule autour d'un examen plus approfondi de la qualification, ses formes, son origine, ses évolutions. Elle prend appui, dans un premier temps, sur un constat effectué en France et en Allemagne pour déboucher ensuite sur des essais d'interprétation de ces constats.

I. UN CONSTAT

Ce constat porte en gros sur ces vingt dernières années et intéresse les emplois et leurs évolutions, le travail et ses modalités de structuration ; l'éducation et la formation aussi bien initiale que pour les adultes ; les mobilités, les modalités d'accès aux emplois et les entrées dans la vie active ; enfin le chômage. Tous ces éléments doivent être, en effet, rapprochés, s'éclairant mutuellement pour pouvoir caractériser et comprendre le fonctionnement du système dans lequel s'insèrent la qualification et ses formes [1].

Ce constat est triple :

— il est franco-allemand en ce sens qu'il s'appuie sur des observations dans ces deux pays, d'abord indépendamment les unes des autres puis comparées ;

— il est « micro » (économique ou social) parce qu'il correspond à des études particulières portant sur les comportements de divers agents, principalement les entreprises industrielles ;

— il est « macro » parce qu'il prend en compte des informations générales s'appuyant sur de grands agrégats. Ces approches micro et macro se complètent, apportant tantôt un éclairage particulier sur un point indépendamment l'une de l'autre, tantôt concourant à l'éclairage sous des angles différents d'un même point.

Sur un plan strictement scientifique, ce constat n'est pas satisfaisant en raison du manque de représentativité générale des études « micro », de la faible pertinence des informations « macro » et des difficultés de rapprochement entre les deux niveaux, aussi bien pour des raisons instrumentales que conceptuelles.

---

1 Les développements qui suivent s'appuient sur des résultats d'études réalisées par :

— le Centre d'études et de recherches sur les qualifications (CEREQ) de Paris,

— l' « Institut für Sozialwissenschaftliche Forschung » (ISF) de Munich,

en collaboration avec le Laboratoire d'économie et de sociologie du travail (LEST) d'Aix-en-Provence, ainsi que sur les échanges de vue qui ont accompagné leur production dans le cadre de la Communauté européenne.

Il montre cependant, par les perspectives qu'il ouvre, tout l'intérêt d'une telle approche et en particulier celui des comparaisons internationales qui, dans ce domaine, n'en sont qu'à leurs premiers balbutiements alors qu'elles devraient être largement pratiquées.

A. La situation française.

A travers les observations faites en France ces dernières années, un certain nombre d'idées reçues encore largement admises, paraissent difficilement corroborées par les faits.

a. Les emplois et leurs évolutions.

Les évolutions globales par grandes catégories d'emplois, telles qu'elles peuvent être enregistrées à travers les enquêtes statistiques nationales et les recensements de population, font apparaître une évolution nette dans la répartition des actifs entre les différentes catégories d'emplois :

— régression des activités à statut de non salariés en faveur des activités salariées ;

— croissance rapide de l'encadrement moyen et supérieur, tant tertiaire, qu'industriel (ingénieurs, techniciens) et du personnel de la santé et de l'éducation ;

— croissance plus forte des employés que celle des ouvriers ;

— parmi ceux-ci une évolution favorable aux spécialités non spécifiques d'un secteur (OS, conducteurs d'engins, ouvriers de la mécanique et de l'électricité) par rapport au corps de métiers traditionnellement liés à une production spécifique.

Compte tenu des incertitudes importantes qui existent dans l'imputation des actifs aux différents niveaux de qualification et d'une modification de la population des employés dans un sens qui serait défavorable à celle-ci, il ne paraît toujours pas possible, dans la limite et en acceptant la logique des instruments utilisés, de conclure clairement dans le sens d'une croissance ou d'une décroissance globale de la qualification, sauf à assimiler à ce phénomène les modifications de statuts précitées.

b. Les personnes dans les emplois.

Les mêmes sources statistiques nationales font apparaître toujours en longue période, des transformations marquées dans la répartition des actifs par niveaux éducatifs en fonction des catégories d'emplois occupés. Le mouvement général se traduit par une élévation régulière des niveaux éducatifs dans chaque catégorie sachant que celui-ci dépend de la conjugaison de plusieurs phénomènes qui, selon les cas, ont pu jouer des rôles différenciés :

— le premier est lié au rajeunissement de l'accès à certains emplois : un accès plus jeune pouvant être compensé par la détention de titres de qualification plus élevés. Ceci est tout particulièrement le cas en ce qui concerne le développement des appareils de formation technologique, et les insertions qui en résultent dans des emplois antérieurement pourvus par promotion ;

— le second correspond à l'évolution du contenu des emplois concernés en dépit de l'identité de la catégorie qui le désigne, que cette évolution ait été déterminée par l'évolution du niveau de formation de ses détenteurs ou qu'elle ait suscité celle-ci ;

— le troisième met en cause réciproquement l'identité dans le temps des contenus de formation qui composent un même niveau : ceux-ci ont pu se modifier, la qualité de la formation s'altérer ou s'affirmer ;

— enfin, par suite de l'élévation globale de la formation et donc de la moins grande rareté relative de formés d'un niveau donné, les employeurs ont pu se trouver à même de recruter à un poste déterminé des salariés plus formés sans que pour autant le contenu de ceux-ci soit modifié.

Globalement, l'interprétation sociale de ces phénomènes doit donc être faite avec beaucoup de prudence.

c. **Les emplois pour les jeunes.**

Les statistiques de chômage font apparaître une proportion de jeunes parmi les chômeurs plus élevée que leur présence dans la population active. On en déduit le plus souvent qu'il existe un handicap particulier pour les jeunes vis-à-vis de l'emploi, handicap qui serait renforcé par la qualité des emplois d'accès : les jeunes sortant de l'appareil éducatif, en admettant qu'ils trouvent du travail, accèdent à des emplois inférieurs aux qualifications acquises au cours de leurs formations.

Une observation plus précise des statistiques de chômage par âge montre que ce phénomène ne date pas de l'actuelle crise.

Il est particulièrement éclairant d'examiner outre les stocks (population active occupée, demandeurs d'emploi), les flux qui, pour une période déterminée, circulent entre ces stocks. On constate alors que les jeunes sont particulièrement nombreux, à la fois dans le flux des demandeurs venant à s'inscrire au chômage pendant une période, et dans celui des demandeurs qui cessent de l'être soit par placement, soit par annulation. La proportion beaucoup plus élevée des jeunes parmi les demandeurs d'emploi que dans la population active occupée s'explique par le décalage qui existe entre ces deux phénomènes, le premier étant de loin le plus important. Quoique l'interprétation de ces faits reste délicate, la situation des jeunes chômeurs apparaît moins marquée par la difficulté à trouver des emplois qu'à conserver ceux qu'ils trouvent. Ceci peut être rapproché de l'importance des flux de contrats de travail à durée déterminée parmi les causes de chômage des jeunes ayant auparavant occupé un emploi. Il faut enfin souligner combien, du point de vue du chômage, la situation des jeunes femmes est plus défavorable que celle des hommes.

De même l'examen des flux d'insertion conduit à remettre en cause certaines interprétations couramment données aux faits saillants que cet examen met en lumière : l'existence d'un nombre important de jeunes dont le niveau d'emploi d'entrée est inférieur au niveau de formation reçue. Ceci est fréquemment considéré comme impliquant un mauvais fonctionnement du système éducatif dont les produits seraient déconsidérés sur le marché du travail.

Cette interprétation globale est erronée. Une analyse beaucoup plus précise des phénomènes en présence est absolument nécessaire. Elle doit tenir compte des niveaux et des spécialités de formation, des caractéristiques socio-démographiques des populations et des conditions d'offre d'emplois.

L'examen de ces flux montre à l'évidence combien les conditions d'insertion des jeunes en fonction du niveau de formation et à un moindre degré de la distinction entre enseignement général et enseignement technique, sont contrastées. Ainsi, la formation reçue apparaît bien comme un des critères déterminants à l'embauche.

D'une façon générale, les handicaps les plus importants sont ceux rencontrés par les jeunes sortant à la fin de la scolarité obligatoire sans formation professionnelle mais aussi pourrait-on dire sans formation. Ils trouvent plus difficilement des premiers emplois, eux-mêmes classés au plus bas de la hiérarchie, et y restent prisonniers en grande partie. Les jeunes ayant reçu des formations professionnelles même incomplètes peuvent également accéder à des premiers emplois non qualifiés, surtout s'ils n'ont pas encore fait leur service militaire, mais se retrouvent par la suite, après un délai plus ou moins long, dans des emplois classés comme qualifiés.

Les déqualifications constatées à l'entrée dans la vie active résultent plus, semble-t-il, de l'abondance d'une offre pour des emplois de faible qualification qui ne peut être satisfaite par le seul flux des jeunes non formés, malgré son volume élevé, que d'une insuffisance des formations proprement dite [1].

La comparaison entre hommes et femmes est très difficile en ce qui concerne le niveau d'emploi car il ne peut être apprécié avec une relative précision que pour les spécialités industrielles. Or, les femmes ne suivent pratiquement pas de formations industrielles — à l'exclusion de l'habillement — et les hommes ne suivent qu'en petit nombre des formations techniques conduisant à des positions d'employés qualifiés. Si donc on peut constater une insertion nettement défavorable pour les femmes, celle-ci résulte autant de la nature des formations auxquelles elles ont accès que des conditions proprement dites de leur insertion. Il apparaît, en effet, à tous les niveaux de formation, un glissement assez net vers les métiers tertiaires des hommes formés dans des spécialités

1 Il est difficile d'être parfaitement affirmatif dans ce cas puisque l'on observe l'offre d'emploi « ex-post », en particulier dans la façon dont elle s'est répartie entre les jeunes formés et les autres.

industrielles. Ce glissement s'accompagne de l'insertion des jeunes femmes possédant une formation professionnelle dans des emplois non qualifiés du secondaire.

A l'intérieur de ces grandes catégories, les spécialités secondaires semblent mieux s'insérer que les spécialités tertiaires. Mais là encore, des contrastes apparaissent à l'intérieur de ces populations lorsque l'on examine des spécialités fines, de même que lorsque l'on tient compte de la localisation, voire des origines sociales des parents, dans le cas des enseignements supérieurs.

C'est donc l'ensemble de ces aspects qui doivent être conjointement analysés avant de conclure à une tendance généralisée quelconque.

d. **L'éducation et la formation professionnelle.**

Si l'accent est souvent mis sur l'importance de l'effort éducatif français et son corollaire, constitué par un large développement de l'enseignement supérieur accessible à toutes les catégories des populations, une lecture plus attentive conduit, là aussi, à un jugement nettement plus nuancé.

L'appareil de première formation est caractérisé par une dissociation marquée entre un enseignement professionnel court qui débouche rapidement sur des emplois plus ou moins qualifiés selon des filières nettement diversifiées et un enseignement général et technique long qui débouche sur les enseignements supérieurs, puis en grande partie sur des emplois d'encadrement [1].

Entre ces deux grands blocs, un tri des élèves, selon les catégories socio-professionnelles de leurs parents, s'opère sévèrement.

Une deuxième caractéristique est constituée par la présence proportionnellement très importante (plus que de l'ordre du quart d'une classe d'âge) de jeunes sortants sur le marché du travail sans formation professionnelle.

Il y a donc au départ des dissociations entre groupes sociaux d'origine qui se retrouvent par la suite dans les emplois occupés.

Les efforts faits pour la formation des adultes sont également importants, mais les stages dispensés intéressent, de façon privilégiée, les détenteurs des emplois qui ont les niveaux de formation les plus élevés, et ceci en dépit d'une évolution en faveur d'une répartition plus équitable. Contrairement à ce qui est couramment admis, les stages dispensés dans ce cadre correspondent souvent à des durées de formation qui dépassent de simples mises à jour à finalités étroites, ce qu'atteste la fréquence relativement élevée des changements de niveau d'emploi consécutif au suivi d'une formation.

---

1 Si la possession d'un diplôme supérieur ne garantit pas l'accès direct à des emplois salariés d'encadrement du moins constitue-t-elle aujourd'hui une condition quasi nécessaire.

e. **La structuration du travail.**

L'étude d'unités de production appartenant à des secteurs d'activités identiques et dotées de caractéristiques techniques et économiques voisines (taille, produits fabriqués, équipements mis en œuvre) montre que ces unités mettent en œuvre à un moment donné des modes d'utilisation du travail fortement différenciés. Ces différenciations apparaissent nettement à deux niveaux d'analyse distincts et complémentaires[1] :

— L'observation d'établissements, qu'ils soient ou non des unités de production, montre qu'il est très difficile de dégager des modes d'organisation du travail — organisation hiérarchico-fonctionnelle — et des structures d'emplois, c'est-à-dire des répartitions de fréquences d'effectifs entre les postes d'une nomenclature, en des ensembles à caractères voisins, et de relier ces ensembles diversifiés à des variables possédant les caractères précités. Si de telles associations peuvent être réalisées de façon assez satisfaisante en combinant un nombre relativement élevé de variables, il n'en demeure pas moins à l'intérieur de chaque type établi des dispersions non négligeables de structures.

— L'étude des emplois eux-mêmes, c'est-à-dire de leurs contours et de leurs contenus, révèle non moins nettement de grandes différences de définitions d'une entreprise à l'autre, voire à l'intérieur d'une même entreprise d'un établissement à l'autre. Ce constat reste valable même pour des activités professionnelles intervenant sur des matériaux semblables avec des matériels comparables.

Cela signifie donc qu'il existe de nombreuses possibilités de structuration du travail dans un pays et un contexte technico-économique donnés. Les différences constatées n'entraînent pas, semble-t-il, de handicaps concurrentiels rédhibitoires, toutes les observations portant sur des unités existant depuis de nombreuses années. Cela signifie en particulier que les entrepreneurs disposent toujours à un moment donné d'une marge de liberté substantielle par rapport aux technologies qu'ils mettent en œuvre et que, nous le verrons, d'autres facteurs sont amenés à intervenir dans les structurations du travail et les organisations.

Les recherches entreprises tendent à montrer que les calculs des entrepreneurs, leurs choix de politiques et leurs stratégies sur les marchés tant des produits que des facteurs, convenablement agencés dans un jeu de contraintes, d'actions volontaires et de laisser-aller, seraient susceptibles d'expliquer assez précisément les phénomènes observés.

---

1 On pourra se référer à ce sujet aux études du CEREQ sur les secteurs de la chimie et de la mécanique. Collection des documents :

N° 16. — *Etude de l'évolution des qualifications dans la chimie.* Tomes 1 à 9.

N° 23. — *Etude de l'évolution des qualifications dans la mécanique.* Tomes 2 à 7.

f. **L'accès aux emplois et les filières professionnelles.**

Face à ces structurations diversifiées du travail, les modalités d'accès aux emplois présentent, elles aussi, des situations contrastées, du moins dans l'industrie :

Pour le personnel d'encadrement des différents services techniques, les détenteurs de diplômes supérieurs tendent à être d'autant plus nombreux que l'on s'éloigne de la fabrication au sens strict pour passer vers les services techniques puis vers les divers services fonctionnels qui comportent un nombre de cadres d'autant plus élevés qu'ils sont étoffés. En production, le renouvellement de l'encadrement tend à substituer des ingénieurs diplômés à des personnes souvent formées sur le tas et possédant des formations de niveau limité. Ces substitutions s'accompagnent de modifications dans les champs des compétences.

Pour les personnels ouvriers qualifiés de la production, il semble que l'on puisse distinguer d'une part des emplois dont le contenu demande la mise en œuvre de connaissances techniques clairement répertoriées et identifiées dans des programmes de formation. Dans ce premier cas, on assisterait à des associations entre les formations professionnelles et les emplois tenus conformément aux schémas de correspondance traditionnellement utilisés. Les accès aux emplois et les carrières professionnelles se feraient selon des progressions régulières s'ordonnant autour d'acquisitions de qualifications croissantes qui résulteraient de passages par des fonctions hiérarchisées ou de changement d'emploi dans un même secteur à travers des emplois à niveaux de classification croissants. Les possesseurs de diplômes professionnels ou techniques tendent à débuter chaque fois dans des emplois au niveau ou au-dessous de leur niveau de formation. Entrent dans cette catégorie nombre d'emplois de la mécanique, de l'électricité de l'électronique.

Il existerait d'autre part des emplois, principalement rencontrés dans des industries à processus, du type chimique par exemple, pour lesquels les associations avec les informations et les séquences directes seraient différentes. Pour ces emplois, dont la caractéristique commune serait pour pouvoir être correctement tenus, d'exiger une bonne capacité à se situer dans un système complexe et abstrait, les modalités d'accès se feraient sous forme de tris dans une population de diplômés préalablement embauchés pour des emplois faiblement qualifiés. Le passage d'emplois non qualifiés à des emplois qualifiés se ferait selon une progression plus brusque, liée à la mise en évidence des capacités professionnelles requises, capacités non directement discernables ni explicites à travers les formations traditionnellement décrites [1].

---

1 On remarquera cependant que l'on tend à retrouver dans ces emplois nombre de personnes possédant une formation ou une expérience professionnelle de mécanique ou d'électricité.

B. **Les comparaisons franco-allemandes.**

Ces comparaisons peuvent être établies sur les deux plans retenus pour l'analyse et selon une progression voisine.

a. Comme la France, l'Allemagne connaît une tendance d'évolution des emplois qui se traduit par une importance accrue des salariés et une croissance relativement plus rapide des catégories professionnelles correspondant aux encadrements techniques et tertiaires. Les professions industrielles y sont cependant plus importantes en raison du poids relatif de ces secteurs dans l'ensemble des activités économiques.

b. Sans parler des différences dans leurs degrés de centralisation, les appareils éducatifs divergent fortement sur de nombreux points[1] :

— le poids de l'appareil public formel autonome, sous la stricte dépendance technique et administrative de l'Etat, est beaucoup plus élevé en France ;

— tant au point de vue des flux de sorties par niveau de formation, que des articulations entre les filières, en particulier d'enseignement professionnel court et long, l'appareil éducatif allemand constitue un tout qui semble plus homogène, permettant des brassages plus grands entre populations ;

— avec la présence du système appelé « mixte » et en distinguant bien à l'intérieur de ce dernier les secteurs industriels des secteurs artisanaux, le système allemand paraît nettement plus proche du monde productif que pourrait l'être son homologue français ;

— enfin, la formation professionnelle, au sens d'une formation finalisée par une volonté d'obtenir des productions rapidement opérationnelles, s'y manifeste de façon nettement plus marquée d'une part à travers son poids dans l'ensemble des formations, d'autre part à travers l'esprit qui préside à la formation professionnelle elle-même.

c. Les comparaisons par niveaux de formations des populations actives des deux pays font apparaître une pyramide plus ramassée en Allemagne qu'en France, avec dans ce dernier pays une proportion plus élevée de diplômés de niveau supérieur et de sans diplômes. Les mêmes comparaisons sur les répartitions des niveaux de diplômes par grandes catégories d'emplois et leurs évolutions font également apparaître des propor-

1 La formation permanente n'a pu être examinée faute d'avoir pu disposer d'informations sur ce sujet pour l'Allemagne.

tions plus faibles de diplômés supérieurs dans les catégories d'encadrement technique et tertiaire en Allemagne qu'en France [1].

d. A défaut de connaissances sur les modalités d'insertion professionnelle des jeunes dans la vie active à la sortie des appareils de formation et de comparaison des chômages par âge, on reste dans l'incertitude quant à savoir si les jeunes Allemands entrent plus facilement en activité que les jeunes Français, mais risquent plus par la suite de se trouver en chômage.

e. Les structures d'emplois et d'organisation et l'accès aux emplois [2].
Les comparaisons portant sur des couples d'entreprises à caractéristiques technico-économiques assez voisines, montrent des différences significatives dans les structures d'emplois des entreprises de chaque couple ainsi que dans leurs organisations hiérarchico-fonctionnelles.

D'une façon générale, les entreprises allemandes étudiées présentent un pourcentage de cadres moins élevé que leurs homologues français et une proportion d'ouvriers spécialisés et non qualifiés également plus faible.

Les entreprises françaises tendent à appliquer, d'une manière plus poussée, les modèles d'organisations hiérarchico-fonctionnels qui se traduisent par des lignes hiérarchiques beaucoup plus longues avec la présence d'échelons intermédiaires nettement plus nombreux entre le sommet de l'entreprise et les travailleurs de base, ainsi que par un découpage des activités à l'intérieur des entreprises selon des services fonctionnels spécialisés également plus nombreux. Il en résulte donc un éclatement plus fort des activités individuelles, le personnel d'exécution de la production étant désaisi d'une série de ses attributions au profit d'un double contrôle hiérarchique et fonctionnel à caractère technique et administratif. Dans chaque service, les encadrements tendraient à être plus lourds qu'en France.

Les statuts des personnes de même que les niveaux de rémunération seraient également plus différenciés en France de sorte qu'une contradiction apparente avec le bon sens économique apparaîtrait, chaque pays employant en proportion plus élevée la main-d'œuvre qu'il paierait relativement la plus chère. C'est ainsi que les entreprises françaises tendraient à employer proportionnellement plus de cadres et les rémunéreraient

---

1 L'interprétation de ces résultats est cependant délicate en raison des incertitudes qui résultent des instruments utilisés (validité des interprétations et pertinence des rapprochements formels) mais aussi des différences existant dans les contextes économiques globaux. Il paraît difficile, en effet, de faire la part dans le constat réalisé entre ce qui serait dû à une capacité promotionnelle plus grande des jeunes formés allemands, pour répondre aux besoins d'encadrement vital pour une économie qui a connu une croissance très rapide, surtout en début de période, ou à l'afflux d'une importante population de langue allemande venant de la RDA, déjà formée professionnellement et directement utilisable.

2 On pourra se référer sur ce sujet à la publication du LEST : *Production de la hiérarchie dans l'entreprise, recherche d'un effet sociétal - France-Allemagne.* Rapport CORDES, octobre 1977. Document ronéoté.

relativement mieux que leurs homologues allemands qui les utiliseraient en proportion moindre, tandis que les entreprises allemandes qui emploieraient plus d'ouvriers qualifiés que leurs homologues français, les rémunéreraient, elles aussi, beaucoup mieux[1].

Enfin, sans doute les origines sociales des différentes catégories, mais indubitablement leurs origines scolaires, ne sont pas les mêmes, du moins dans les grandes entreprises des secteurs industriels qui ont été étudiés. Bien que dans les encadrements des services fonctionnels administratifs et surtout commerciaux, on tende à rencontrer, dans un pays comme dans l'autre, une proportion accrue de diplômés d'études supérieures d'origine universitaire, les encadrements de la production dans les entreprises allemandes disposeraient d'une formation professionnelle et technique plus poussée, acquise dans des filières scolaires proches ou identiques à celles suivies par de nombreux ouvriers qualifiés de production, mais pendant une durée moindre. En France, au contraire, il existerait un contraste plus marqué entre d'une part l'encadrement intermédiaire qui, proche des ouvriers qualifiés de production, posséderait une formation technique plus limitée et un encadrement supérieur, plus nombreux et plus souvent diplômé d'enseignement supérieur.

Les distances sociales entre les catégories constituant les deux extrémités des pyramides professionnelles des entreprises ne seraient pas les mêmes. Elles seraient plus élevées en France entre d'une part, des personnels d'exécution à travail plus parcellisé, plus nombreux, faiblement formés professionnellement mais pouvant posséder des niveaux d'enseignement général plus élevés, et de l'autre, un encadrement également plus nombreux, doté de diplômes supérieurs à caractères généraux plus que professionnels ou techniques et ayant eu à franchir un nombre plus limité de niveaux hiérarchiques internes.

C. Essais d'interprétation : le rôle de l'appareil éducatif dans la structuration du travail.

De l'ensemble de ces constats on ne retiendra ici que cet aspect théorique particulier.

Les études nationales révèlent l'existence sensible de marges de liberté dans la structuration du travail et son organisation par rapport aux facteurs techniques. Les comparaisons internationales qui, seules concilient les exigences de l'analyse synchronique avec la possibilité de faire varier le facteur éducation, laissent apparaître des coïncidences pour le moins troublantes. En effet, dans chaque pays, les catégories professionnelles les plus nombreuses, et statutairement les mieux traitées relativement

---

1 En fait ce paradoxe peut très bien n'être qu'apparent, les masses salariales visées pouvant être finalement très semblables. De plus le choix de la catégorie dont le salaire est pris en référence est crucial : les différences évoquées ici ont été faites à partir du salaire des OS. Celles-ci sont beaucoup plus faibles si l'on calcule en écarts à partir des rémunérations des OQ.

les unes aux autres, correspondent aux flux de sorties des appareils éducatifs les plus élevés : pour l'Allemagne les ouvriers qualifiés et les diplômés de l'enseignement professionnel et technologique, pour la France les cadres et les diplômés de l'enseignement supérieur. On serait donc en présence d'une action différenciatrice (ou surdifférenciatrice) de l'appareil éducatif sur la structuration du travail qui reste à expliquer[1].

Cette explication doit être recherchée à la fois du côté de l'entreprise et des modalités du calcul de sa combinaison productive et du côté des individus offreurs de leurs forces de travail qui cherchent, soit individuellement, soit collectivement, à accroître leurs avantages relatifs. Ces deux actions se combinent dans des processus qui, à un moment donné, peuvent être antagonistes mais qui, avec le temps, s'associent et se renforcent. C'est pourquoi le facteur temps est essentiel à prendre en compte dans la compréhension de la structuration du travail. Il permet seul, en effet, d'expliquer valablement les contradictions apparentes entre d'une part, les diversités immédiates observées dans les modalités de structuration du travail et de l'autre, les convergences de longues périodes dues à la solution des contradictions mentionnées. Il en va ainsi pour l'éducation comme pour les technologies.

Sans vouloir y rechercher à tout prix les points de départ dans l'interaction entre le travail et l'éducation, on peut noter que l'éducation intervient dans un premier temps dans la structuration du travail par le biais des types de main-d'œuvre qu'elle contribue à créer. De ce type de main-d'œuvre, en nature et en volume, dépendent en partie les raretés relatives des différentes sortes de travail accessibles aux entrepreneurs. Si on considère que la présence initiale d'une main-d'œuvre abondante de faible niveau de formation à côté d'une main-d'œuvre traditionnelle à caractère artisanal, les incite normalement à s'organiser pour utiliser cette main-d'œuvre au maximum, le modèle hiérarchico-fonctionnel taylorien particulièrement adapté à cet objectif étant disponible, est logiquement adopté. Cependant, la présence d'une main-d'œuvre à faible niveau professionnel entraîne le plus souvent des difficultés de fonctionnement qui conduisent à renforcer les contrôles techniques et administratifs de façon à assurer une fiabilité suffisante du système productif. S'amorce alors un renforcement de l'organisation hiérarchico-fonctionnelle qui accroît la parcellisation d'une partie du travail et renforce la tendance à l'usage d'une main-d'œuvre sans formation. Peu à peu les emplois existant à la base perdent toutes leurs exigences de qualifications et toute valeur formante chassant le personnel ayant une qualification professionnelle. L'organisation différenciée au maximum prend alors toute sa justification et apparaît comme une nécessité tout en limitant les perspectives professionnelles des formés dans la mesure où ils deviendraient nombreux. Cette situation correspondrait à celle de la France.

---

1 Il faudra cependant éviter le piège qui consisterait à imputer totalement à l'appareil éducatif les causes d'un tel phénomène, sans parler d'une tendance française à la stratification sociale qui n'est pas nouvelle, et souligner le rôle que peuvent jouer les luttes entre groupes sociaux en vue de s'assurer une part plus élevée des fruits de la production.

Une politique de formation axée dès le départ sur la production en abondance d'un personnel qualifié du type artisanal ayant évolué vers une qualification industrielle directement dérivée conduit au contraire, en bonne logique, à l'effet inverse. Les entreprises disposant en abondance de ce type de main-d'œuvre construisent normalement des structures productives qui lui font appel en priorité. Ce cas semble avoir été celui de l'Allemagne.

L'action de différenciation du côté de l'entreprise peut être renforcée par les comportements des individus qui s'organisent collectivement à plus où moins grande échelle et selon des modalités variées pour se protéger contre une banalisation de leurs activités susceptible de diminuer leur capacité à négocier leur force de travail [1]. L'objectif est alors de parvenir à la reconnaissance d'un travail différencié et à un monopole d'accès par des filières de formation dont l'entrée est contrôlée par les groupes eux-mêmes. Cette forme ultime est celle, bien connue, des professions réglementées à caractère libéral ou artisanal.

Sans aller jusqu'à ce stade, il existe de nombreuses formes intermédiaires de protection qui peuvent s'appuyer aussi bien sur des conditions statutaires — possession de diplômes exigés pour accéder à différents emplois de la fonction publique — que contractuelles (par exemple : catégories des cadres fixées par les conventions collectives).

Le jeu normal des groupes antagonistes conduit alors à la sécrétion de stratifications horizontales et à des différenciations internes à ces strates :

— luttant pour limiter les entrées, ils tendent, lorsqu'ils sont diplômés, à favoriser la création de filières de formations spécifiques à leur groupe parce que encouragées par eux-mêmes et combattues par les autres : formations de techniciens pour les emplois de techniciens, formations de grandes écoles pour les emplois de cadres supérieurs ; formations en écoles (à ne pas confondre avec les précédentes) pour les emplois de cadres moyens ou subalternes ;
— luttant d'autre part pour accéder normalement aux groupes supérieurs (cas des techniciens supérieurs par exemple cherchant à se faire reconnaître le titre d'ingénieur-technicien ou la position de cadre), les réactions de blocage rencontrées conduisent à la stratification interne du groupe en sous-catégories, multipliant les échelons différenciés par leurs rémunérations, voire plus largement par leurs statuts, sans que les nécessités techniques paraissent justifiées.

On comprend mieux dès lors les contradictions apparentes qui peuvent exister entre l'existence manifeste de grandes diversités dans les structurations du travail observées à des moments donnés et l'affirmation faite par ailleurs de l'existence de contraintes exercées sur ces structurations par les techniques et l'appareil éducatif. Pour cela, le temps et son action doivent être introduits :

---

1 C'est à cet objectif que répondent les syndicats professionnels ou catégoriels, les associations professionnelles spécifiques à des catégories, les associations d'anciens élèves, etc.

— en courte période, les structurations du travail dans chaque entreprise dépendent des choix de combinaisons productives qu'elles opèrent dans des contextes historiques, économiques et sociaux qui leur sont particuliers. Même pour des produits équivalents l'existence de structures d'emplois homogènes, sans parler des personnes dans les emplois, ne peut donc s'envisager que dans le cas où un grand nombre de ces facteurs sont de même nature, conduisant les entrepreneurs à effectuer des choix de techniques et de structurations du travail très voisins. Ces dernières, bien que hétérogènes, constituent des données contraignantes autour desquelles les entrepreneurs déposent des marges d'adaptation instantanées limitées. Les possibilités de restructuration, pour faire face par exemple à des transformations dans les caractéristiques des personnes disponibles, sont également limitées. On peut dès lors valablement considérer que l'appareil éducatif a une faible influence sur la structuration du travail, sachant que les modalités d'accès aux emplois sont quant à elles, continuellement ajustées ;

— en longue période, la structuration du travail s'inscrit dans une double évolution du processus physique de production et des ressources humaines. Les produits fabriqués, les techniques mises en œuvre dans leurs fabrications changent, entraînant des renouvellements dans les processus productifs, de même les flux de jeunes sortant des appareils éducatifs se modifient entraînant des évolutions dans les savoir-faire et les mentalités. En longue période, les choix économiques et technologiques ne peuvent pas être considérés comme indépendants des personnes, de même que les choix éducatifs ne sont pas indépendants des évolutions techniques et économiques.

La structuration du travail évolue donc à l'intérieur d'un système de facteurs interdépendants dans lequel l'éducation joue certainement un grand rôle sans que l'on puisse encore en discerner avec précision la portée et les modalités exactes.

II. LA QUALIFICATION, ÉLÉMENT CENTRAL DES RAPPORTS EMPLOI-FORMATION

Pour interpréter de façon satisfaisante les phénomènes historiques tels qu'ils sont décrits et pour porter un éventuel jugement critique sur la portée des situations observées, du point de vue des pouvoirs publics, il paraît essentiel de tenter de mieux cerner les apports et les enjeux associés aux différents éléments qui interviennent dans les relations emploi-formation.

La qualification se situe à l'intersection des systèmes productifs et éducatifs. Elle est constituée par un potentiel qui est entre autre acquis à travers l'appareil éducatif et qui se manifeste lors de sa mise en œuvre dans le processus de travail. Elle fait l'objet d'une reconnaissance à travers la répartition des surplus dégagés par ce processus.

L'appréhension de la qualification est extrêmement difficile car elle ne constitue pas en elle-même un objet isolable. Elle résulte de rapports entre d'autres phénomènes et ne peut donc être étudiée qu'à travers l'analyse des rapports structurés entre les phénomènes qui concourent à sa définition.

La difficulté de l'approche de la qualification est encore accrue car procédant d'analyses techniques extrêmement complexes, elle relève également de la lutte sociale et donc de ce fait appartient aux débats politiques. Rares sont alors les écrits qui se placent solidement sur les deux plans technique et politique faisant la part de leurs apports réciproques et des conséquences qui en découlent.

Pour simplifier au départ, on peut considérer qu'il faut au minimum isoler ce qu'on peut appeler l'appréciation de la qualification, en distinguant sa valeur liée à sa contribution à la production et sa valeur lors de l'échange sur le marché du travail, de ce qu'on pourrait appeler sa nature avec les notions de transférabilité entre organisation et de contribution productive, et son origine avec les phénomènes de formation par accumulation combinée ou non de formation en appareil formel et d'expérience professionnelle.

En se limitant au cadre étroit de l'analyse de la contribution productive, le problème est de croiser ce que l'on a appelé l'appréciation et la nature de la qualification avec son origine en faisant intervenir les modes d'organisation du travail pris sous les deux aspects de son *degré de division et de ses modalités de configuration (spécifiques aux organisations ou standardisées).*

Dans ces divers cas, une attention particulière devra être apportée aux représentations des phénomènes retenus et à leur rapport avec les fonctionnements réels.

De plus, dans une perspective dynamique de l'approche de la qualification, il devient nécessaire d'adopter un cadre plus large d'analyse qui englobe d'une part, les mutations de l'appareil productif et de l'autre, les évolutions du système culturel global.

A. La manifestation de la qualification : l'organisation et la division du travail.

Si l'on admet que la *contribution productive* d'un individu dépend de sa capacité à maîtriser la situation travail dans laquelle il se trouve, c'est-à-dire ses rapports avec les matériels, les procédures et les personnes qui concourent à la production, cette qualification n'est pas indépendante des capacités cognitives des individus, capacités qui se manifestent par une vitesse d'apprentissage au poste pouvant s'échelonner entre une adaptation instantanée et un temps d'adaptation infini.

Le processus d'apprentissage devra se faire de façon combinée selon les trois dimensions précitées. Il peut s'ordonner sur des capacités croissantes de captage, déchiffrage et maîtrise (réaction correcte) des informations qui leur correspondent. Il se réalise au moyen d'outils intellectuels eux-mêmes possédés ou susceptibles d'être acquis par des formations préalables en appareil formel, ou par des formations par passages successifs dans des postes.

Toutefois, la notion de contribution productive ne permet pas, à elle seule, de cerner ce qu'est la qualification. Il est nécessaire de lui adjoindre celle de transférabilité. Cette notion correspond à des vitesses d'apprentissage appréhendées non plus par rapport à une contribution productive déterminée mais par rapport à une série de contributions que ce soit chez un même employeur ou chez des employeurs différents.

L'influence de la spécificité des technologies ne sera pas développée ici, non parce que le rôle de ces dernières est peu important par rapport au sujet traité (elle n'est pas sans effet sur les connaissances à posséder) mais parce qu'elle ne nous paraît pas être au cœur du débat qui nous intéresse.

Une part de la contribution productive d'un individu résulte de sa capacité à se situer convenablement dans l'organisation qui l'emploie, cette capacité à la limite étant l'essentiel. Ceci explique pourquoi certains emplois ne sont jamais pourvus par appel au marché du travail externe et les difficultés que rencontrent certaines personnes ayant progressé lentement dans une organisation, pour trouver des activités professionnelles dans d'autres organisations en cas d'abandon de leur employeur initial.

La durée et la difficulté d'un apprentissage des réseaux et des personnes caractérisant une organisation paraissent d'autant plus grands que le cadre formel caractérisant cette organisation et son fonctionnement est peu explicité ou objectivé par des règles et procédures susceptibles d'être présentées à tous, ou bien que les organisations formelles sont en fait doublées par des organisations informelles, essentielles au bon fonctionnement de l'ensemble.

Ainsi, on a pu penser que l'accroissement de la taille moyenne des organisations était de nature à renforcer ces difficultés. Il faut noter a contrario que le développement des procédures et des cadres formels qui caractérisent les grandes organisations contribue à accroître la facilité d'appréhension de celles-ci et donc peut faciliter les transférabilités entre elles, alors que la part importante d'implicite dans le fonctionnement de petites organisations rend plus difficile le passage entre celles-ci.

On a tendance à accorder une place importante à la division du travail comme facteur de réduction des transférabilités. D'une certaine façon, les emplois définis avec des contenus étroits ont de fortes chances d'être différenciés d'un employeur à l'autre parce que s'adressant à une partie limitée des interventions dans le processus de transformation. On doit cependant remarquer que des emplois fortement découpés ont généralement comme caractéristique (à l'exception du cas de spécialités très précises) de demander un rassemblement de capacités limitées. Les vitesses d'apprentissage dans l'emploi peuvent dès lors être élevées et donc rendent possible une grande transférabilité à certains niveaux.

Par opposition au cas précédent, une attention insuffisante semble être accordée à la spécificité de la division du travail, c'est-à-dire pour un niveau de division du travail donné, aux choix qui sont opérés en vue de donner à divers postes des configurations particulières. Le problème est d'autant plus important que l'on se trouve en situation de division du travail intermédiaire. En effet, en cas de forte division du travail on a vu que les morcellements étaient tels qu'ils conduisaient nécessairement à des configurations fortement différenciées et à apprentissage facile.

Représentation schématique des liens entre les éléments caractéristiques de la qualification

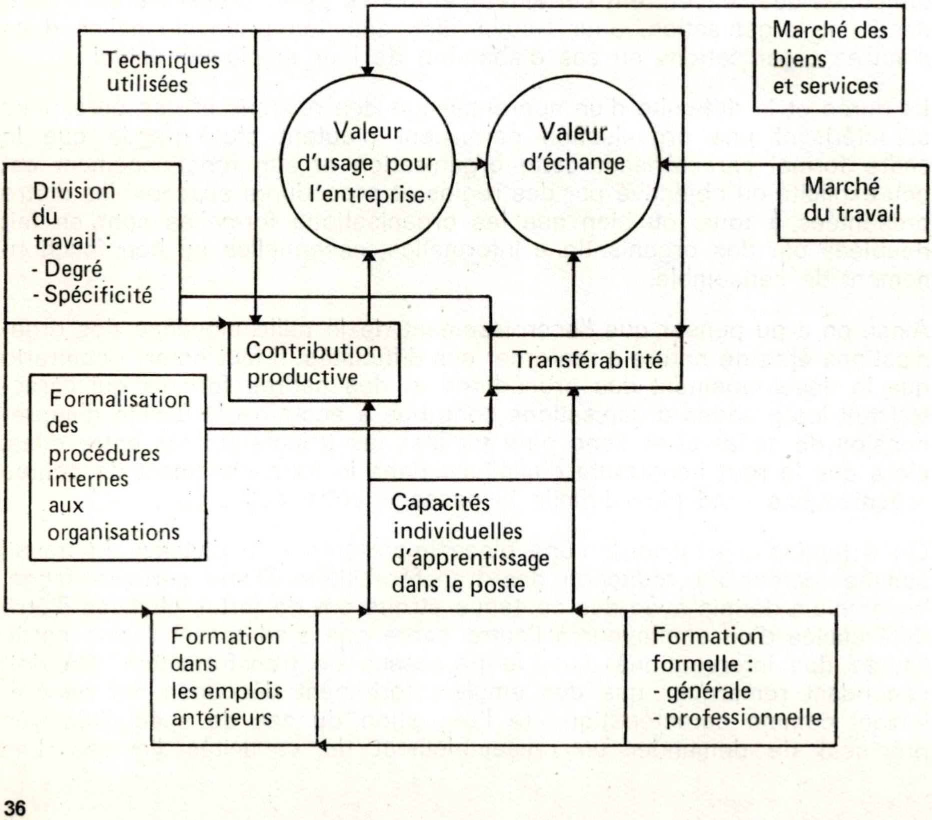

Inversement, dans le cas de faible division du travail, le rôle joué par les différenciations peut être limité car il est marginal par rapport à la somme représentée par le contenu commun. Une limite apparaît cependant avec l'association particulière de spécialités à apprentissage long qui peuvent avoir un rôle déterminant par rapport à l'apprentissage global du poste.

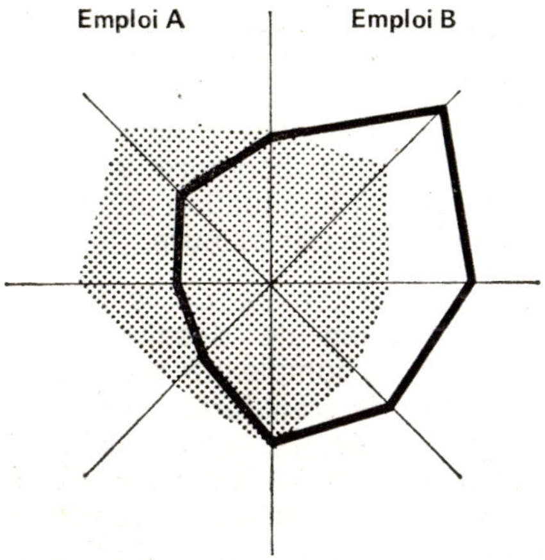

FORTE TRANSFERABILITE DE PRINCIPE

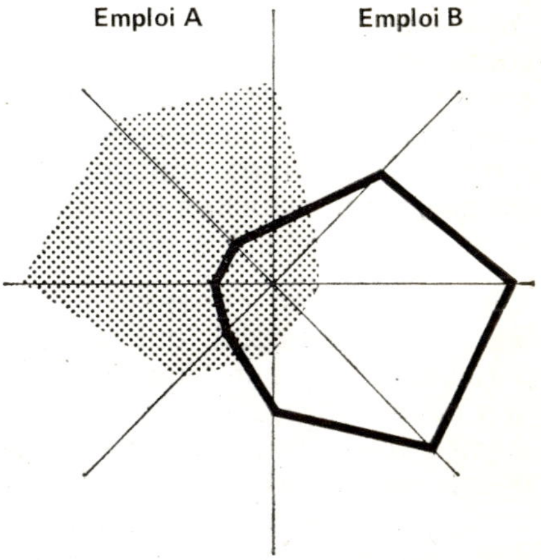

FAIBLE TRANSFERABILITE DE PRINCIPE

En situation intermédiaire de division du travail, les possibilités de mouvements entre les postes de travail peuvent être plus ou moins larges selon qu'un tronc commun à ces derniers est recherché ou non. La marge de manœuvre des employeurs devient importante que ce soit par raison délibérée, comme la logique des développements précédents pourrait le laisser penser, ou que ce soit en raison d'habitudes diverses (poids de l'histoire, etc.) comme nombre d'observations peuvent le laisser croire.

La seule chose que l'on puisse dire est que cette situation paraît largement répandue en France.

B. La représentation et la valorisation de la qualification : la valeur pour l'entreprise et la valeur d'échange sur le marché du travail.

On peut considérer la représentation comme l'évaluation de la qualification par les différents acteurs sociaux par opposition à une évaluation technique qui correspondrait aux résultats de sa mise en œuvre pratique. Les raisonnements précédents, tant sur la productivité de la qualification que sur sa transférabilité, constituent des raisonnements théoriques qui s'appliquent à des situations pratiques. Ce sont ces dernières qui constituent les fonctionnements réels.

Le rôle de ces représentations est important puisqu'il domine pour l'essentiel les comportements des individus aussi bien en tant qu'employeurs qu'offreurs de leur force de travail. C'est à partir de ces représentations qu'ils prennent nombre de décisions par rapport à la mise en œuvre du travail. Le problème posé est alors celui des distorsions qui peuvent être introduites dans les mécanismes sociaux à la suite des décalages qui existent entre les réalités et leurs perceptions. Il intéresse la survie de l'entreprise dans la mesure où par exemple, une surévaluation de l'efficacité productive d'une force de travail disponible par rapport à une combinaison productive adoptée, associée à un niveau de rémunération acceptée plus élevé, peut la conduire à la faillite. Inversement, il intéresse l'individu car une sous-évaluation de son potentiel productif par rapport à diverses fonctions de production peut le conduire à sous-estimer les possibilités de rémunération extérieures à la situation possédée et donc le conduire à différer une mobilité souhaitée par ailleurs.

C'est donc bien l'ensemble des mécanismes d'ajustement de la formation et de l'emploi qui est concerné. Les risques de désajustement paraissent d'autant plus grands qu'en raison de la complexité croissante des systèmes productifs tant dans les processus de transformations eux-mêmes que dans les autres liaisons entre les unités, les possibilités de décalages importants entre le réel et le perçu tendent à s'aggraver. C'est ainsi que la substitution de systèmes divisés, spécialisés et intégrés à des formes de productions simples basées sur la combinaison d'un produit, d'un homme et d'une machine, rend de plus en plus aléatoires toutes déterminations des contributions productives des différents éléments qui concourent au processus de transformation : on ne sait plus très bien, même au prix d'arbitraire et de calculs savants, quoi attribuer à qui.

Aborder ainsi le problème des représentations revient à s'interroger sur les instruments dont on dispose en matière de classification professionnelle, de nomenclature d'emplois ou de formations, de description d'emplois ou de formations, ainsi qu'à accorder une place importante à l'analyse de leurs significations, des éléments qui opèrent les hiérarchisations qu'ils présentent et les effets qui découlent de leur usage dans les décisions prises.

Ainsi l'appréciation de la qualification diffère selon les agents intéressés : l'utilisateur du travail, le possesseur de la force de travail ou le régulateur de cette force (les pouvoirs publics). Elle diffère également selon que l'on se place dans l'optique de la contribution à la production ou dans celle de la rétribution/distribution du fruit de la production (valeur d'échange).

Dans le premier cas, la qualification dépend des combinaisons productives existantes et donc résulte d'une rencontre entre les individus et l'organisation des processus de production des biens et des services. La valeur d'échange dépend, quant à elle, d'une négociation qui peut s'interpréter en termes de monopole bilatéral. Dans une négociation avec un employeur donné, elle se situe quelque part entre la valeur qu'elle a pour l'employeur, en fonction de combinaisons productives (surplus nul pour ce dernier), et le minimum accepté par l'individu pour fournir son travail. Ce minimum n'est pas indépendant d'un environnement économique et législatif réglementaire ou contractuel (taux et niveau d'indemnisation du chômage, conventions collectives...).

En vue de s'assurer un surplus propre maximum l'employeur a intérêt à :

— disposer de la combinaison productive la plus efficace : combinaison optimale des facteurs les plus performants de façon à dégager un surplus net le plus fort et donc la capacité « ex-anté » de rémunération la plus élevée possible ;

— faire en sorte que ce surplus soit captif du point de vue du travail, c'est-à-dire que le transfert de cette capacité à l'extérieur de son organisation soit le plus faible possible de manière à s'assurer un écart maximum entre le surplus dégagé et le surplus distribué pour la rétribution de la force de travail.

Le problème réel est en fait nettement plus complexe car il est dynamique et non statique. Le calcul se fait non sur un emploi mais sur une série d'emplois intéressant la vie active d'un travailleur, ce qui modifie sensiblement les positions des différents acteurs.

La valeur productive d'un individu pour la collectivité est appréciée par rapport à l'efficacité dans l'ensemble des contributions productives liées à différents employeurs : dans cette optique, une tendance à la réallocation du facteur travail vers les unités les plus efficaces peut se concevoir. Elle va à l'encontre des intérêts d'un certain nombre d'employeurs.

— Les pertes et gains doivent être évalués en tenant compte non pas de la contribution productive immédiate dans un poste mais de l'intégral de la contribution pendant la durée d'occupation du poste. Il peut donc y avoir de part et d'autre des acceptations de perte de valeur temporaire si l'espoir d'un gain global plus élevé existe.

— La réallocation a un coût psychologique et social individuel non négligeable : le coût d'opportunité lié au changement (conséquence de l'abandon d'un univers connu pour un univers inconnu) s'apparente à une prime supplémentaire à la disposition de l'employeur premier et abaisse donc le niveau du minimum acceptable pour la valeur d'échange.

— La rémunération (monétaire) n'est qu'un élément déterminant les rapports entre les individus et leur travail, son rôle dans les comportements doit donc être pondéré par le rôle joué par d'autres éléments.

Ainsi, si l'on peut caractériser la qualification sous le double point de vue de sa contribution productive et de sa transférabilité, la compréhension de son fonctionnement nécessite que soient pris en compte les représentations que les différents acteurs utilisent pour apprécier ses composantes ainsi que les processus à travers lesquels se négocient leurs valeurs.

C. L'origine de la qualification, la formation.

Le rôle joué par la formation dans la qualification acquise ne peut être nié. Celle-ci contribue en effet à l'acquisition du savoir-faire indispensable. Cette formation peut être acquise soit dans un appareil formel, soit par expérience professionnelle, stricto sensu, soit par une combinaison des deux, alternée ou concomitante.

D'une façon générale on tend à considérer que de par leur construction et leur progression, les études les plus longues tendent à assurer les niveaux de maîtrise intellectuelle les plus élevés. Toutes choses égales par ailleurs, peu d'années d'études tendrait donc à limiter les capacités d'apprentissage.

On tend à opposer formation générale et formation professionnelle en accordant à la dernière une supériorité, car elle forme plus directement pour tenir un poste de travail. Cette question de supériorité doit être réexaminée avec précision :

— il est exact que des jeunes ne recevant qu'une formation générale ne sont pas directement productifs dans les emplois existants et donc qu'il leur faut un temps d'apprentissage au poste ;

— il est aussi exact qu'une formation professionnelle facilite normalement l'utilisation immédiate au poste, puisque c'est sa finalité ;

— il n'est pas évident, par contre, que cette utilisation soit immédiate si la configuration du poste conduit à construire des exigences d'apprentissage ne correspondant pas au contenu des enseignements professionnels ;

— la formation générale, dans la mesure où elle donne des capacités d'assimilation, peut être par contre un élément favorable, facilitant cet apprentissage pour des postes spécifiques ;

— la prise en compte non plus d'un seul poste mais d'un nombre plus élevé d'entre-eux avec les perspectives d'accès dans le temps, modifie également la vision que l'on peut avoir. Dans ce cas la configuration des postes réapparaît, mais ici tout autant à travers leur spécificité qu'à travers leurs capacités formantes. Une formation professionnelle stricte, parfaitement adaptée pour assurer une qualification dans un poste déterminé, peut constituer un handicap important dans l'optique d'une transférabilité. Inversement, une formation générale peut constituer un avantage. Cet avantage devient d'autant plus grand que l'accès et le cheminement dans des emplois a pu se faire par succession d'emplois formants. D'une façon générale, la maîtrise d'une situation de travail dépend d'un double apprentissage d'outils intellectuels confrontés à des situations concrètes. Ces outils s'associent à des savoirs techniques, spécifiques de différents niveaux. Il n'est donc pas certain qu'une formation en entreprise fournisse les composantes satisfaisantes pour l'intégration des savoirs de même qu'à l'inverse, une formation générale, hors entreprise, facilite largement l'intégration de données issues d'expériences concrètes ;

— les jugements que l'on peut porter sur la valeur formatrice d'une économie doivent donc inclure le système de formation et le système des emplois et porter sur des séquences longues. Ainsi, il n'est pas possible de dire qu'une formation est plus ou moins spécifique au regard de sa seule durée, encore faut-il examiner sa nature et le terrain sur lequel elle se greffe. De même, on ne peut pas dire qu'un appareil de formation assurant des ajustements étroits aux postes de travail existants soit bon, même s'il permet une entrée rapide des jeunes dans la vie active. Il faut considérer ce que deviennent ces jeunes durant un certain nombre d'années de vie active sous le double angle de leur capacité à progresser et à résister au chômage.

L'essentiel en matière de formation professionnelle est donc que les aspects dits généraux de la formation, de même que les aspects professionnels, ne peuvent être dissociés dans l'optique de l'acquisition de qualifications. Etroitement imbriquées, elles concourent toutes deux à la maîtrise des diverses situations de travail offertes. L'accroissement de la qualification étant une progression de cette maîtrise, elle relève d'un processus intellectuel d'intégration et non d'adjonction. La progression de la formation s'ordonnera donc de façon à dégager des capacités croissantes d'intégration.

D. **Transférabilité et filières professionnelles.**

On a vu qu'une formation professionnelle même importante ne pouvait pas être considérée comme un avantage déterminant si son contenu ne répondait pas à certaines conditions. De même, on a vu qu'une formation plus générale associée à certaines configurations d'emplois pouvait constituer, dans son ensemble, un bon système formant pour une économie.

Dans tous les cas se posent les questions de définition de ces spectres professionnels à couverture croissante et des mobilités qui leur sont associées.

Traditionnellement, la notion de métiers et les formations artisanales par compagnonnage assuraient, ou étaient considérées comme assurant cette progression avec une mobilité entre postes qui était faible. Il n'en va plus de même dans les systèmes que l'on a décrits. Pour que ces derniers puissent fonctionner, un rôle de régulateur doit être assuré. Celui-ci, à partir du moment où il est trans-organisationnel, ne peut venir que des pouvoirs publics.

Une attention particulière doit aussi être accordée aux filières professionnelles. Celles-ci étant définies comme les étapes successives marquées par un individu dans sa progression professionnelle, leur longueur en France est présentée comme l'effet d'une politique destinée à inciter à une progression personnelle prisonnière de l'organisation. Cette interprétation n'est pas évidente.

En effet, il faut bien distinguer les filières théoriques, telles qu'elles apparaissent à la lecture des progressions possibles, des filières réelles, telles qu'elles sont parcourues. On peut se demander si de plus en plus les filières ne tendent pas à se fractionner pour assurer des emplois d'entrée correspondant à différents niveaux de formation de l'appareil éducatif et si l'allongement des lignes hiérarchiques n'aurait pas pour but d'assurer pour chaque niveau d'entrée un semblant de progression, suffisant pour calmer les espérances, mais insuffisant pour mettre en cause les stratifications sociales reproduites par l'appareil éducatif.

E. La qualification, norme sociale, et l'existence de systèmes de travail infra-culturels.

Aucune compréhension complète des rapports entre le travail et la formation ainsi que de leur dynamique n'est possible sans se placer dans le cadre plus large de la vie sociale et de l'éducation.

On peut considérer que l'éducation a comme objectif principal d'assurer aux individus une maîtrise, la meilleure possible, des différentes situations dans lesquelles ils se trouvent lorsqu'ils concourent à diverses fonctions sociales, que ce soit dans les sphères familiales, de la consommation, de la vie politique ou de la production. Dans chacune de ces perspectives, ils participent à différents sous-systèmes qui ont leurs spécificités propres mais qui ne sont pas indépendants et qui demandent l'usage d'outils particuliers ou communs.

La maîtrise d'une situation comporte au moins deux dimensions : l'une est la capacité d'agir dans les situations existantes, l'autre est de prendre du recul et de juger ce que sont cette situation et l'action personnelle quand on y participe.

Par rapport à cette approche générale, on voit comment se situent l'éducation et la formation professionnelle ainsi que le travail. Les activités de production correspondent au sous-système du travail qui n'est pas indépendant des autres sous-sytèmes du point de vue de la situation des individus. En matière d'éducation, il intéresse l'éducation professionnelle qui n'est qu'un élément de l'éducation dans son ensemble. Cette éducation professionnelle a pour but d'assurer une maîtrise complète dans ce sous-système (faire et juger), la formation professionnelle ayant pour but premier de maîtriser le « faire ». On voit donc que les connaissances générales ou culturelles et les connaissances technologiques, concourent toutes deux à l'activité professionnelle.

Les éléments mis en œuvre dans le sous-système professionnel sont non seulement les connaissances précitées mais aussi ce qui est traditionnellement appelé des attitudes ou d'autres aspects qui contribuent à des savoir-faire, incontestablement acquis en situations d'apprentissage, situations qui peuvent correspondre à la présence dans un appareil éducatif formel mais qui peuvent être rencontrées dans beaucoup d'autres cas, telles les situations de travail. Ainsi plusieurs éléments acquis dans différentes sphères concourent à travers des situations d'apprentissage à l'acquisition de savoir-être, de savoir-faire (outils et techniques), d'attitudes qui sont ensuite utilisés dans le sous-système du travail. Ce dernier a un certain nombre d'exigences techniques et sociales qu'il valorise plus ou moins et dont la possession ou la non-possession constituent un avantage qui sera plus ou moins bien rétribué.

La notion de sous-système permet alors de dégager une spécificité propre à la sphère de production par rapport aux autres sphères mentionnées mais aussi son interdépendance avec les autres, en particulier à travers la façon dont les individus qui concourent à sa mise en œuvre ressentent leur situation.

A partir de là, il devient possible de comprendre un certain nombre de problèmes qui se posent en matière de formation, de travail et d'éducation et de leurs évolutions.

a) Il ne paraît guère contestable que la majorité des pays ont connu une élévation des niveaux de vie et que cette élévation a conduit à une demande sociale d'éducation plus élevée, à une exigence de compréhension de ce qui est fait dans les différentes sphères de l'activité économique et sociale, ainsi qu'à une complexité croissante des différents sous-systèmes et de leurs interdépendances. Sur tous les plans, l'exigence d'un meilleur recul par rapport aux événements implique une élévation générale du niveau éducatif.

La situation du sous-système travail apparaît alors plus clairement : se trouvant en position d'interdépendance, il ne peut échapper à l'évolution générale, c'est-à-dire qu'il ne peut éviter de voir se présenter à lui des individus plus éduqués, compte tenu de l'intérêt général, même si les choix de combinaisons productives qu'il a opérés le conduisent à présenter des exigences plus faibles. Il ne peut faire prévaloir ces exigences qu'en dégradant les situations jugées favorables dans les autres sphères.

Le monde du travail ne peut donc pas échapper aux évolutions globales et l'existence de hiatus entre les conditions de fonctionnement du sous-système travail et les capacités qui y sont mises en œuvre, avec les conditions de fonctionnement des autres sous-systèmes et les éléments d'éducation qui y sont mis en œuvre, ne peut être envisagée que comme une situation transitoire, sauf risque de conflits difficilement évitables. En cas d'un décalage vers le bas trop important dans les capacités susceptibles d'être utilisées, la sphère de la production doit nécessairement s'adapter pour retrouver une cohérence avec les autres.

Ainsi, si le travail est structuré de telle façon qu'il demande la mise en œuvre de connaissances limitées, qu'il ne permet pas d'assurer des responsabilités suffisantes, qu'il laisse peu de place à la contestation ou à la participation aux décisions et si par ailleurs se développent des situations familiales, de consommateurs ou de citoyens qui demandent des connaissances élevées, de la responsabilité, du sens critique et des participations aux instances de décision, il y aura des ruptures inévitables au sein du sous-système de travail (sphère de la production).

b) On peut dès lors valablement expliquer les attitudes vis-à-vis du travail et le refus de certains types d'emplois à partir de la notion de travail et de société.

A un moment donné, il existe une distribution globale des capacités et des attitudes portées par les personnes et susceptibles d'être mises en œuvre dans le système global et les différents sous-sytèmes qui le constituent. C'est ce système global qui définit la capacité des personnes et leurs attitudes tout en définissant les éléments valorisant qui seront pris en compte dans le sous-système du travail. On a donc une définition culturelle de la qualification qui sert de norme de base parce que dominante.

Cette norme est en changement continuel sous l'action de transformations globales de la société : économique, technique, politique, sociale... Par rapport à ces normes, on peut considérer qu'il existe des types de travail qui, par leur nature, sont infraculturels et d'autres supraculturels :

— Un travail infraculturel est un travail qui fait appel à des caractéristiques individuelles qui n'appartiennent plus au patrimoine culturel de la société considérée. Dans un premier temps (phase 1), elles sont possédées par les individus, mais ces derniers refusent de les mettre en œuvre parce qu'ils les jugent trop dévalorisées et parce qu'ils possèdent le plus souvent d'autres caractéristiques qu'ils souhaitent voir utiliser en raison de leur plus grande valorisation dans le système global. Ces capacités constituent alors des biens faussement rares.

Dans un deuxième temps, la production de ces capacités n'étant plus assurée, ces dernières disparaissent. Elles deviennent alors un bien rare réel (phase 2) et prennent une nouvelle valeur qui peut être différente dans un nouveau système culturel.

Chaque capacité possédée par un individu ne peut donc pas être jugée en elle-même : il n'y a pas de valeur de la qualification intrinsèque par rapport à la sphère de production.

— Un travail supraculturel est celui qui correspond à des caractéristiques individuelles produites et valorisées par le système global. Elles sont au départ fortement valorisées et faiblement disponibles (phase 3) parce que correspondant à l'émergence de situations nouvelles, mais par phénomènes de dérive elles deviennent peu à peu banales et perdent de leur valeur (phase 4).

c) La sphère de la production qui peut s'organiser avec une marge de liberté réelle peut choisir alors la combinaison des biens physiques et des personnes qu'elle jugera la plus performante du point de vue de la transformation et la plus rentable du point de vue de l'analyse des coûts et des recettes, sachant que pour une production donnée, les niveaux de performance déterminent les capacités de rémunératon des facteurs de production tandis que les exigences de rémunération de ces facteurs dépendent en grande partie de leurs raretés.

Les entreprises sont alors confrontées entre plusieurs choix possibles en matière de travail :

— elles peuvent faire appel à un travail infraculturel avec deux solutions possibles pour disposer de la main-d'œuvre voulue : soit la rémunérer à un niveau relativement élevé pour rendre ce travail plus attractif en compensation de sa dévalorisation ce qui est possible dans la phase 1, soit au contraire disposer d'une main-d'œuvre possédant le niveau correspondant en allant rechercher d'autres sources de substitution (travailleurs émigrés). Dans tous les cas, la situation est sans avenir en raison de la phase 2 ;

— elles peuvent au contraire faire appel à un travail supraculturel. Dans ce cas, elles risquent de ne pas trouver la main-d'œuvre disponible existante en début de phase 3, ce qui est recherché étant un bien rare. Elle peut alors agir sur l'appareil éducatif pour faire accélérer la production de ce bien de façon à passer le plus rapidement possible à la phase 4 qui est la situation la plus favorable puisque correspondant à l'existence de capacités abondantes et suffisamment valorisées pour donner envie d'être mises en œuvre. Le problème sera alors d'éviter un passage trop rapide à la phase 1.

Système	**Infraculturel**	Culturel existant	**Supraculturel**
Situations	Disfonctions	Système de travail adapté	Disfonction
Qualifications	Existantes mais non offertes	Abondantes et valorisées	Rares et chères
Stratégies d'ajustement	— Pression pour bloquer — Appel à des travailleurs émigrés	Equilibre entre les emplois et les formations	Pression sur l'appareil éducatif pour jouer un rôle moteur

Dans une perspective dynamique des ajustements entre la formation et les emplois, les entreprises en situation favorable sont celles qui adoptent un mode de division du travail correspondant à la fin de la phase supraculturelle de façon à bénéficier de l'abondance de ces disponibilités dans la phase d'amortissement technique complet du matériel investi.

d) Conclusions.

Le travail ne peut pas être considéré en lui-même indépendamment des autres sphères de la contribution sociale de l'homme. De même l'éducation ne peut pas être considérée en elle-même ni seulement en rapport avec le travail, même quand on s'intéresse aux seuls rapports entre l'emploi et la formation.

Les équilibres instantanés entre le travail et l'éducation, leur association, ainsi que la qualification qui résulte de leurs rapports ne peuvent être envisagés comme des phénomènes stables mais doivent être envisagés comme des phénomènes s'appuyant sans cesse l'un sur l'autre et évoluant constamment en fonction de normes sociales : ils évoluent sous forme de système culturel dominant.

A tout moment coexistent des formes de travail qui appartiennent au système culturel dominant mais qui font appel aussi à des systèmes infra et supraculturels. Dans ces deux cas, il existe des disfonctions importantes entre le sous-système du travail et celui de l'éducation, mais la nature de ces disfonctions, leur signification et les modalités mises en œuvre pour les résorber ne sont pas les mêmes et n'ont pas les mêmes significations.

L'existence de normes de travail infraculturelles, qui sont celles connues par les pays industriels avec le travail à la chaîne, est particulièrement dangereuse. Elle se résout, en effet, soit par appel à des populations possédant ces normes et cela conduit à des déracinements et entraîne de la xénophobie, soit en freinant les évolutions des normes culturelles ou en les ramenant en arrière, et dans la mesure où sur d'autres plans ces évolutions sont jugées défavorables, cette solution conduit à une régression généralisée.

La solution d'une telle disfonction paraît au contraire devoir être recherchée dans la construction d'un sous-système de travail en cohérence avec le système culturel global et avec les exigences formulées par les autres sous-systèmes vis-à-vis des implications personnelles.

F. **L'éclatement des activités professionnelles et l'émergence de néo-métiers.**

On a vu que les représentations instantanées de la qualification s'inscrivent dans un modèle culturel dynamique et donc évoluent plus ou moins à travers un jeu d'actions-réactions s'appuyant sur des modèles passés.

La situation d'aujourd'hui, souvent interprétée comme une situation de dèqualification généralisée, s'inscrit dans un mouvement de cet ordre. S'appuyant sur l'usage de la qualification d'origine artisanale et obnubilée par la diversité des situations de travail, elle ne semble pas capable de dégager les éléments de convergences qui conduisent à l'émergence de véritables néo-métiers.

a. **Les modalités d'évolution : le jeu de déstructuration-structuration.**

Les évolutions des qualifications s'inscrivent dans le jeu général des transformations des biens et services produits, des facteurs mis en œuvre (produits, machines, savoir-faire), de leurs organisations socio-économiques (types d'unités économiques et modalités d'articulation juridico-financière). Ces évolutions correspondent d'une part à l'apparition d'activités nouvelles, d'autre part à des transformations d'activités anciennes. Elles s'effectuent selon un processus dialectique banal de déstructuration-structuration qui est improprement appelé processus de déqualification-qualification, sauf à expliciter clairement la signification de ces termes.

Le processus de déstructuration-structuration intéresse à un moment donné des activités déjà existantes et qui ont atteint un niveau de développement suffisant. Dans ce cas, il est mis en œuvre sous l'action de deux moyens indépendants ou combinés :

— Le premier correspond à l'application d'une logique d'organisation. Si cette logique est de type taylorien, elle conduit effectivement à l'éclatement des travaux à réaliser, à leur systématisation et à leur regroupement en activités s'inscrivant dans un système hiérarchico-fonctionnel caractérisé. On a bien alors une dissociation entre d'une part, des activités d'exécution relativement nombreuses et d'autre part, des activités en nombre limité concentrant les tâches de conception et de contrôle technico-administratif. Cependant, l'application d'autres logiques à effets inverses commence à apparaître. Il ne faut donc pas confondre un phénomène contingent, même historiquement massif, avec une loi plus générale ;

— Le second correspond à l'usage de technologies nouvelles qui entraînent à peu près toujours un accroissement de la productivité du travail en son point d'utilisation dans le processus productif, même lorsque les motifs de leur adoption sont différents. Sans prendre en compte les effets indirects liés à la création de ces technologies et à leur maintenance, les effets globaux sur la qualification de la main-d'œuvre utilisée dans le processus peuvent prendre largement la forme d'un accroissement de qualification. Il suffit pour cela que les réductions les plus importantes s'opèrent sur les catégories de main-d'œuvre ou sur les tâches à réaliser peu ou faiblement qualifiées ce qui est plus souvent le cas qu'on a tendance à l'admettre. Ainsi le développement de l'informatique comme instrument d'aide à la conception réduit-il en masse les tâches de calcul, dessins d'exécution, duplications et gestion qui sont d'un intérêt des plus limités.

A côté des transformations d'activités anciennes émergent des activités nouvelles qui, en adoptant une logique identique de la qualification, peuvent correspondre à des créations de qualifications élevées. C'est le cas par exemple de toutes les mises en œuvre des matériaux pour les industries aérospatiales ou nucléaires. De plus, ces activités nouvelles apparaissent dans un premier temps selon des modes de structuration du travail particulièrement flous et en transformation rapide, ce qui implique des emplois à contenu d'auto-contrôle et d'auto-adaptation élevé à tous les niveaux, caractéristiques qui, toujours selon les normes usuelles de référence, sont jugées comme qualifiantes. Ce n'est que dans un deuxième temps qu'une stabilisation de ces activités intervient puis, en cas de développement suffisant, que s'initialise l'action systématique d'organisation précédemment décrite.

b. **Une convention pour définir des qualifications.**

Pour simplifier, on peut considérer que toute situation de travail (ou emploi) a trois dimensions :

— des produits ou matières qui font l'objet de transformations ;

— des matériels ou instruments qui sont utilisés pour mettre en œuvre ces transformations ;

— des personnes avec lesquelles le titulaire entre en rapport à propos de la mise en œuvre des transformations.

Celles-ci étant utilisées comme un référentiel pour lequel on aura défini des normes, il devient alors possible de classer les emplois les uns par rapport aux autres sur la base de ces dimensions combinées et de définir ainsi des emplois plus ou moins qualifiés.

De même, pour un emploi donné et en considérant les individus, on évaluera leur degré de maîtrise de ces différentes dimensions et on définira leur qualification en fonction de ce degré de maîtrise : plus il sera élevé et plus on considérera que l'individu est qualifié.

c. **Une image de la qualification : le métier artisanal.**

Plus ou moins consciemment, en matière de qualification, la référence de base reste encore « le métier artisanal ». L'artisan, dans son travail, réunit en lui la maîtrise du faire et du concevoir, celle de la gestion et de l'organisation. Il a acquis cette maîtrise selon une progression liée à l'expérience de ses pairs qui lui ont transmis un savoir se caractérisant par une maîtrise accrue et concomitante de chacun de ces aspects. Un artisan qualifié, ou un ouvrier qualifié traditionnel qui est son homologue industriel, maîtrise tous les aspects de son travail à un niveau supérieur par rapport à son compagnon. La compétence du premier inclut totalement celle du second.

Si l'on reprend les trois dimensions retenues pour caractériser une situation de travail, la situation d'un ouvrier qualifié traditionnel peut être définie comme suit :

Rapports avec les produits : ils sont directs en ce sens que l'ouvrier a un contact généralement sensoriel des produits qui font l'objet d'une transformation. L'ouvrier possède une connaissance complète des propriétés des produits face aux transformations qu'il doit leur faire subir et il est capable d'en interpréter les changements d'états liés à ses interventions. Ses connaissances sont pour l'essentiel empiriques.

Rapports avec le matériel : le matériel utilisé est généralement simple dans son principe mais il peut être nombreux et varié pour des utilisations précises et spécialisées. L'ouvrier qualifié traditionnel a une bonne connaissance de ses outils.

Rapports avec les personnes : ces rapports se font sans liens de subordination marqués entre personnes possédant des compétences distinctes.

Ils peuvent avoir lieu avec des personnes nombreuses et variées mais indépendamment les unes des autres.

Dans la perspective du métier artisanal, la situation d'ouvrier de production apparaît clairement avec des contours simples, bien circonscrits autour des matériels et des produits. Elle est transorganisationnelle. Il en résulte une grande transférabilité des éléments de qualification.

d. **Des tendances générales d'évolution.**

Sous l'action de facteurs divers qui ont été en partie examinés, ce modèle a éclaté tant dans sa composition par rapport à ces trois dimensions que dans leurs combinaisons conduisant à des formes d'emplois diversifiées.

Par rapport aux produits, il existe une médiation croissante entre l'homme et le processus de transformation qui entraîne une distance accrue vis-à-vis du processus. A la limite dans les salles de contrôle, l'opérateur n'a plus de rapport direct avec le processus lui-même dont il est physiquement éloigné et avec lequel il n'est en contact que par symboles interposés.

Les machines utilisées sont de plus en plus complexes même si leur mise en œuvre peut être extrêmement simple. Les principes de fonctionnement sur lesquels elles reposent peuvent faire appel à des notions très abstraites. Elles peuvent par elles-mêmes réaliser des opérations qui correspondent à des instructions internes et qui échappent complètement, tant dans leur principe que leur déclenchement, à leurs opérateurs.

Chaque emploi est inséré dans un système dense de relations complexes interdépendantes et diversifiées, dans lequel les rapports humains sont fortement hiérarchisés aussi bien sur le plan disciplinaire que technique.

Dans le cadre de ces transformations, qui sont plus ou moins avancées selon les secteurs, les entreprises, les technologies mises en œuvre et les modes d'organisation adoptés, apparaissent, de façon concomitante, des emplois si variés, tant dans leurs contenus que dans leurs contours et leurs modalités d'accès, qu'il devient parfois difficile, malgré la mise en œuvre de méthodes complexes, de dégager des situations de travail observées des emplois-types correspondant à des superpositions suffisamment fortes.

C'est cette situation d'éclatements réels et désordonnés des emplois, accompagnée de mobilités entre emplois nombreuses et également difficiles à ordonner, qui a conduit à l'idée d'une tendance à l'internalisation des qualifications.

e. **L'émergence de néo-métiers.**

A travers ces évolutions désordonnées, on voit cependant s'opérer de nouvelles lignes de force qui structurent le champ des emplois selon une nouvelle logique de la qualification.

De ces tendances découle une évolution de la qualification :

— de la maîtrise des produits à celle des symboles et des paramètres ;
— de l'utilisation des machines à la compréhension de ses fonctions, de ses technologies de base et plus généralement des modalités de son fonctionnement ;
— des rapports humains directs à la possibilité de se situer dans un niveau organisationnel complexe.

Ainsi apparaissent de nouveaux ouvriers hautement qualifiés, opérateurs-surveillants ou conducteurs d'appareils sur processus lourds, et dotés de grosses responsabilités économiques en raison des coûts des matériels qu'ils mettent en œuvre et des produits qu'ils fabriquent.

Les éléments de leur qualification deviennent plus indépendants des situations concrètes dans lesquelles ils se trouvent ce qui leur procure à nouveau une forte transférabilité de qualifications attestées par les modalités d'accès à ces emplois.

Ces opérateurs apparaissent pratiquement dans tous les secteurs d'activité qui adoptent des processus en continu automatisés. Ils possèdent le plus souvent de solides formations professionnelles ou techniques qui sont fréquemment d'origine mécanique ou électrique.

On ne peut donc pas parler a priori de tendances généralisées à une déqualification et à une internalisation systématique de la qualification. Là encore, comme de nombreux cas évoqués précédemment en ont fourni l'exemple, c'est à une véritable mutation qu'on assiste.

***

Il apparaît donc clairement que la qualification ne peut être appréciée en elle-même. Située à l'intersection du système du travail et de celui de l'éducation, elle peut être techniquement appréhendée par rapport à l'un ou à l'autre, mais dans tous les cas elle s'inscrit dans un ensemble de représentations et dans la société toute entière qui ne peuvent pas être éliminés.

Si l'appréciation instantanée de la qualification est malaisée, l'examen de son évolution l'est encore plus. Il coexiste en effet à chaque instant des formes de travail qui appartiennent à des moments différents de l'histoire de la division du travail et qui sont appréciées tantôt en elles-même, tantôt par références les unes par rapport aux autres. Historiquement, le phénomène de structuration-déstructuration qui a accompagné le développement des sociétés industrielles a incontestablement conduit, sous l'action de l'élargissement des marchés, de la normalisation des produits et de l'application de modèles d'organisation du type hiérarchico-fonctionnel, à un éclatement de l'artisanat puis des corps de métiers traditionnels, en des activités dissociant le travail d'exécution, considéré souvent comme manuel, et le travail de préparation-contrôle-encadrement appelé intellectuel (mais qui est surtout hiérarchique), tandis que ces anciennes formes d'activités réapparaissent pour faire face à des demandes sociales de produits différenciés liées aux augmentations des niveaux de vie et aux nostalgies du passé.

C'est cet ensemble de phénomènes rendus d'autant plus difficiles à observer qu'à un instant donné ils peuvent coexister au sein même d'une seule entreprise, qui a été appelé une tendance à la déqualification. Rien dans l'étude actuelle des instruments de mesures et des concepts ne permet de justifier un tel jugement. Quelle hiérarchie dans la qualification faut-il accorder aux survivances du mode de travail artisanal comparativement aux activités professionnelles diversifiées exercées par ailleurs ? Quelle comparaison peut-on faire entre ce qui constitue aujourd'hui un ouvrier qualifié sorti jeune et il y a longtemps d'un appareil scolaire aujourd'hui bouleversé, formé sur le tas, à travers un long apprentissage, à la maîtrise empirique de son travail et des jeunes conducteurs d'appareil opérant sur des installations lourdes du même secteur après avoir suivi des formations techniques longues ? C'est bien à des mutations complètes des activités et des savoirs mis en œuvre qu'on assiste. Toute tentative de classement présuppose des définitions préalables d'échelles communes intertemporelles. A notre connaissance elles n'existent pas.

QUALIFICATION ET DÉQUALIFICATION ESSAI DE DÉFINITION

Michel Vernières,
Université de Paris I, Panthéon-Sorbonne

Le nombre croissant des travaux consacrés aux notions de qualification et de déqualification n'a pas réduit les incertitudes conceptuelles qu'elles renferment. Ainsi, dans une note préparée dans le cadre des travaux du VIIe Plan, A. d'Iribarne écrit : « A mesure qu'on tente de la creuser, la qualification semble devenir une notion de plus en plus inextricable », en fait « nous ne savons pas ce que sont les qualifications ». La nature des recherches entreprises dans le cadre du Séminaire d'économie sociale de Paris I imposait cependant un effort de définition pour utiliser un langage commun à l'ensemble de l'équipe. C'est de cet effort que résulte cet essai considéré comme une base de travail.

« Deux approches de la qualification sont possibles. L'une part des individus... L'autre part des emplois... La première considère l'offre de travail des individus, la seconde la demande de travail du système productif ». Cette distinction effectuée par R. Salais[1] entre qualification de l'emploi et qualification du travailleur[2] est importante. Mais, à nos yeux il ne saurait s'agir de deux approches différentes d'une même notion. Qualification des emplois et qualification des travailleurs sont deux notions distinctes, même si elles ne sont pas sans relations. Dès lors, et contrairement à l'usage, il serait bon d'utiliser deux termes différents : classification des emplois et qualification des travailleurs. C'est pour l'étude de chacune de ces deux notions que deux approches peuvent être utilisées. L'une part du point de vue des travailleurs, elle se situe du

1 R. Salais « Qualification individuelle et qualification de l'emploi : quelques définitions et interrogations », *Economie et Statistique*, n° 81-82, septembre-octobre 1976, p. 9.

2 Nous préférons utiliser l'expression de qualification des travailleurs qui met l'accent sur la dimension collective de la qualification.

côté de l'offre de travail ; l'autre part du point de vue de l'employeur, elle se situe du côté de la demande de travail.

La première partie de cet essai s'efforce de justifier le bien-fondé de cette attitude. La deuxième partie est consacrée à la définition de la notion de déqualification qui suppose, bien évidemment, un accord sur le concept de qualification. La distinction introduite ci-dessus entre deux notions de qualification s'y retrouve. Par contre le terme de surqualification, parfois adopté, parait ambigu et n'est, de ce fait, pas utilisé.

I. LES DEUX NOTIONS DE QUALIFICATION

L'usage courant du terme de qualification ne distingue pas entre les deux notions de qualification du travailleur et de qualification des emplois, ou classification des emplois, analysées ici en deux sections distinctes. Au cours de celles-ci seront successivement adoptées les approches à partir de l'offre et à partir de la demande de travail.

A. La qualification des emplois : une classification.

L'étude de la qualification des emplois trouve son origine soit dans le désir d'établir une grille des salaires en correspondance avec les emplois, soit dans l'établissement de nomenclatures statistiques. Ces dernières peuvent répondre à différents besoins parmi lesquels les impératifs des prévisions d'emploi, nécessaires à toute planification, semblent avoir été privilégiés, au moins au niveau des analyses. Dans tous les cas, Il s'agit bien de classer les emplois et de les regrouper en un certain nombre de catégories relativement homogènes.

Pour éviter toute confusion avec la notion de qualification du travailleur, il est préférable d'utiliser le terme de classification des emplois. C'est là aller contre le recours fréquent au terme de qualification des emplois. Mais cette solution parait susceptible de clarifier les discussions[1], qui partent généralement de l'examen des nomenclatures d'emplois ou des méthodes de « qualification » utilisées par les employeurs.

a. Les nomenclatures d'emplois.

Il n'est pas question d'analyser dans le détail les nomenclatures d'emplois et les problèmes qu'elles posent[2]. Mais quelques points essentiels doivent être rappelés.

---

1 Elle semble implicitement suggérée par le titre du volume n° 5 de la bibliothèque du CEREQ : *L'analyse des qualifications et les classifications d'emplois*, septembre 1973. La Documentation française.

2 Cf. outre le volume n° 5 de la bibliothèque du CEREQ déjà cité, J.-P. de Gaudemar : *Contribution à l'analyse économique des emplois : essai sur les nomenclatures*. Thèse Paris I, 1975.

Les emplois évoluent, se transforment. Par conséquent, les classifications adoptées sont rapidement obsolètes. Il est donc indispensable de construire des nomenclatures évolutives... ce qui ne va pas sans difficultés comme le montre la tentative du CEREQ, relative à l'élaboration d'un Répertoire français des emplois [3].

Le nombre des critères possibles de classification est tel qu'il faut inévitablement faire un choix. De ce fait, une classification ne peut pas servir à tous les usages et, en particulier, convenir simultanément aux administrations, au patronat et aux salariés. Une classification n'est jamais neutre. Il est donc indispensable d'expliciter les critères de classement adoptés, ce qui est loin d'être toujours fait. En particulier, il est nécessaire de préciser les références théoriques implicites de toute nomenclature.

L'influence (inconsciente ?) de l'analyse néo-classique réduit, dans les classifications actuelles, l'emploi à un poste de travail individualisé. Il n'est pas défini en fonction de sa place, réelle et non seulement apparente, dans la hiérarchie de l'entreprise. En effet, certains emplois sont situés, dans la structure organisationnelle de l'entreprise, à des nœuds d'information, source de pouvoir immédiat ou potentiel (promotion plus rapide).

Les classifications d'emploi ne doivent donc pas reposer sur une logique individualiste. Il est indispensable d'y intégrer les éléments évoqués ci-dessus afin de constituer des classes d'emploi homogènes non seulement par rapport aux techniques de production mais également par rapport à l'ensemble de la réalité sociale et organisationnelle des entreprises.

Cette conclusion essentielle de l'étude des nomenclatures d'emplois « macro-économiques » est confirmée par l'examen des méthodes de qualification utilisées par les employeurs.

b. **Les méthodes de qualification utilisées par les employeurs.**

Au plan micro-économique, les employeurs considèrent la qualification des emplois comme un instrument de gestion du personnel. Sans entrer dans l'examen des nombreuses méthodes de qualification utilisées [4], il convient de souligner les principaux objectifs poursuivis par leur usage.

Les emplois sont classés, entre autres éléments, en fonction de leur poids relatif dans la décision d'utilisation des moyens de production. Ce fait apparaît dans le recours à des critères tels que la responsabilité vis-à-vis des matières premières, des produits. Le pouvoir accordé au détenteur de tel ou tel emploi est toujours pris en compte. Il l'est explicitement par

3 Les cahiers correspondants sont édités à La Documentation française.

4 Cf. J. Lequement : *L'intégration différenciée des salariés par l'entreprise capitaliste.* Thèse, Paris I, 1975, p. 38-89, et M. Dadoy : « Les systèmes d'évaluation de la qualification du travail ; pratique et idéologie », *Sociologie du travail,* n° 2, 1973.

référence aux effectifs commandés, à la latitude de décision, etc. Ces méthodes montrent très nettement le double caractère, technique et hiérarchique, de toute définition des emplois.

De même, il apparaît clairement que la classification de l'emploi est directement liée aux choix et préférences des employeurs quant à l'organisation du travail et à sa division. La technologie n'est pas un déterminant impératif : la marge de choix dont dispose l'employeur quant à la pondération des différents critères semble assez grande.

Quant à la correspondance établie souvent entre grille de qualification et grille de salaire, elle n'est que la rationalisation effectuée en un deuxième temps, grâce à des changements marginaux, de la hiérarchie salariale préexistante. Les méthodes ayant recours à des postes-clés de référence, pour lesquels les rémunérations ne sont pas contestées, sont particulièrement significatives de ce point de vue. Pour l'employeur, l'élaboration de grilles de qualification est souvent une tentative de résorbtion des conflits par rationalisation et essai d'intériorisation du système existant. De tels objectifs laissent présager une approche différente de la classification des emplois par les travailleurs.

c. La classification des emplois : enjeu de luttes.

Pour classer un emploi, « il convient d'analyser la situation de travail du titulaire de l'emploi ». Cette analyse de la situation de travail ne peut être menée de façon identique du point de vue du travailleur et de celui de l'employeur. Les intérêts en présence étant divergents, il est illusoire de prétendre supprimer ce conflit à l'aide d'une démarche objective ou neutre.

Le caractère relatif et la part d'arbitraire de toute classification des emplois apparaît très nettement dans la divergence existant quant à l'appréciation de la « qualification » selon que sont interrogés travailleurs ou employeurs. Ainsi, pour les différents secteurs d'activité économique, les enquêtes de l'INSEE sur la structure des emplois, effectuées auprès des entreprises, indiquent un pourcentage plus élevé de travailleurs qualifiés que les enquêtes emplois réalisées auprès des ménages. Par delà les problèmes statistiques posés par ces divergences, apparaît un élément fondamental pour notre analyse : la classification de l'emploi n'est pas identique selon que l'on se situe du point de vue du travailleur ou de celui de l'employeur.

Pour les travailleurs, l'enjeu des luttes relatives aux classifications est avant tout d'ordre salarial. L'existence de classifications reconnues au plan national, telles les classifications Parodi, permet de limiter l'arbitraire patronal en matière de salaire. Obtenir une grille nationale de classification des emplois est donc un moyen pour les organisations syndicales de faire préciser les règles en vigueur et, en un deuxième temps, de les contester. Une telle grille permet également d'effectuer des comparaisons d'entreprise à entreprise. Selon une vieille stratégie syndicale, il est dès lors plus facile d'arracher l'extension, aux entreprises les moins syndicalisées, des avantages salariaux obtenus dans les entreprises pilotes. Mais une telle stratégie peut figer la hiérarchie salariale et rendre plus difficile la réalisation de tout objectif de réduction de l'éventail des salaires. De plus, cette attitude renforce l'idée selon laquelle classification des emplois et salaires sont techniquement liés.

Or, pour l'employeur, classification et rémunération ne sont liées que dans la mesure où elles favorisent une bonne gestion du personnel. Aussi est-il souvent signalé que de nombreux changements de qualification ne sont, en fait, effectués par les employeurs que pour accorder des hausses de salaires à une partie du personnel sans toucher au taux de salaire de base. De telles pratiques atténuent les conséquences des négociations salariales générales et renforcent la liberté, donc l'arbitraire, du patronat en matière de détermination des salaires.

De nombreux conflits du travail ont fait apparaître, chez les salariés, la volonté de voir leur rémunération attachée à leur personne et non à l'emploi occupé. Il s'agit là de tentatives effectuées par les travailleurs pour faire reconnaître leur qualification personnelle et lui rattacher le salaire versé. Tout changement d'emploi, effectué selon les besoins de l'employeur, ne doit pas, pour les travailleurs, se traduire par une baisse de la rémunération, même si l'emploi est classé plus bas dans l'échelle des emplois. A travers ce type de revendications apparaît la volonté des salariés de faire reconnaître par les employeurs la qualification des travailleurs.

B. **La qualification des travailleurs.**

A titre d'hypothèse de travail, la qualification d'un travailleur peut se définir comme l'acquis, issu de l'expérience et de la formation. De par sa généralité même, cette définition pose de nombreux problèmes, elle doit donc être explicitée avant d'en préciser l'enjeu théorique.

La qualification des travailleurs peut être analysée du point de vue de l'offre de travail ou des travailleurs qui souhaitent voir cette qualification personnelle reconnue par l'employeur, en particulier dans leur rémunération. Mais le patronat prend également en considération cette qualification du travailleur en fonction des caractéristiques du processus productif. Elle peut donc être analysée du point de vue de la demande de travail ou des employeurs. Ceux-ci en tiennent compte pour les promotions et à l'embauche où le diplôme obtenu et l'expérience acquise sont des critères importants. Il y a donc deux approches possibles de la qualification des travailleurs comme il y a deux approches de la classification des emplois.

a. **Définition de la qualification des travailleurs.**

Il existe de nombreux critères utilisables pour définir la qualification du travailleur : toutes les composantes du travail humain (force physique, rapidité, réflexe...). La définition proposée ci-dessus en privilégie deux : la formation et l'expérience [1]. Au premier abord, l'élimination des autres critères ne se justifie que par un souci de simplification et de facilité, relatives, de la mesure. En effet, le temps d'expérience et de formation, éventuellement le coût de cette dernière, constituent des indicateurs quantitatifs simples de la qualification.

Cependant, dans les sociétés modernes très complexes, la formation est de plus en plus souvent assurée, qu'elle soit initiale ou continue, par des institutions spécialisées, distinctes des processus de production. L'apprentisage sur le tas est de moins en moins un moyen privilégié d'acquisition de la qualification. Il semble donc nécessaire de conférer à la formation un rôle important et complémentaire de celui de l'expérience dans la définition de la qualification des travailleurs. Ainsi, la définition et l'analyse des qualifications, comme tout phénomène économique, n'ont de sens que dans le cadre de structures productives, sociales et à une époque données. Un lien étroit existe entre la qualification, la répartition des connaissances, la division du travail et le système social existant.

Dans cette perspective, certains auteurs insistent sur l'impossibilité de définir la qualification indépendamment des forces productives et des rapports sociaux. Cette affirmation est exacte mais insuffisante. En effet, ce n'est qu'indirectement que la qualification des travailleurs est liée au système productif. En un instant donné, elle existe indépendamment de ce dernier. Mais la formation est acquise dans le cadre d'institutions, plus ou moins mais toujours, influencées par l'état des forces productives. De même, la deuxième composante de la qualification des travailleurs, l'expérience, est obtenue dans une ou des formations sociales déterminées et dans des structures productives précises. C'est cette qualification personnelle que les travailleurs offrent sur le marché du travail. Les qualifications demandées le sont en fonction des choix organisationnels des entreprises et ne représentent qu'une partie de la qualification personnelle des travailleurs. Dès lors, apparaît l'enjeu de la définition de la qualification.

b. **L'enjeu théorique de la définition de la qualification des travailleurs.**

La définition de la qualification du travailleur peut être posée en référence au problème de la valeur.

Dans la logique néo-classique, où l'utilité et la rareté sont la source de la valeur, la qualification est fonction de la rareté relative de la formation et de l'expérience qui la fondent. Pour exister du point de vue économique, pour avoir une utilité, la qualification doit être reconnue par le marché. Dans cette perspective, les connaissances largement acquises par l'ensemble de la population sont considérées comme des biens non rares,

---

1 Cette définition rejoint ainsi celle proposée par R. Salais (art. cit.) in *Economie et Statistique*, p. 3, « Pour un individu donné, le type et le niveau de qualification peuvent être définis schématiquement comme la résultante de sa formation... et de son expérience professionnelle... ».

donc sans valeur. Pour nos sociétés contemporaines, savoir lire et écrire ne seraient plus une qualification.

Si, par contre, la valeur provient du coût en travail nécessité par le bien ou le service produit, tout processus de formation est source de qualification car il implique un coût en travail important. Savoir lire et écrire demeure une qualification car cette compétence n'est pas acquise gratuitement. Ainsi, définir la qualification des travailleurs à partir de leurs expériences et de leurs formations, et sans référence directe à la situation momentanée du marché, revient à se situer nettement dans cette seconde perspective.

Dès lors la distinction entre valeur d'échange et valeur d'usage peut être utilisée en référence aux activités accomplies grâce aux qualifications disponibles dans une société donnée. Dans le système capitaliste contemporain, les diverses activités humaines ne donnent pas toutes lieu à la production d'une valeur d'échange. Certaines qualifications permettent essentiellement la production de valeurs d'usage, à travers le bricolage, l'amateurisme artistique, etc.

Dans ces conditions, seules les qualifications affectées à la production de valeur d'échange seront prises en considération par les employeurs et définies comme qualification par eux. En fonction des choix effectués par les détenteurs du pouvoir économique quant à la nature et au volume des biens et services produits et quant à la division du travail adoptée pour réaliser cette production, certaines qualifications sont plus ou moins demandées et donc valorisées. Des phénomènes de rareté, de pénuries pour certaines qualifications et d'excédents pour d'autres sont susceptibles d'apparaître. D'autres choix quant à la nature et aux modalités de production des biens et services consommés entraîneraient la « reconnaissance », par le patronat, de qualifications différentes ou pour un plus grand nombre de travailleurs. Car ce n'est pas parce que certaines qualifications ne sont pas prises en compte par le marché qu'elles n'existent pas. Le problème se pose ici dans des termes voisins de ceux utilisés pour la distinction entre demande solvable et potentielle.

De ce fait, l'appareil de formation joue un rôle stratégique. Les détenteurs du pouvoir cherchent à le contrôler étroitement de manière à ne pas produire des qualifications différentes de celles souhaitées. Il est également important que l'expérience ne permette pas aux travailleurs d'acquérir des qualifications différentes de celles exigées par la division du travail. De la sorte, les employeurs poursuivent leur politique, constante depuis la révolution industrielle, de division du travail, « seul moyen pour le capitalisme de rendre son rôle indispensable » [1].

Si ce contrôle des modalités d'acquisition des qualifications n'est pas suffisant, comme c'est le cas pour le système de formation dans la France contemporaine, les désajustements et les tensions sociales seront

---

1 S.A. Marglin : *Origine et fonction de la parcellisation des tâches*, p. 53 in A. Gorz, éd., *Critique de la division du travail*. Edition du Seuil, Paris, 1973.

nombreux. On est alors conduit à s'interroger, comme cela fut fait dans le cadre des travaux du VIIe Plan, sur les modalités de la production et la nature des biens produits. Ces interrogations invitent à remettre en cause les choix techniques et organisationnels effectués et, plus largement, le modèle de développement économique choisi par nos sociétés.

Ces conclusions ne prétendent pas affirmer que le système de formation initiale est parfaitement adapté à sa fonction de production de qualification et que, en cas de désajustement, seul le système productif doit s'adapter. Mais l'opinion inverse est trop souvent avancée pour qu'il ne soit pas nécessaire d'insister sur la nécessité d'adapter aussi les emplois aux formations acquises.

C'est donc au niveau macro-économique du système d'éducation et de formation que se réalise l'interraction entre emploi et formation. Analyser ce phénomène au seul plan micro-économique, individu par individu, relève de l'occultation néo-classique traditionnelle des phénomènes collectifs et sociaux.

c. **Les deux approches de la qualification des travailleurs.**

La qualification des travailleurs peut être analysée du point de vue des employeurs ou de celui des salariés.

Les employeurs prennent en compte la qualification des travailleurs dans le cadre de leur politique du personnel. L'étude des conditions d'embauche et de promotion montre que les patrons se réfèrent à la formation et à l'expérience des travailleurs et qu'ils les intègrent dans leurs comportements.

Ainsi, les travaux du Centre d'études de l'emploi (C.E.E.) sur les emplois industriels [1] soulignent que pour occuper certains postes de travail, tel niveau de formation générale est indispensable. De même, les études du Centre d'études des techniques économiques et mathématiques (C.E.T.E.M.) et du Centre d'études et de recherches sur les qualifications (C.E.R.E.Q.) consacrées au secteur de la chimie [2] mettent en évidence l'existence de seuils, liés à un niveau de formation générale, pour la mobilité entre ouvriers qualifiés, techniciens et ingénieurs.

Mais le patronat s'efforce de ne pas *reconnaître* officiellement cette qualification du travailleur [3] ou de la contrôler par des examens « maison » seuls reconnus « valables ». C'est dans cette même perspective qu'il faut situer le rôle, le fonctionnement et les résultats de la formation permanente. Pour les entrepreneurs, il est essentiel de contrôler les possibilités d'acquisition, par cette voie, de qualifications supplémentaires qu'ils pourraient être contraints de reconnaître aux travailleurs. La lutte syndicale

---

1 Cahiers du Centre d'études de l'emploi, n° 4, PUF, Paris, 1973.

2 Cf. Butler, Gaudemar, Pitoeff, Tourreau, Formations et carrières professionnelles, *Sociologie du travail*, n° 1, 1974.

3 Cf. les conflits relatifs à la reconnaissance du D.U.T.

pour l'obtention d'un droit de regard sur les plans de formation doit être rattachée à la même analyse. Pour les travailleurs en effet, il existe une qualification pré-existante à sa reconnaissance par le patron. Cette situation explique de nombreuses luttes destinées à faire reconnaître la qualification « réelle » des travailleurs. Il s'agit, en utilisant notre terminologie, de faire reconnaître la totalité de la qualification personnelle des travailleurs même si celle-ci n'est pas directement ou immédiatement « utilisée » par l'employeur.

Dans cette perspective, l'étude des qualifications suppose l'examen des revendications et des accords relatifs à la reconnaissance des diplômes, à la place et au rôle de l'expérience ou de l'ancienneté, etc. Mais cette démarche micro-économique doit s'accompagner d'une réflexion plus macro-économique consacrée aux modalités de fonctionnement de l'appareil de formation. En effet, l'évolution contemporaine de la division du travail tend à diminuer l'importance de l'acquisition d'une qualification par le seul recours à l'expérience [1]. Le système de l'apprentissage de type artisanal régresse en raison de l'évolution rapide des techniques utilisées qui exigent une solide formation générale et, surtout, de la division croissante du travail qui enferme les travailleurs moins qualifiés dans des tâches parcellaires et répétitives ne permettant pas l'acquisition d'une formation sur le tas.

Conclusions.

Ainsi, du point de vue des travailleurs comme de celui des employeurs, l'analyse de la qualification exige d'étudier le fonctionnement des appareils institutionnels de formation, qu'ils soient internes ou externes à l'entreprise.

Toute confusion entre la définition et l'analyse des qualifications et des salaires doit être rejetée. Si des liens existent entre ces deux notions, ils ne sont pas assez étroits pour justifier toute assimilation.

Enfin, la qualification ne peut être définie comme le résultat d'une confrontation, au niveau d'un individu, entre sa formation et le marché du travail, entre ses capacités et les emplois offerts. Disposant toujours d'un minimum de formation et d'expérience, tout individu est plus ou moins qualifié.

Mais sa qualification ne sera pas prise en compte par les employeurs si elle est inutile pour la production des biens qu'ils ont choisi de fabriquer selon des modalités techniques déterminées par eux. Il en sera de même si cette qualification est adaptée à un autre mode de production, comme c'est généralement le cas des immigrés et des migrants en provenance de l'agriculture. Enfin, cette qualification peut ne pas être reconnue, en

1 Cf. les articles de P. Rolle et A. Chauvenet, in *Sociologie du travail*, n° 2, 1973, et de nombreux développements de H. Bravermann in *Travail et capitalisme monopoliste*, Editions Maspero, Paris, 1976.

particulier quant à sa rémunération, s'il existe un rapport de force défavorable aux travailleurs concernés.

Ces précisions relatives à la notion de qualification devraient permettre de mieux cerner le phénomène de la dèqualification.

II. LA NOTION DE DÈQUALIFICATION

Malgré la fréquence de son emploi, et du fait de la complexité des phénomènes qu'il évoque, le terme de dèqualification ne semble pas, d'un écrit à l'autre, recouvrir la même réalité. Cette impression ressort de la définition qui peut, en première approximation, en être donnée. La dèqualification serait le fait pour un emploi, un processus de production, un individu ou une population, de descendre, au cours d'une période donnée, un ou plusieurs degrés dans l'échelle des qualifications.

Il apparaît donc nécessaire de tenter une typologie des différentes notions généralement utilisées sous le même terme de dèqualification. Cette tentative implique, en un premier temps, de préciser les diverses échelles de qualifications qui sont explicitement ou implicitement retenues par les divers auteurs. Une fois ce travail préalable effectué, il devient possible de montrer que la signification de cette notion varie non seulement selon l'échelle de références adoptée mais aussi selon le sujet de la dèqualification.

A. Les échelles de qualifications.

Leur élaboration est différente selon que l'on se situe dans l'optique de la classification des emplois ou dans celle de la qualification des travailleurs. Dans le premier cas, il vaudrait mieux utiliser le terme de déclassification et réserver celui de dèqualification à la seconde approche.

a. Classification des emplois.

Dans l'optique de la classification des emplois, les critères utilisés sont extrêmement divers et nombreux. Il est dès lors difficile de construire une échelle des classifications puisque celle-ci impose d'établir une pondération entre les différents critères retenus pour classer les emplois. Indépendamment des problèmes concrets de mesure, toujours délicats, la base théorique susceptible de permettre cette pondération semble ou absente ou très contestable.

Cette opération de hiérarchisation des classifications peut se concevoir dans le cadre d'une entreprise à travers l'établissement d'une grille pondérant les divers critères utilisés pour classer les emplois. Cette pondération est révélatrice des motivations et des préférences de l'auteur, généralement l'employeur. Il n'est cependant pas exclu que cette grille puisse être l'objet de négociations entre patron et salariés puisqu'elle sert généralement de base à l'établissement de la grille salariale. La rémunération finalement perçue par chaque travailleur peut cependant être différente du fait de primes, bonifications personnelles, etc.

Une hiérarchisation des classifications d'emploi peut également être opérée au niveau de chaque branche à la suite d'accords dont l'exemple-type demeure les accords Parodi. Dans une telle perspective, une hiérarchie peut être construite sur le mode : 1. Manœuvres, 2. Ouvriers spécialisés, 3. Ouvriers professionnels, 4. Contremaîtres, 5. Ingénieurs.

Tant que l'on demeure attaché à l'étude des emplois directement productifs, l'élaboration d'une telle hiérarchie, si elle est toujours délicate et contestable, peut demeurer cohérente. Ceci est beaucoup moins évident lorsque l'on veut prendre en considération les emplois de type administratif dans une classification d'ensemble.

Un tel problème se pose inévitablement lorsque l'on veut hiérarchiser les emplois au niveau national. Ainsi W. Grossin et M. Klaine [1], pour étudier la « déqualification », supposent que le fait de passer d'ouvrier professionnel au statut d'employé représente un progrès dans la hiérarchie des classifications. Il y a là un jugement de valeur fondé sur une appréciation, de type psycho-sociologique, de l'échelle des valeurs sociales. Ainsi, au niveau de l'ensemble de l'économie, une éventuelle hiérarchisation des emplois exige de préciser, à l'aide de critères sociologiques, les éléments de valorisation sociale contenus dans ces emplois. La difficulté d'une telle opération et sa relativité apparaissent clairement.

Aussi peut-il être tentant d'utiliser le salaire comme critère principal d'élaboration de l'échelle des emplois. Cette solution a l'avantage de la simplicité. Mais elle implique d'admettre l'hypothèse selon laquelle le salaire est la variable essentielle prise en compte par le travailleur pour accepter un emploi et par l'employeur pour l'offrir. Une telle hypothèse nous paraît parfaitement irréaliste.

b. **Qualifications des travailleurs.**

Etablir une échelle des qualifications des travailleurs semble, d'un point de vue théorique, relativement simple. En effet, est plus qualifié qu'un autre, un travailleur dont la formation et l'expérience sont supérieures. Cette unicité du critère de définition de la qualification n'élimine pas les difficultés relatives à la mesure de la combinaison formation-expérience.

Le recours aux temps de travail incorporé dans la formation supposerait l'établissement d'une comptabilité en temps de travail. En son absence, les économistes de l'éducation utilisent les coûts monétaires de la formation. Mais la prise en compte de l'expérience et de la formation sur le tas peut difficilement être réalisée en termes monétaires, à moins

---

1 Qualification du travail humain et développement technique, *Revue française des Affaires sociales*, 1970, n° 3.

d'utiliser les rémunérations comme indicateurs de la qualification, ce qui est contradictoire avec la définition de cette dernière que nous avons adoptée. Dès lors, l'utilisation du temps de formation et d'expérience paraît s'imposer. Ainsi un travailleur est d'autant plus qualifié que son temps de formation et d'expérience est plus long. Cette définition théorique est particulièrement délicate à mettre en œuvre.

En effet, le recours à la durée de la formation a l'avantage de la simplicité. Mais il faut tenir compte du contenu de cette dernière. Toute évaluation en terme de durée suppose : soit que toutes les formations aient une qualité et un contenu équivalents, soit qu'une pondération est réalisée, sur critères qualitatifs, entre les diverses formations. L'évaluation en temps fait donc implicitement référence à une qualité moyenne de la formation dans la société considérée. Dans cette perspective, il est nécessaire d'établir des équivalences entre stages de formation permanente et formations initiales. Ces équivalences sont encore plus délicates à établir entre expérience et formation. Leur simple addition n'aurait aucun sens. Nous avons déjà noté que l'évolution contemporaine de la division du travail fait apparaître de plus en plus d'emplois où la possibilité d'un apprentissage sur le tas est faible ou nulle. De plus, certains seuils de qualification ne peuvent être franchis qu'à l'aide d'une formation complémentaire explicite.

Cette situation est cependant très variable selon les firmes et les branches. L'examen des politiques de promotion interne et du rôle que joue l'ancienneté dans certains emplois devrait permettre, à ce niveau désagrégé, d'établir des tableaux de correspondances entre formation et expérience. A un niveau plus global, le type de formation le plus répandu [1] peut être, en première approximation, utilisé pour établir l'équivalence recherchée entre formation et expérience.

Ces quelques remarques soulignent l'importance des difficultés rencontrées pour mesurer la qualification des travailleurs. Mais l'unité du critère de définition de cette dernière rend théoriquement possible la construction d'une échelle de qualification et, par conséquent, l'analyse de la déqualification selon cette problématique.

B. **Les différents sujets de déqualification.**

Le terme de déqualification est utilisé par référence à des sujets aussi différents que l'évolution d'emplois spécifiques, de processus de production, ou encore que l'histoire d'individus ou de populations. L'intérêt et la signification de la notion de déqualification ne sont pas identiques dans ces divers cas.

---

1 Une distinction entre les diverses classes d'âges peut se révéler utile pour éviter un biais issu de la structure par âge.

a. **Déqualification d'un emploi.**

D'une période à une autre, un emploi est dit déqualifié s'il est occupé par un travailleur moins qualifié. Cette notion de déqualification d'un emploi ou d'une série d'emplois individualisés semble peu intéressante. En effet, la modification de l'organisation technique ou hiérarchique d'une entreprise entraîne une transformation du contenu des emplois. S'agit-il dès lors, d'une période à une autre, du même emploi ? Il faudrait pouvoir affirmer que tel emploi bien spécifique a été remplacé par tel autre emploi nouveau, bien identifié. Il n'est généralement pas possible de procéder à ce type d'identification. Les emplois ne sont pas des entités autonomes et isolées. Ils n'ont de sens qu'insérés dans l'ensemble d'un processus productif.

b. **Déqualification d'un processus de production.**

A l'échelle d'un processus de production bien délimité, parler de déqualification signifie qu'à la suite d'une réorganisation d'un atelier, d'un service ou d'un établissement, le travail nécessaire exige, pour ceux qui l'accomplissent, un volume total de qualification inférieur à ce qu'il était au préalable. La notion d'exigence est relativement ambiguë car elle n'a pas seulement un contenu technique, mais également organisationnel. C'est à travers l'analyse des politiques d'embauche et de promotion que ce phénomène peut être précisé.

De plus, les exigences en matière de qualification peuvent demeurer identiques mais les tâches effectivement assurées dans le cadre de la nouvelle organisation peuvent entraîner un sentiment de déqualification. Il peut en être ainsi quand diminuent la liberté d'initiative, la variété des opérations, etc. Dans une telle hypothèse, les individus concernés se sentiront déqualifiés, sans que le processus de production lui-même le soit. Il est en effet difficile de parler de motivation d'un processus de production... Il n'en est pas de même de l'attitude d'une personne face au travail.

c. **Déqualification des travailleurs.**

Chez la plupart des auteurs, cette notion semble faire, au moins implicitement, référence au décalage, fortement ressenti par les individus, qui existe souvent entre leur qualification personnelle et la classification de l'emploi qu'ils occupent. Un travailleur ne saurait, au premier abord, être susceptible de perdre sa qualification personnelle. La formation et l'expérience acquise lui sont incorporées, il ne peut dans l'absolu les perdre, donc se déqualifier. Cependant, une longue inutilisation de cette qualification peut entraîner sa dégradation dans une proportion difficile à évaluer.

C'est donc généralement de la confrontation entre qualification personnelle et classification des emplois que provient, pour l'essentiel, le sentiment de déqualification souvent évoqué par les individus. Un travailleur est déqualifié de *façon relative* s'il occupe un emploi où sa qualification personnelle n'est pas utilisée et reconnue.

Cette situation regroupe deux cas très différents : pour les personnes qui ne souhaitent pas utiliser leur qualification (ou une partie importante de celle-ci), cette dequalification est le résultat d'un libre choix. Elle n'est donc pas ressentie comme une déqualification. Elle en est cependant une du point de vue de la collectivité qui a pu engager des coûts de formation importants pour que l'intéressé acquiert cette qualification [1], le plus souvent le travailleur déqualifié ressent réellement sa déqualification comme un déclassement et une injustice. La dimension psychologique et les conséquences politiques de ce phénomène ne doivent pas être négligées. Un bon nombre de revendications et de mouvements sociaux ne peuvent se comprendre sans référence à cette situation. Mais la déqualification ne doit pas être analysée seulement à partir des comportements individuels.

d. **Déqualification d'une population.**

La population considérée peut se situer à divers niveaux d'analyse : branche, profession, région, nation, etc. Il en découle inévitablement des différences sensibles dans les modalités précises d'étude du phénomène.

Une population se déqualifie, *de façon absolue*, si la qualification personnelle des membres qui la composent diminue. Une telle situation est parfaitement concevable pour une branche ou une profession donnée. A une échelle plus globale, la progression contemporaine du niveau de formation rend ce phénomène peu vraisemblable.

D'une période à une autre, la déqualification d'une population apparaît également, mais *de façon relative*, si ses membres occupent relativement plus d'emplois où leur qualification personnelle n'est pas utilisée et reconnue.

Quels que soient la nature et le niveau de l'étude, enregistrer un phénomène de déqualification d'une population ne signifie pas nécessairement que des travailleurs se soient déqualifiés. Cette déqualification peut s'expliquer par le non-remplacement des travailleurs les plus qualifiés à la suite de leur départ forcé ou naturel. Combiner l'étude de la déqualification d'une population et des travailleurs supposerait de suivre l'évolution d'une cohorte d'individus parfaitement identifiés.

*
**

Cet examen de la notion de déqualification permet de souligner la diversité des phénomènes que recouvre généralement l'usage de ce terme. Il est donc indispensable, avant d'y recourir, d'en préciser l'acception exacte. C'est à cette condition que pourra progresser l'étude des relations existant entre l'emploi de la force de travail et les processus de développement de l'appareil productif. Car c'est à ce niveau historique et social que l'étude de l'évolution des qualifications prend toute sa signification.

---

1 Ce phénomène est particulièrement sensible dans des pays peu industrialisés si des techniciens y préfèrent un travail administratif.

PEUT-ON PARVENIR A UNE DÉFINITION UNIQUE DE LA QUALIFICATION ?

Michel Freyssenet,

Centre de sociologie urbaine

L'article d'A. d'Iribarne et de M. Virville et celui de M. Vernières soulèvent, entre autres, deux questions :

— peut-on parvenir à une définition unique de la qualification ?

— y-a-t-il ou non un processus de déqualification-surqualification ?

Comme nous essaierons de le montrer, seule la prise en compte historique d'un procès de travail complet permet de comprendre ce qui est en jeu dans la division du travail, et par là même de justifier l'importance de définir la qualification et de se donner les moyens d'y parvenir. Il conviendrait par conséquent de répondre à la deuxième question soulevée avant la première. Mais, puisque ce texte nous a été demandé en critique des deux articles cités, nous devons accepter la règle du jeu, c'est-à-dire prendre, au moins dans un premier temps, le même terrain et la même démarche empirique, quitte à montrer par la suite que l'analyse d'une catégorie de travailleurs ou d'un type de tâche ne peut être menée isolément des autres moments du procès de travail considéré [1].

I. QUELLES RÉALITÉS DÉSIGNENT LES DIFFÉRENTS USAGES DU TERME « QUALIFICATION » ?

Sans être exhaustif, on peut utilement faire quelques distinctions.

A. La « qualification réelle requise ».

Elle est requise pour assurer « correctement » le poste de travail attribué, c'est-à-dire le savoir-faire que suppose la tâche pour être effectuée, selon les critères de qualité du capital.

---

1 Ce texte écrit initialement pour le Séminaire Emploi du Plan, a été réutilisé pour le colloque « Division du travail » de Dourdan à la demande des organisateurs et publié dans les actes de ce colloque. (Ed. Galilée, 1978). Pour cette édition, décidée postérieurement, nous avons introduit quelques développements.

B. **La « qualification réelle du travailleur ».**

Elle se décompose en :

— la « qualification réelle utile » du travailleur dans le procès de valorisation du capital : c'est-à-dire le savoir-faire nécessaire pour occuper « correctement », selon les critères de qualité du capital, le poste de travail que le travailleur s'est vu attribuer. Cette « qualification » se confond avec la « qualification réelle requise ».

— Les autres savoir-faire qui n'entrent pas dans le procès de travail du moment. Cela recouvre, par exemple, les situations suivantes :

- Un ouvrier d'entretien électricien, autrefois chef lamineur sur laminoir mécanique. Sa qualification d'ensemble est composée de son savoir-faire de professionnel électricien utilisé, et de son savoir-faire de chef lamineur devenu sans intérêt sur laminoir automatisé. Socialement, il n'a plus comme qualification réelle que celle d'électricien. Son savoir-faire de chef lamineur sur train mécanique, qu'il possède toujours, n'a plus de réalité pour le procès de travail « modernisé ».
- Un ouvrier sur une chaîne de montage automobile, spécialiste de musique andalouse. Ce savoir-faire de musicien, acquis dans sa jeunesse maghrébine, n'a pas d'utilité (pas encore peut-être), pour la mise en valeur d'un capital quelconque. Sa qualification d'ensemble dépasse celle qui est utilisable par le capital.
- Un opérateur sur machine à commande numérique qui sait lire et écrire, alors qu'à aucun moment ce savoir-faire n'est utilisé pour assurer correctement le poste qu'il occupe. La qualification réelle d'ensemble de cet opérateur est supérieure à la qualification réelle qu'il déploie pour surveiller la ou les machines à commande numérique devant lesquelles il a été placé.

C. **La qualification attribuée officiellement aux différents postes de travail pour être tenus.**

Elle résulte de la lutte sociale.

- Le poste de tourneur sur tour universel était classé « manœuvre sur machine » avant 1914 chez Renault, alors que maintenant dans la même entreprise, il est classé P3.
- Le deuxième lamineur des trains manuels était un ouvrier spécialisé durant l'entre-deux-guerres dans les Ardennes, alors qu'il est devenu P2 dans la grille Parodi.
- On a assisté récemment à des glissements systématiques, notamment dans l'industrie automobile : de OS 2 à P1, et de P3 à agent technique, sans que la nature du travail à effectuer soit modifiée.
- etc. [1].

---

1 Pour plus de développement, voir M. Freyssenet : *La division capitaliste du travail.* Editions Savelli, Paris, 1977, le chapitre : « quel sens donner aux statistiques de qualification et comment les utiliser ? », p. 114 et suiv.

D. **La qualification qui est officiellement attribuée à un travailleur, après une formation donnée :**

— soit par l'appareil scolaire ;

— soit par apprentissage sur le tas ;

— soit par ancienneté, dans le cas où il s'agit d'un travail où l'expérience est décisive et où l'on doit se former par soi-même.

E. **La qualification exigée pour être embauché et tenir un poste donné :**

— Dans une période de surabondance de main-d'œuvre, cette qualification est un moyen pour tenter de légitimer la sélection à l'embauche. A un moment où les diplômés de l'enseignement supérieur sont en « surnombre », on va embaucher ceux qui auront accumulé le plus de diplômes, alors qu'ils ne sont pas nécessaires pour occuper les postes à pourvoir.

— En période de manque d'un type de main-d'œuvre, on demandera éventuellement une qualification de formation inférieure à la qualification requise pour le poste de travail, quitte à donner, après embauche, juste le complément de formation nécessaire.

— En période de « restructuration » de l'appareil productif, on va proposer aux travailleurs dont le poste est supprimé de passer un examen pour accéder à des postes supérieurs ou équivalents à leur ancien poste. Cet examen exigera des connaissances supérieures ou différentes de celles qui sont vraiment nécessaires. L'échec à l'examen légitimera alors le déclassement. Comme bien souvent, il y a un nombre de postes inférieur au nombre de travailleurs, dont l'emploi est supprimé, il faut bien en éliminer, même si tous ont le savoir-faire suffisant. L'examen est là pour çà.

F. **La somme de qualifications réelles que suppose un procès de travail donné.**

Si l'on compare une usine sidérurgique du XIXe siècle où l'on ne produisait que quatre à cinq variétés d'acier et une dizaine de catégories de produits laminés, et une usine sidérurgique contemporaine, où l'on parvient à un gamme de trois cents aciers, on peut dire que la somme de connaissances et leur mise en œuvre, donc la qualification globale, est supérieure à ce qu'elle était.

G. **La qualification attribuée par les organismes officiels de statistique, soit aux emplois, soit aux travailleurs.**

Comme elle est rarement définie, on ne sait plus très bien quelle réalité elle tente de cerner. La qualification que se donne le travailleur lors du recensement ou des enquêtes « emploi », peut être la qualification attribuée à son poste de travail actuel, la qualification attribuée à la formation qu'il a reçue, ou encore la qualification qu'il estime être réellement la sienne. La qualification déclarée par les employeurs dans les enquêtes « structure des emplois » est celle que le rapport de force du moment dans l'entreprise considérée a fixé, avec plus ou moins comme référence explicite les grilles négociées au niveau de la branche.

Ces distinctions étant opérées, il faut montrer maintenant comment on peut parvenir à une définition de la « qualification réelle » et comment les « autres qualifications » varient « autour » de la qualification réelle.

Pour cela, il faut partir de l'analyse des savoir-faire requis pour occuper les emplois. Si l'on analyse les postes de travail, on est frappé par leur singularité. Et plus on étend le champ d'analyse, plus les caractères à prendre en compte s'accroissent.

Certains emplois exigent principalement de la force physique, d'autres, principalement des réflexes, d'autres des mains fines, d'autres encore de la fantaisie...

Que peut-il y avoir de commun entre tous ces emplois, et qui en même temps :

— régisse les rapports entre travailleurs et employeur, au point qu'il soit un enjeu décisif dans leur lutte,

— et qui soit essentiel pour pouvoir tenir ces emplois.

II. LA RÉFLEXION SUR CE QUE L'ON FAIT ; ÉLÉMENT ESSENTIEL ET COMMUN A TOUS LES EMPLOIS

Qu'un emploi exige principalement de la force physique ou bien des réflexes, ou un grand nombre de connaissances, ou de l'habileté, ou encore de l'attention (etc.), dans tous les cas, quelle que soit la spécificité de l'emploi considéré, la réflexion sur ce que l'on fait est la condition absolue pour parvenir au niveau et à l'usage correct de la force physique, ou bien des réflexes, ou bien encore des connaissances, etc.

C'est cette activité intellectuelle, inséparable de toute tâche, qui est l'élément commun entre tous les emplois.

Et ce qui différencie les emplois entre eux, c'est le temps nécessaire de réflexion sur la pratique.

Si nous prenons trois emplois qui demandent principalement de la force physique, mais qui sont situés dans des contextes historiques et économiques différents, par exemple, celui de terrassier, celui de manutentionnaire de la SNCF et celui d'ouvrier sur presse, nous voyons comment ils se hiérarchisent en fonction du temps de réflexion :

- Un terrassier doit savoir, compte tenu de la nature du terrain et de son état du moment, comment tailler la tranchée, à partir de quelle profondeur il faut étayer et de quelle manière, comment utiliser son corps et ses forces pour avoir des « pelletées » précises, efficaces et économes d'énergie humaine, comment il faut modifier l'emploi de son corps en fonction de la profondeur de la tranchée, comment organiser son rythme, son travail pour être capable de tenir huit à dix heures par jour et six jours par semaine, etc.
- Le manutentionnaire de la SNCF, qui dispose d'un « diable » doit essentiellement savoir « gerber » les colis à l'intérieur du wagon, c'est-à-dire empiler les colis qui sont de taille et de forme différentes de telle sorte qu'ils ne tombent pas ou ne s'entrechoquent pas au cours du transport.
- L'OS sur presse présente une tôle standardisée à une presse dont le mouvement est réglé par d'autres, et avec des gestes qui lui sont « vivement » recommandés par des spécialistes, afin de pouvoir tenir le rythme et ne pas faire d'erreur.

A l'inverse, prenons des emplois aussi différents par « les qualités » qu'ils exigent que celui d'ouvrière soudeuse de la construction électronique, celui d'ouvrier conducteur d'un « blooming » semi-automatisé d'un laminoir et celui d'indexeur dans un centre de tri automatisé de courrier.

Le premier se distingue des autres par l'habileté exigée, le deuxième par les réflexes et le troisième par l'attention.

Ces trois « qualités » sont données potentiellement à tout le monde. Mais pour les avoir effectivement, il faut savoir les exercer et les orienter. Nous voyons que ce qui lie tous ces emplois et qui fait qu'on peut les ranger dans la même catégorie, c'est qu'ils demandent le même temps de réflexion, en moyenne, pour être capable de les tenir : soit un mois environ.

III. COMMENT CALCULER LE TEMPS DE RÉFLEXION SUR LA PRATIQUE ?

A ce point, il convient d'analyser de quoi est fait le temps nécessaire de réflexion sur la pratique. Cela va permettre en effet d'approcher le problème du calcul de ce temps et des dificultés à surmonter. Il est fait de trois parties :

- le temps d'acquisition du savoir-faire de base ;

• le temps d'adaptation de ce savoir-faire de base aux problèmes particuliers qui se posent ;
• le temps d'innovation, à partir de l'expérience, enrichissant le savoir-faire collectif.

Ces trois temps sont liés. Tout travail exigeant un temps d'apprentissage très court est un travail durant lequel les imprévus, les problèmes nouveaux à résoudre sont en nombre très limité et à partir duquel les possibilités d'innovation sont quasi nulles étant donné le champ restreint d'interventions dans le procès de travail général.

Si l'on veut être parfaitement rigoureux, aucun temps socialement fixé, et donc facilement comptabilisable, ne correspond au temps de réflexion sur la pratique. Ainsi, la somme du temps scolaire et du temps de formation à l'emploi considéré :

— ne tient pas compte du temps d'adaptation et d'innovation (s'il est possible) ;
— ne tient pas compte de la formation donnée dans la famille ou dans un autre métier, etc. ;
— englobe le temps pour acquérir des connaissances ou des savoir-faire, parfaitement inutiles pour occuper l'emploi étudié.

Le problème de la mesure du temps de réflexion sur la pratique se complique par le fait que certains travailleurs parviennent rapidement à l'efficacité voulue et d'autres beaucoup plus lentement.

Par exemple, certains savent utiliser d'emblée correctement leur force physique pour réaliser la tâche fixée, d'autres ont besoin d'apprécier leur force et le rythme qu'ils peuvent tenir ; ils ont besoin de chercher le mouvement juste à effectuer pour donner la pleine efficacité à leur force physique, etc. Les premiers ont eu, par exemple, un passé de paysans, ou ont eu une jeunesse « manuelle ». Les seconds ont eu un passé, par exemple, de commerçant ou d'employé, ou une jeunesse « scolaire ».

Une deuxième difficulté surgit également, les temps de formation d'un OS français et d'un OS étranger sont très différents alors qu'ils se retrouvent côte à côte dans le travail. Le temps du premier comprendrait sa scolarité jusqu'à seize ans et la semaine de mise au courant à l'usine. Le temps du second, analphabète, ne serait que d'une semaine.

Une troisième difficulté : deux cadres de même passé universitaire, ayant les mêmes fonctions et le même titre, l'un se verra confier une mission temporaire pour traiter une affaire et non l'autre, parce que le premier aura le style nécessaire et la capacité de décision suffisante en fonction des objectifs de l'entreprise, alors que des doutes existent pour le second. Comment comptabiliser le temps d'acquisition des capacités du premier ?

Dernière difficulté : un ouvrier d'entretien électricien à l'usine sidérurgique SAFE à Hagondange, n'a pas, de fait, la même compétence qu'un ouvrier d'entretien électricien à Usinor Thionville. Le premier intervenait encore vers 1970 dans tous les secteurs de l'usine et participait une fois l'an au démontage de l'ensemble de l'installation, alors que le second, à la même date, était spécialisé dans l'entretien d'un type de circuit dans une partie de l'usine.

De même un « routier » dont la tâche se limite à conduire un poids-lourd sur un parcours donné ne peut se confondre avec un « routier » qui est de plus chargé de la manutention, de l'enregistrement des marchandises, et de l'entretien courant du véhicule et qui effectue des parcours variés.

Comment surmonter ces difficultés ?

— Il faut briser l'unité apparente donnée à des emplois par une appellation commune ou par les diplômes exigés. Il faut analyser à chaque fois le contenu réel du travail, du point de vue de la réflexion qu'il exige. Ce contenu apparaît d'autant plus facilement si l'on considère le procès de travail, c'est-à-dire si l'on repère où se pensent et se décident les conditions concrètes de la production et qu'est-ce qu'il reste comme initiative à prendre par les producteurs directs pour que la production se réalise effectivement. C'est pourquoi on ne peut faire l'économie du problème de l'évolution des qualifications lorsque l'on veut définir ce qu'est la qualification.

En effet, le propre de la division capitaliste du travail est de répartir autrement trois éléments de toute activité : conception, organisation, exécution. L'évolution du contenu des postes de travail ne peut donc être décrite qu'en montrant comment la somme d'activités intellectuelles que suppose tout procès de production, se répartit autrement. Il faut par conséquent appréhender l'ensemble du procès de travail, y compris lorsqu'il se répartit entre plusieurs établissements, entreprises, branches ou pays [1].

— En première approximation, on peut considérer que le temps d'acquisition du savoir-faire de base est un indicateur suffisant du temps de réflexion sur la pratique exigée par le travail effectué.

— On peut calculer le temps d'acquisition du savoir-faire de base pour un poste donné, en prenant le temps d'acquisition de ce savoir-faire, lors de la première occupation, par les travailleurs les moins préparés à cela.

L'évaluation de ce temps d'acquisition n'a rien d'insurmontable. Les travailleurs savent fort bien l'établir et indiquer les facteurs particuliers qui peuvent le faire varier dans certaines limites. Une telle évaluation est infiniment moins complexe que celle de la « charge psychique », de la « responsabilité », de « l'autonomie », etc. qui sont, par ailleurs, des « notions » plus que critiquables.

---

1 M. Freyssenet : *La division capitaliste du travail*, p. 123-127, op. cit.

Devant les difficultés, certains disent : « Mais, à quoi bon chercher à « mesurer » la qualification. Ce n'est là qu'une préoccupation des organismes officiels de statistiques, dont nous n'avons que faire. L'important, c'est ce que les travailleurs arrachent au patronat en salaire, temps de travail, condition de travail. »

Et c'est en effet par la question de l'enjeu social que constitue le problème posé, que nous aurions dû commencer, comme devrait commencer toute recherche sociologique qui veut éviter les ornières de l'empirisme.

IV. LA PARTIE INTELLECTUELLE DU TRAVAIL EST UN ENJEU ENTRE LES TRAVAILLEURS ET LE PATRONAT QUI A UN DOUBLE TITRE :

— le premier est salarial : plus le travail demande un temps de formation long et exige une mobilisation constante des facultés intellectuelles au cours de son exécution, plus le patronat doit payer la force de travail qui le réalise à un prix élevé, étant donné sa valeur (son coût de production) et sa rareté ;

— le second est politique : plus le travailleur doit déployer son intelligence dans le travail, plus il échappe à l'organisation et à la discipline du patronat. On peut remarquer que jamais personne n'a éprouvé le besoin de hiérarchiser les artisans, les paysans ou les commerçants indépendants, du point de vue de la qualification de leur travail. La définition de la qualification ne se pose que là où elle est un enjeu, c'est-à-dire là où le travailleur doit vendre sa force de travail.

Dès lors, on comprend qu'il y ait une contestation permanente des qualifications reconnues, qu'il y ait des distorsions de toutes sortes entre qualifications réelles et qualifications attribuées.

C'est pourquoi la qualification peut aussi bien se définir par l'activité intellectuelle exigée par l'emploi considéré que par l'importance de la maîtrise des produits à transformer, des machines et des personnes que suppose cet emploi, à la condition de bien s'entendre sur ce que l'on veut dire par « maîtrise ». Un opérateur qui surveille une cisaille automatique sur un train continu de laminage a la faculté non seulement d'arrêter la cisaille mais aussi toute la production, mais il ne maîtrise rien. Selon la définition fixée de son poste, il ne peut arrêter la cisaille que dans des cas précis d'anomalies ou sur ordre du poste de commande centralisé. Il n'a plus le pouvoir d'organiser son travail. Il n'est plus maître des décisions à prendre. S'il lui prend la fantaisie d'innover, ou de « jouer du piano » sur son clavier pour briser la monotonie de sa vie de travail, il est licencié purement et simplement pour « faute professionnelle ».

Pour faire rendre au travail la masse croissante de plus-value nécessaire à sa valorisation, le capital doit non seulement lui enlever tout moyen de production mais aussi toute autonomie dans son activité.

En effet, les travailleurs conservent encore un pouvoir très important sur la production tant qu'ils sont les seuls capables, grâce à leur savoir-faire, à fabriquer le produit.

Nombre d'employeurs doivent passer par leurs exigences. La mise en œuvre capitaliste du principe coopératif, de la spécialisation, puis du principe mécanique, enfin du principe automatique, va permettre de briser ce « despotisme du travail », sous couvert de progrès technique. Le capital va parvenir à briser l'autonomie du travail en créant des « nécessités techniques », en matérialisant son ordre dans des machines, et en modelant la force de travail elle-même en fonction de cet ordre matériel. Dans le mode de production capitaliste, le développement des forces productives se fait par réduction d'un nombre croissant des travailleurs à de la force de travail simple, et par centralisation sur un petit nombre de l'intelligence de la production. La séparation du capital et du travail ne s'est pas opérée un beau jour en se reproduisant depuis identique à elle-même. L'expropriation des travailleurs de leurs moyens de production n'a pas été achevée le jour où ils n'en avaient plus la propriété juridique. Ce mouvement d'expropriation s'est poursuivi par la dévalorisation de la force de travail des producteurs directs.

V. L'HISTOIRE DE LA DIVISION CAPITALISTE DU TRAVAIL EST L'HISTOIRE DE CETTE EXPROPRIATION

Nous avons tenté dans « La division capitaliste du travail » [1] d'en faire l'analyse. Schématiquement, nous pouvons la résumer en quatre stades.

A. La mise en œuvre capitaliste du principe coopératif.

Elle consiste à réaliser la mise en coopération des forces de travail sous l'autorité du détenteur du capital et non pas par la libre association des producteurs.

Une fraction de l'activité intellectuelle des producteurs indépendants, avant leur dépossession des moyens de production, leur est enlevée lorsqu'ils en perdent la possession, au profit du détenteur du capital. En effet, dans le mouvement de séparation du travail, le capital lui enlève et concentre sur lui l'activité de réflexion et de décision sur les valeurs d'usage à produire, sur la façon de les produire, d'en accroître la quantité et d'en améliorer la qualité, sur le temps à y consacrer, et sur le mode

1 M. Freyssenet : *La Division capitaliste du travail*, op. cit.

de répartition des biens produits. C'est le mode capitaliste de rassemblement des travailleurs qui donne naissance à la séparation de la partie manuelle et de la partie intellectuelle du travail.

En résumé, on peut dire qu'au stade de la coopération, le travailleur perd la maîtrise du procès de production, c'est-à-dire de l'ensemble : procès de travail et vente.

B. **La mise en œuvre capitaliste de la spécialisation** (la manufacture).

Elle a consisté à fixer chaque travailleur sur une partie du procès de travail.

Elle lui enlève progressivement la possibilité d'organiser lui-même la fabrication du produit, de faire même œuvre personnelle, pour confier à une catégorie nouvelle de salariés, peu nombreuse, d'une part l'organisation des lignes de tâches parcellaires et de leur surveillance et, d'autre part, la mise au point des outils spécialisés pour l'exécution de chaque tâche parcellaire.

En résumé, on peut dire que le travailleur perd, au stade de la spécialisation, la maîtrise du procès de travail.

C. **La mise en œuvre capitaliste du principe mécanique.**

Elle a historiquement consisté à faire actionner par un moteur et une transmission l'outil parcellaire mis au point durant la période manufacturière.

A la juxtaposition de procès partiels de travail accomplis par autant de travailleurs distincts va se substituer la combinaison de machines effectuant ces procès partiels à la place des travailleurs. Dès lors, la spécialisation qui consistait à manier toute sa vie un ou plusieurs outils parcellaires, se transforme en une spécialisation consistant à servir, sa vie durant, une machine parcellaire. Le capital peut commencer à faire appel à une force de travail plus simple et à confier à un tout petit nombre de salariés un travail très qualifié (né de la déqualification des ouvriers de fabrication), d'entretien, de réparation, de mise au point, de fabrication, de conception des machines (bureau d'études, bureau des méthodes, industrie de la machine-outil, service d'outillage et d'entretien).

En résumé, au stade du machinisme, le travailleur perd la maîtrise de son travail lui-même et devient le servant d'une machine qui lui impose rythme et gestes. Le machinisme matérialise dans un mécanisme mort indépendant de la force de travail et s'imposant à elle une division du travail produite par la séparation du capital et du travail.

D. **La mise en œuvre capitaliste du principe automatique.**

Elle consiste à enlever à l'ouvrier le travail d'alimentation de la machine. Cette alimentation exigeait encore de lui une petite activité intellectuelle pour en faire un surveillant devant réagir d'une manière purement réflexe à des signaux optiques ou sonores. Cette déqualification a pour contrepartie une concentration de l'activité intellectuelle jamais égalée, non seulement dans les bureaux d'études des entreprises, mais surtout dans des grands bureaux d'études et de conseils dépendant de grandes entreprises ou de banques. Ces derniers concentrent sur eux l'expérience et le savoir communs à plusieurs branches d'industries et deviennent des instruments de contrôle plus ou moins direct sur les petites et moyennes entreprises, pour les banques et les grands groupes industriels dont ils dépendent.

En résumé, l'automatisation enlève à l'ouvrier tout contact direct avec la machine et la matière, source encore d'un savoir, et le réduit à être un surveillant d'automate, et à l'opposé, permet la centralisation des informations et des décisions, même les plus petites, sur les détenteurs réels du capital.

E. **Les travailleurs « surqualifiés » connaissent à leur tour un processus de « déqualification-surqualification ».**

La mise en évidence de ce phénomène est décisive. En effet, l'augmentation du nombre des ouvriers d'entretien, des ouvriers très qualifiés pour la fabrication des machines-outils, des techniciens, des ingénieurs, etc., a laissé espérer que progressivement le travail répétitif, manuel, serait éliminé par l'automatisation croissante et qu'il ne resterait que les travaux nouveaux « surqualifiés ». Cette conclusion hâtive a nourri la réflexion aussi bien des idéologues de la technique prévoyant un monde de travailleurs en blouse blanche à l'activité essentiellement intellectuelle, que les théoriciens de la « nouvelle classe ouvrière » qui serait plus dynamique parce que moins aliénée.

Les ouvriers d'entretien voient leur champ d'intervention réduit. Ils sont spécialisés à une partie de l'usine, à un type de machine. L'entretien requérant le plus d'initiative et d'intelligence est réservé à un petit nombre d'entre eux ou à des entreprises extérieures spécialisées. Il en est de même des ingénieurs dont la grande masse est réduite à l'analyse de problèmes très précis au profit d'un petit nombre d'autres qui sont les seuls à maîtriser le procès de travail d'ensemble, etc.

Plus la division du travail est développée, plus la déqualification des travailleurs « surqualifiés » nés de cette division du travail est brutale et rapide. Les « informaticiens » ont été déqualifiés en vingt ans, alors qu'il a fallu un siècle pour les professionnels de la métallurgie par exemple.

La division capitaliste du travail se généralise aux travailleurs improductifs du mode de production capitaliste (travail de vente et d'achat, de comptabilité, de surveillance...), ainsi qu'aux travailleurs appartenant à d'autres modes de production (salariés de l'Etat, petite production marchande, etc.).

L'accroissement de la productivité dans la sphère de la production a entraîné une augmentation considérable du nombre de produits à vendre. Par voie de conséquence, la quantité de transactions commerciales s'est accrue dans des proportions voisines nécessitant toujours plus de travailleurs improductifs pour opérer la circulation de l'argent. La rémunération du travail improductif étant une dépense nette d'argent, c'est-à-dire ne permettant pas de valoriser le capital, l'accroissement du nombre de travailleurs improductifs a eu pour effet d'entamer directement les profits, réalisés par ailleurs, grâce à l'augmentation de la productivité du travail productif. C'est devenu pour le capital une impérieuse nécessité que d'opérer l'extension de la division du travail aux activités de circulation de l'argent, afin que celles-ci soient moins coûteuses.

C'est la raison pour laquelle on assiste, depuis une dizaine d'années, à un processus de rationalisation, de mécanisation et d'automatisation du travail improductif qui a pour conséquence une diminution relative très importante d'employés par rapport à la masse des transactions et à l'apparition des OS de bureaux.

Ce sont les mêmes raisons qui provoquent la division du travail au sein des administrations publiques. L'argent qui finance leurs activités, nécessaires à la production capitaliste, mais improductives de capital, a pour origine l'impôt. Si ces activités se font dans des conditions plus coûteuses que celles que réaliserait une division plus poussée du travail administratif, cela devient anormal du point de vue du capital. Elle constitue, en effet, un prélèvement « exagéré » sur les profits. C'est pourquoi on assiste périodiquement à des attaques patronales contre les administrations pléthoriques et dispendieuses.

F. **A la lecture de cette présentation du processus de division capitaliste du travail, il faut avoir constamment à l'esprit les points suivants :**

— Un stade se distingue d'un autre par les moyens que les travailleurs perdent dans la maîtrise du procès de production.

— Un stade n'est pas une période historique. Il qualifie l'état du rapport capital-travail. Il peut donc être utilisé :

1. pour qualifier comment se fait la production d'une valeur d'échange dans une entreprise donnée, même si, ailleurs, la division du travail est moins développée ou plus développée ;
2. pour qualifier une entreprise si toutes les productions s'y font avec la même division du travail ;

3. pour qualifier une période historique dans une formation sociale donnée, si le stade considéré est devenu dominant dans cette formation sociale ;
4. pour qualifier une période du mode de production capitaliste, si le stade considéré s'est imposé comme base sociale de la production.

— Le passage d'un stade à un autre n'a rien d'automatique, ni d'inéluctable. Il ne correspond en rien au « nécessaire développement des forces productives ». Il est une lutte entre le capital et le travail pour le pouvoir sur la production.

— Si le passage d'un stade à un autre constitue bel et bien une défaite des travailleurs et du mouvement ouvrier, il fait naître des possibilités nouvelles de luttes, à la condition que le contenu des revendications et le mode d'organisation se transforment.

QUELQUES REMARQUES SUR LE THÈME DE LA QUALIFICATION

Robert Salais,
Administrateur de l'INSEE

Ces quelques pages partent des remarques qui m'ont été suggérées par une lecture attentive des thèses exposées par A. d'Iribarne et M. de Virville. Sur un plan d'ensemble, ces remarques se fondent sur la thématique exposée dans un article précédent[1], elle ne sera donc pas reprise en détail ici. Elles resteront brèves, quoiqu'elles appelleraient chacune de longs développements.

Mettre de l'ordre, structurer le champ théorique dans un sens qui permette de définir des politiques économiques opératoires, construire une bonne connaissance de la réalité, intervenir sur les instruments statistiques existants pour critiquer leur soubassement théorique et leur construction technique, savoir utiliser ces instruments pour progresser dans les travaux de fond, comme l'élaboration de nomenclatures d'emploi et de formation, telles sont les questions qui se posent actuellement dans le domaine de la qualification. Une clarification conceptuelle est nécessaire, ce dont M. Vernières me paraît également convaincu, et elle passe par l'examen de la qualification selon deux dimensions complémentaires : qualification du travailleur et qualification de l'emploi, à compléter par l'étude de leurs relations, y compris dans leur dimension contradictoire. On partira de la première pour aller vers la seconde.

Partant de la définition de la qualification de l'individu rappelée dans l'article déjà cité d'Economie et Statistique, la qualification est la résultante de ce que l'individu a appris (ou non) dans sa formation initiale (complémentaire, s'il y a lieu) et de l'expérience professionnelle acquise

---

1 Cf. Numéro 81-82 in *Economie et Statistique*, septembre-octobre 1976, « Qualification individuelle et qualification de l'emploi. Quelques définitions et interrogations ».

au fil des ans dans le (ou les) emploi(s) qu'il a exercé(s). L'expérience professionnelle s'acquiert dans la production, autrement dit dans deux relations : la relation homme-outil de production, entendu au sens large (équipements, matières premières à élaborer, cadre de travail), et l'insertion dans la division du travail (tâches effectuées en propre et relations avec les autres tâches).

La qualification d'un individu est donc au centre d'une triple détermination :

— relation homme-outil de production ;

— insertion dans la division du travail (peut-on risquer l'expression « place dans le travailleur collectif » ?) ;

— formation initiale et ultérieure reçue.

Il convient d'y apporter la réserve essentielle qu'il ne s'agit pas d'une détermination mécanique, d'abord en raison de la grande diversité des travaux existant à un moment donné, de la multitude des combinaisons possibles entre technologie de l'outil et organisation du travail, de la souplesse des liens entre les connaissances requises et leur application dans la production, de la variété des cheminements professionnels suivis (par suite de la mobilité). Mais surtout en raison de sa profonde dimension historique : sur l'étendue de la vie active d'un travailleur, les techniques de production évoluent considérablement. Le poids respectif des diverses qualifications demandées se modifie, les contenus de qualifications se transforment, exprimés en termes de tâches ou de connaissances nécessaires ; certaines disparaissent, d'autres apparaissent.

Des modes de production se succèdent dans le temps, tout en s'enchevêtrant, se télescopant à un moment donné : stade artisanal, par petites unités ; mécanisation de plus en plus poussée dans les branches industrielles ; développement de l'ordinateur, de l'automatisation avec des perspectives nouvelles. Cette triple détermination noue des liens entre les qualifications des individus, les emplois et les formations, mais au travers de la diversité des situations concrètes et du mouvement dans le temps. Qui dit mouvement, dit nécessité de prendre en compte le comportement des différents acteurs, pour être bref, les entreprises d'un côté, les salariés de l'autre et de saisir la nature des contradictions qui se développent, notamment entre les contraintes de rentabilité des capitaux et les besoins issus du progrès technologique (besoins eux-mêmes marqués dans leur nature par l'environnement contradictoire dans lequel ils se développent).

Il convient donc de ne pas masquer l'existence de relations, que ce soit à un moment donné ou dans leur dynamique interne, entre système de formation, système d'emplois et structures de qualification de la population active, à condition de les voir comme un ensemble souple d'interactions avec des pôles dominants.

Ces quelques remarques générales permettront de préciser les points qui font problème de fond dans l'analyse de A. d'Iribarne et M. de Virville.

I. SUR LE ROLE DE LA FORMATION DANS LA QUALIFICATION DU TRAVAIL

Le système de formation, intervient, bien évidemment, dans la structuration du travail par le biais des types de main-d'œuvre qu'il contribue à créer. A population active peu qualifiée, à système d'enseignement peu développé, emplois peu qualifiés, toutes choses égales par ailleurs. En ce sens, l'existence d'une proportion importante (25 % prévu en 1980), d'emplois non qualifiés renvoie au maintien de sorties de jeunes sans niveau de formation du système d'éducation (qui représentent au moins la même proportion de l'ensemble des sorties). En sens inverse, relever le niveau moyen de sortie du système scolaire est le premier pas pour relever la qualification du travail. La responsabilité en ce domaine des politiques de formation initiale suivie, est donc fondamentale et doit être soulignée : conception de la formation mise en œuvre en liaison avec le type de qualification qui doit être acquis à son issue par le jeune formé, liaison entre cette formation initiale, les emplois d'insertion, les emplois et les formations ultérieures. Tout le problème de l'insertion professionnelle des jeunes réside là, dans l'articulation des politiques de formation publiques et patronales et des politiques patronales de structuration du travail.

Cependant, la formation reçue, la nature du système éducatif existant ne sont pas les facteurs déterminants de la structuration du travail. Elles peuvent être tout au plus des facteurs permissifs, à la limite incitatifs, soit pour des salariés qui exigent, dans la lutte pour leurs revendications, un emploi conforme à la formation reçue, sur le plan des salaires et de la qualification, soit, en sens inverse, pour des entreprises cherchant pour des raisons diverses (de coût salarial, de maîtrise de la production, de mise en place d'organisations du travail déqualifiantes...) à freiner l'élévation du niveau des qualifications. La formation reçue et la structuration des emplois sont un enjeu essentiel du débat social. Mais on ne peut oublier que la maîtrise de la structure des emplois est détenue, non par les salariés, mais par l'entreprise. Certes, cette dernière s'adapte dans une certaine mesure à la diversité de la main-d'œuvre disponible sur le marché local ou sur son marché interne ; certes, à technique donnée, la réponse en termes de structure d'emplois est diverse, encore faudrait-il s'interroger sur l'ampleur réelle de la variabilité constatée, de la marge de liberté et sur la maintenance ou non de quelques tendances fondamentales à l'intérieur de cette diversité. Mais l'élément dominant reste le couple technologie-organisation du travail avec l'usage et l'orientation que leur donne l'entreprise.

On ne peut admettre la thèse qui fait du sous-système culturel, le système définissant les qualifications [1]. Ce dernier est défini par le triplet

1 Exemple page 44. « On a donc une définition culturelle de la qualification qui sert de norme de base, parce que dominante. » Ceci conduit, par ailleurs à sous-estimer les besoins en formation liés à la production. Bien entendu, disant cela, nous ne voulons pas réduire l'éducation à sa seule dimension « productiviste », production d'une force de travail. Elle concourt de façon très liée à diverses fonctions sociales dans les « sphères familiales, de la consommation, de la vie politique ou de la production ». On nous accordera toutefois le caractère « entraînant » de la fonction « production », surtout pour ce qui concerne l'éducation prise en charge par un appareil d'éducation.

évoqué au départ avec, comme élément central, les conditions de production dominantes dans l'économie à l'instant considéré et leur mode de développement historique. Ceci pourrait apparaître grâce à des études comparées entre histoire des modes et des techniques de production et histoire du système d'éducation. Par exemple, les différences de structures de qualification entre la France et l'Allemagne renvoient à des constructions historiques originales où s'entremêlent des déterminants et des interactions multiples et non à un déterminisme sociologique réduit à une différence de système de formation [1].

De même, pour l'essentiel (sauf quelques rentes de situation), les comportements des individus luttant pour la reconnaissance de leur formation dans les qualifications et au maintien de leur qualification n'expliquent pas les stratifications des emplois (au sens malthusien qui leur est donné page 32), mais au contraire sont expliqués par elles. Ils s'opposent à cette stratification imposée par l'entreprise, aux transformations que celle-ci leur fait subir et visent notamment à ce que le processus de disparition-création de qualification, inévitable sur longue période, ne s'accomplisse pas au détriment de la qualification individuelle. En somme, ces comportements prennent en charge le maintien, sinon l'amélioration de la qualité du facteur « travail » ; leurs aspects protectionnistes (au sens passif du terme) sont secondaires.

Un point crucial est le contenu que l'on veut bien accorder à la notion de transférabilité des qualifications d'un emploi à l'autre. Soit la notion est limitée à la capacité à passer rapidement d'une entreprise à l'autre, par le biais du marché du travail dans le même type de qualification, voire de spécialité définie de façon étroite. Dans ce cas, on est conduit à lier la transférabilité à un mode de division du travail, découpant des emplois très spécialisés et demandant un rassemblement de capacités limité. Dans ce cas, l'OS est le modèle limite du concept de tranférabilité, comme cela est indiqué page 35. A mon avis, l'on fait un contresens en reliant le concept de transférabilité à ceux de rotation et de vitesse d'adaptation maxima d'un poste de travail à l'autre.

Soit on élargit la notion — et ce point de vue à ma préférence — à celle de capacité à passer rapidement d'une qualification à une autre (définie de façon large), que ce soit par le marché du travail externe ou par le marché interne à l'entreprise, ou encore à sauter d'une absence de qualification à une qualification réelle (promotion).

La transférabilité est alors reliée naturellement au contenu de la qualification en termes de formation (connaissances théoriques + expérience professionnelle) et au contenu de l'emploi exercé, en ce qu'il permet ou non une mobilité favorable à l'individu, selon qu'il s'insère ou non dans une filière d'emplois (que celle-ci soit purement interne à l'entreprise ou comprenne des passages d'une entreprise à l'autre par le

---

1 Cf. l'étude du LEST *Production de la hiérarchie dans l'entreprise. Recherche d'un effet sociétal (Allemagne-France)*, octobre 1977, (Rapport du CORDES).

marché du travail). Dans ce contexte, on peut alors réfléchir aux modalités d'un processus de mobilité qui puisse être en même temps pour l'individu concerné processus d'acquisition d'une qualification réelle. L'internalisation des qualifications — qui consiste pour une entreprise à créer et à capter des qualifications, adaptées à son procès de travail et à lui seul — a donc comme effets négatifs, du point de vue de l'optimum social, non seulement d'interdire le libre transfert de la main-d'œuvre d'une entreprise à l'autre, mais aussi de bloquer pour l'individu les possibilités de progression de qualification par la mobilité.

Le débat n'est ni académique ni innocent. Il concerne les deux problèmes fondamentaux des politiques de qualification de la main-d'œuvre : le lien emploi-formation et la division du travail dans l'entreprise. En simplifiant à l'outrance, faut-il une conception de la formation, visant un soubassement théorique et pratique polyvalent, donnant accès à une large gamme d'emplois et offrant des possibilités de développement ultérieur ou bien faut-il privilégier une formation d'insertion, adaptant dans les moindres délais et coûts à un emploi étroitement spécifié ? De même faut-il diviser le travail (compte tenu, certes des contraintes technologiques, mais qui sont quelquefois un alibi trop commode), en tâches morcelées, isolées, peu coûteuses quant au salaire, ou le structurer en filières d'emploi ascendantes avec un contenu large de chaque emploi individuel ? L'expérience acquise dans un emploi est-elle porteuse d'un apprentissage débouchant sur une progression de qualification ou non ?

L'insertion des jeunes est concernée au premier chef. Quelle séquence monter, quel complexe de formation initiale, de premier emploi et de filières de formation ultérieure, bâtir ? Ne serait-ce pas en partant de telles questions et en les précisant qu'on pourrait saisir s'il y a eu, ou non, changement de conception dans les politiques de formation suivies, qu'elles soient étatiques ou patronales, en liaison avec le développement de la crise, notamment le chômage et l'existence de réserves de main-d'œuvre accrues, avec la nécessité d'économiser sur les fonds consacrés à la formation, dans un contexte de croissance lente et de déficit budgétaire durable.

II. SUR LES LIENS ENTRE TECHNOLOGIE ET ORGANISATION DU TRAVAIL

Tout au long du texte de A. d'Iribarne et M. de Virville, on sent une grande réticence à aborder de front ces déterminants de la qualification ; tout au moins les endroits où il en est parlé dans leur article sont épars et non liés.

L'impact de l'Organisation scientifique du travail (OST) (selon les conceptions de Taylor, sur la déqualification des activités de production [au sens étroit des ateliers de production]), qui conduit « à dissocier des activités d'exécution relativement nombreuses des activités en nombre limité concentrant les tâches de contrôle et de conception » est fortement sous-estimé. Il est impossible de nier, comme cela est fait page 47, que l'OST, qualifiée de « phénomène contingent même historiquement massif », ait été une loi générale de l'évolution des conditions de production depuis un demi-siècle, même si elle entre en crise maintenant.

Le processus de dequalification-qualification des emplois, « banal », est au centre des liens entre la qualification et le couple « technologie-organisation du travail ». Il signifie que le mode d'introduction des technologies nouvelles, ou, du moins de façon principale et jusqu'à maintenant, a obéi à une recherche d'économie sur la dépense de travail vivant par unité de produit, de simplification du travail réalisé (en substituant à du travail qualifié des opérations faites par la machine) et du renforcement du contrôle de l'entreprise sur le procès de production. L'OST dans les ateliers de production a été l'agent actif d'une telle recherche qui aboutit à des emplois d'OS ; et ce mouvement est à l'œuvre, sous d'autres formes, dans des catégories d'emplois jusqu'alors épargnées relativement (par exemple dans les emplois de bureaux, et plus généralement dans les qualifications supérieures de techniciens ou de cadres lorsqu'on tente de les découper en tâches spécialisées). Qu'il obéisse, au moins en tendance, à la volonté de peser sur les rémunérations, sur la qualification d'ensemble des salariés et au besoin de maintenir le contrôle de l'entreprise sur la production ne peut guère être nié. Ce sont sur ces observations que s'appuient les thèses de la dequalification de la main-d'œuvre [1]. Les thèses sur la surqualification paraissent par contre difficiles à soutenir, dans la mesure où la tendance au morcellement, à la spécialisation visent toutes les tâches, même les plus qualifiées ; le contexte est plutôt celui d'une concentration des besoins incompressibles de qualification sur une frange de main-d'œuvre, la plus limitée possible.

Mais le processus d'ensemble est profondément contradictoire. La qualification, chassée d'un point du procès de travail, réapparait ailleurs dans des activités nouvelles : par exemple, dans la conception, la préfabrication et la mise au point de machines nouvelles, le contrôle, l'entretien, le réglage, etc. Car en même temps que le processus de travail se divise, il s'étend par création de domaines d'activité. Pour le sentir, il suffirait de comparer le procès de production d'une automobile moderne et son articulation en travaux, avec la masse de travailleurs de qualifications distinctes et la durée qu'il comporte, de la conception au lancement en série. La même comparaison serait à faire pour la production d'un ordinateur. Il serait du plus haut intérêt d'étudier la qualification collective mise en œuvre sur un procès de production complet (dans le temps et dans l'espace, sous réserve de pouvoir en proposer une définition opératoire) et de voir la division en travaux et l'articulation des uns aux autres, l'ensemble des connaissances et des savoirs mis en œuvre, le découpage en unités de production distinctes, avec leurs articulations. Et notamment d'étudier de ce point de vue les technologies nouvelles, en ayant conscience que la division du travail actuellement dominante n'est pas la seule possible. La dimension contradictoire de ce processus exclut

1 Et pas seulement, du moins je l'espère, la référence à la qualification artisanale. Voir notamment le texte de M. Freyssenet, p. 67.

toute idée de fatalisme de la technologie vers la déqualification ou l'élévation automatique des qualifications. Aussi la discussion sur le sens de la résultante du mouvement est, si on en reste là sans voir à l'œuvre les déterminants profonds, de l'ordre de celle sur le sexe des anges. S'il fallait à tout prix lui chercher un sens, c'est dans l'évolution du temps moyen que la société consacre à la formation de la force de travail (et certainement faudrait-il s'interroger sur le contenu de cette formation ?) qu'il faut le chercher, quoiqu'il semble qu'avec le développement de la crise il y ait un frein de plus en plus fort à la qualification (parcellisation accrue des formations, menace sur certaines formations techniques longues, frein dans la politique de développement technologique...).

NOTE COMPLÉMENTAIRE SUR LES QUALIFICATIONS ET LEURS ÉVOLUTIONS

Alain d'Iribarne,
Centre d'études et de recherches sur les qualifications

A la suite de la note remise par M. Vernières, des remarques faites par M. Freyssenet et R. Salais ainsi que des diverses interventions qui ont été faites au cours du Séminaire, il paraît possible d'apporter un certain nombre de précisions par rapport à différents points abordés dans la note initiale et de préciser à travers eux un certain nombre d'aspects du débat ouvert sur les qualifications et leurs évolutions. Pour cela, il paraît important, afin d'éviter de graves confusions, de bien distinguer les fondements des représentations, de même que les ajustements « micro » par rapport aux phénomènes « macro ».

I. LES NOTIONS DE QUALIFICATION

Au centre de ces notions se trouve la force de travail hétérogène. Comme tout ce qui touche l'homme, celle-ci a besoin d'être identifiée et comparée. Pour cela, il faut lui trouver une représentation qui, comme toute représentation, est arbitraire et finalisée, d'où les discussions sur le sujet.

A. **A un moment donné la force de travail est caractérisée par son support, sa constitution et sa manifestation :**

— le support de la force de travail est l'homme, celui-ci est caractérisé par un potentiel personnel. C'est un état qui lui est propre et qui est indépendant de la situation dans laquelle il se trouve ;

— la force de travail ou plus exactement ce potentiel procède de l'accumulation d'un stock de capacités qui sont acquises et développées tout au long de l'existence de l'individu et en particulier tout au long de ses cursus éducatif et professionnel antérieurs au moment de l'observation. Toujours à un moment donné, l'acquisition de ce potentiel en fonction des caractéristiques génétiques d'une population, est plus ou moins difficile et plus ou moins onéreuse ;

— la force de travail est mise en œuvre dans un processus de production. Elle constitue alors un facteur dans une combinaison productive qui est incorporé au produit fabriqué ; le travail incorporé dans le produit est le fruit ou la manifestation tangible du potentiel qui, nous l'avons vu, est incorporé à la personne. Il ne peut prendre une valeur marchande que grâce à la valeur possédée par le produit obtenu, résultat de la combinaison productive.

Lorsque le responsable de la combinaison productive n'est pas en même temps le détenteur de la force de travail qui lui est incorporée, ce dernier achète cette force de travail sur le marché du travail. Ce qu'il achète n'est pas le travail lui-même mais le potentiel qui est possédé par l'individu, support de ce potentiel. Pour que la transaction se réalise, il faut qu'une estimation commune de la valeur de ce potentiel puisse être fixée : c'est ce que nous avions appelé une valeur d'échange. Cette valeur va se fixer de façon classique entre deux bornes extrêmes : le maximum dépend du montant de la recette liée à la vente du produit obtenu par la combinaison productive, qui pourra être consacré à la rémunération du travail. Le minimum correspond au seuil au-dessous duquel l'individu renonce à acquérir ce potentiel ou à le proposer pour produire. Entre ces deux bornes, la transaction s'effectue à un niveau qui dépend des capacités de négociation des échangeurs.

A partir de ces prémisses, il semble que l'on puisse distinguer trois notions qui sont interdépendantes mais bien distinctes :

— *le potentiel d'un individu :* il lui est intrinsèque et lié à son histoire. Sa valeur de base dépend des difficultés et des coûts d'acquisition. A ce titre, il dépend des caractéristiques passées de la société, de l'appareil éducatif et de l'appareil productif (c'est pourquoi on a insisté sur la configuration des emplois) ;

— *le type de travail :* il est lié à la combinaison productive. Sa valeur dépend de la valeur des résultats de la combinaison productive et des coûts des autres facteurs. Son existence n'est pas indépendante des potentiels individuels qui ont été produits aux périodes antérieures, en raison des choix des combinaisons productives qui dépendent, entre autres, des raretés relatives de facteurs (on reviendra sur ce point) ;

— *la qualification :* on ne retiendra ce terme que pour caractériser les personnes. Elle se situe par rapport aux potentiels et par rapport au type de travail produit. Elle correspond à la capacité individuelle de maîtriser une situation de travail déterminée en faisant appel à son potentiel. Cette maîtrise comprend bien une vitesse d'apprentissage dans le poste en fonction d'un niveau atteint. Contrairement à ce qu'a avancé R. Salais, cette vitesse de maîtrise est bien totalement dépendante du potentiel acquis. Cette notion doit être très proche de celle avancée par M. Freyssenet à travers ce qu'il appelle « la qualification réelle ».

Dans cette perspective, la qualification garde bien son caractère ambivalent d'interface entre la production d'un savoir et la production de biens et services intimement liées, qui semble être sa nature la mieux admise, puisqu'il s'agit du potentiel à posséder pour maîtriser un travail. On dira alors d'un individu qu'il est d'autant plus qualifié qu'il maîtrise complètement un travail qui demande pour être réalisé un potentiel difficile à acquérir. Cette difficulté résultant de l'art d'inculquer un apprentissage, la qualification dépend donc de cet art.

Le problème est, dans cette perspective, que la qualification n'est pratiquement plus directement préhensible, d'où les tentatives de substitution qui biaisent encore plus les résultats dans une situation déjà complexe. On peut comprendre en particulier comment à partir de la qualification des personnes on peut passer à une notion de qualification d'un travail : c'est le niveau de potentiel que doit atteindre son titulaire s'il veut le maîtriser complètement.

B. **Représentations de ces trois notions.**

Elles peuvent être examinées en distinguant comme le suggère M. Vernières, une approche micro-économique, qui intéresse ceux qui échangent la force de travail particulière, d'une approche macro-économique qui intéresse la collectivité, et donc doit se dégager des conditions contingentes à chaque situation. Ces représentations sont importantes puisque c'est à partir d'elles, et non à partir des situations de base, que se détermine une série de décisions effectives : orientations scolaires et professionnelles, structurations du travail, ajustements.

Les potentiels :

Dans la mesure où les formations reçues et les expériences professionnelles accumulées concourent à l'acquisition de ces potentiels, elles peuvent constituer des instruments susceptibles de les représenter. Le problème pour la collectivité est alors de disposer d'instruments standard de repérage qui peuvent être des nomenclatures d'emploi ou de formation. Mais cela suppose que les unes et les autres aient été ordonnées par rapport à des difficultés de parcours.

En micro-économie et en particulier du point de vue de l'utilisation de la force de travail, le problème est moins de repérer un potentiel que de dégager les éléments qui pourront contribuer à la production particulière envisagée. L'objectif étant de faire un tri, les critères retenus peuvent être de même catégorie (formation, expérience) mais d'une autre forme. Ils peuvent par exemple être beaucoup plus fins et s'adjoindre des éléments complémentaires. On peut donc retrouver ici deux catégories dégagées par M. Freyssenet : la première qu'il a appelée la « qualification réelle du travail » correspondant à l'ensemble des savoir-faire d'un individu que nous appellerions ici **potentiel utilisable,** la seconde correspondant à la « qualification du travail réel utilisé ou utile » que nous appellerions *potentiel utilisé.* Suivant la logique de M. Freyssenet, on peut ajouter *le potentiel exigé à l'embauche* qui correspondrait à ce qu'il a appelé « la qualification exigée pour être embauché ».

Le travail :

Comme précédemment, on peut distinguer les représentations à l'usage de la collectivité, qui ont pour but de classer et dénombrer et qui peuvent prendre la forme, selon les besoins, de répertoires d'emplois ou de nomenclatures : dans leur principe, ces représentations classent, mais ne hiérarchisent pas.

Ces répertoires et nomenclatures sont à distinguer des classifications dont le but est de différencier le travail regroupé en emplois et le hiérarchiser. Les classifications sont pour l'essentiel micro-économiques car elles résultent de négociations entre les partenaires sociaux au niveau de l'entreprise. Elles sont également macro-économiques, moins parce qu'elles peuvent être centrées sur un secteur, que parce qu'elles s'inscrivent dans un contexte national qui valorise tel ou tel élément du travail incorporé dans la combinaison productive [1]. Cette valorisation n'est pas indépendante des raretés relatives des capacités ou potentiels disponibles dans la population existante. Les classifications d'emplois bien qu'intéressant strictement le travail ne sont pas envisagées indépendamment des personnes, d'où les confusions avec les qualifications.

Les qualifications :

Peuvent être difficilement représentées à l'aide d'un indicateur unique. En micro-économie, il doit être possible d'en rendre compte en combinant une vitesse de maîtrise d'un travail (vitesse d'apprentissage de ce travail) avec un repérage de ce travail déterminé par les classifications. En macro-économie, il ne reste plus qu'à croiser des indicateurs de potentiels avec des représentations d'emploi. On voit donc que dans ce cas on ne peut plus parler de la qualification d'une personne liée à un travail, mais d'une qualification d'une personne liée à un emploi.

C. Les significations et les enjeux pour les acteurs.

On a vu que dans les débats sur les qualifications, il existe deux plans d'analyse mais surtout plusieurs acteurs qui participent et qui n'ont ni les mêmes raisons, ni les mêmes exigences. Dès lors on comprend qu'ils abordent les qualifications de façon différente, assimilant celles-ci à un aspect ou à un autre en fonction de leurs stratégies propres.

---

1 C'est la raison pour laquelle on avait accordé un développement important aux notions de travail supra et infra culturel.

a. **Les potentiels.**

L'intérêt de l'individu ou de ceux qui ont la charge de les représenter (les syndicats) est de chercher à faire reconnaître comme qualification une partie, la plus large possible, des potentiels personnels et pour cela de les faire assimiler à des durées d'études et d'expériences envisagées sous les formes les plus favorables. Dans cette perspective la qualification ne peut régresser, elle ne peut que progresser même en cas de déclassement par rapport au travail effectué.

Cette conception présuppose dans un premier temps que formations et cursus soient des indicateurs pertinents de potentiels, ce qui est douteux dans de nombreux cas ; les caractéristiques génétiques personnelles, les pédagogies utilisées, les conditions dans lesquelles le travail a pu être réalisé sont autant d'éléments importants qui ne sont pas pris en compte.

Cette conception de la qualification proposée par M. Vernières paraît difficilement acceptable par les utilisateurs du travail et par la collectivité car elle revient à ignorer l'existence d'un lien entre la rémunération du potentiel et les situations à réunir pour permettre cette rémunération. Elle n'est donc pas défendable dans l'absolu mais simplement en considérant que les formes de travail existantes liées aux combinaisons productives, de même que les conditions d'allocations des travailleurs à ces formes, leur échappent ; ils n'auraient pas à en tenir compte, ce qui est un autre problème.

b. **Les catégories de travail.**

Les catégories de travail ne sont pas acceptables en tant que telles par les possesseurs de la force de travail et par la collectivité, si elles sont définies par les seuls utilisateurs de cette force. En effet, elles sont alors soumises à leur seule logique qui, dans le cas du système productif actuel, ne recouvre pas celle des autres partenaires. La seule défense de ces partenaires est alors de prendre comme représentation de la qualification une représentation négociée du travail sous forme de classifications. Comme ces classifications s'appuient sur un contexte général commun qui correspond à un système de valeur, elles sont à la fois plausibles et relativement bien acceptées. Renégociées régulièrement en fonction d'ajustements partiels, elles se déforment lentement en longue période (cas des classifications Parodi et des classifications conventionnelles diverses).

c. **Les qualifications.**

Considérer les qualifications comme la capacité à maîtriser un travail bien caractérisé paraît être la seule notion qui corresponde à une exigence individuelle vis-à-vis du travail vécu. Elle correspond également aux exigences d'efficacité formulées par les employeurs ainsi qu'aux préoccupations des pouvoirs publics. Cette notion suppose cependant que soit résolu le problème de la définition du travail ou plus exactement le problème des regroupements de ce travail en emplois. De plus, elle laisse entière la question du nombre d'emplois par rapport auxquels cette qualification est évaluée [1]. Il est certain que les individus et la collectivité ont, en règle générale, une exigence large et les entreprises une exigence plus étroite. Ainsi est donc posé à nouveau le problème macro-économique de la confrontation des potentiels globaux individuels avec l'ensemble du travail mobilisé pour produire.

II. LES ÉVOLUTIONS DES QUALIFICATIONS

Comme précédemment en statique, il faut, dans l'analyse des évolutions, bien distinguer les niveaux micro et macro-économiques. Il faut également se situer en longue période et suivre des déformations ; ces évolutions peuvent être abordées sous deux angles qui, pour nous, sont essentiels : les facteurs de structuration du travail et les phénomènes de structuration-déstructuration.

A. **Les facteurs de structuration du travail.**

L'accent a été mis tant par M. Freyssenet que par R. Salais sur le rôle moteur des techniques et sur l'OST, l'action de l'éducation sur la structuration du travail étant niée ou minimisée [2].

Si en courte période et au niveau micro-économique, la technologie peut être considérée comme exogène, elle ne peut absolument pas l'être en longue période. Il s'agit là d'une grave erreur qui apparaît toujours dans les modèles de prévision. En effet, si on fait porter l'analyse sur l'essentiel, qui est la combinaison productive et sa dynamique (c'est-à-dire les produits, les facteurs et l'innovation), on constate que l'innovation est un moyen constamment utilisé pour permettre la substitution de facteurs rares et/ou chers à des facteurs abondants et/ou bon marché. Dans la mesure où il existe une demande sociale d'éducation qui a un « trend », ne serait-ce que partiellement autonome par rapport aux exigences de la production, ce « trend » modifie les raretés relatives des potentiels disponibles et donc incite à des innovations dans l'usage de ce facteur, au même titre qu'il existe des innovations dans l'usage des autres : les innovations ne sont pas totalement indépendantes, et de très loin, des évolu-

---

1 C'est pourquoi une attention particulière avait été portée aux problèmes de transférabilité des qualifications.

2 Contrairement à l'affirmation de R. Salais, nous n'avons pas eu de grande réticence à aborder de front ces déterminants de la qualification que sont la technologie et l'organisation du travail, nous avons simplement considéré que d'autres développements sur des aspects moins connus étaient plus importants ayant déjà consacré d'autres publications à ce sujet. Voir en particulier : A. d'Iribarne « L'action du progrès technique sur l'évolution des qualifications ». *Revue Economique*, vol. XXV, n° 3, mai 1974, p. 363 à 394.

tions de l'appareil éducatif (même sans parler du rôle des connaissances diffusées dans l'innovation qui est, lui aussi, important).

Ces innovations sont à la fois technologiques et organisationnelles. A tout moment, on considère qu'elles ont pour but d'économiser les facteurs les plus chers et donc normalement le travail qui a besoin des potentiels les plus élevés. En fait, s'inscrivant dans une dynamique de création de ces potentiels qui existe par ailleurs, cette recherche d'économie de travail est d'un autre ordre : elle porte sur les types de travail pour lesquels les écarts entre les rendements escomptés des produits, résultats du travail, sont les plus faibles par rapport aux coûts d'acquisition des potentiels correspondants, nécessaires pour disposer de ce travail. En d'autres termes, l'usage d'une qualification élevée mais abondante et pouvant être rémunérée relativement plus faiblement que d'autres pourra être privilégié par l'innovation.

Dans cette perspective, considérer l'OST comme une organisation inéluctablement liée au capitalisme est une erreur malheureusement trop courante. L'OST correspond à un moment bien précis de l'histoire de la production qui est la substitution de la production en usine et en séries à une production artisanale ou manufacturière. Elle correspond à une volonté d'utiliser en abondance une main-d'œuvre d'origine rurale, ni industrialisée, ni instruite, ni formée. Elle correspond à des marchés de produits dominés par l'offreur et relativement stables. L'ensemble de ces conditions disparaît aujourd'hui. Dès lors à l'OST se substitue la DPO*, du travail « re-enrichi » qui ne correspond à aucun souci philanthropique mais constitue simplement une réponse nouvelle au problème posé. L'apparition, la mise au point et la diffusion de ce nouveau modèle d'organisation sera aussi long que celui de l'OST puisque survivent encore aujourd'hui dans de nombreux secteurs des formes d'organisation qui lui sont antérieures, tandis que lui-même continue encore à être adopté.

B. **Les déstructurations-structurations.**

Comme le dit M. Freyssenet, c'est bien l'ensemble du processus qui conduit à la production d'un bien ou d'un service qu'il faut prendre en compte dans l'analyse. Celle-ci porte en effet sur l'évolution globale de l'appareil productif et donc sur le détour productif qui est réalisé pour fournir aux consommateurs des biens et des services. C'est la totalité du travail hétérogène, inclus dans ces biens et services, qu'il faut comparer à un niveau macro-économique indépendamment des découpages juridiques ou spatiaux qui pourraient exister.

Cependant, le problème tel qu'il est posé par M. Freyssenet nous paraît erroné au moins en deux points :

a. Il ne tient pas compte de l'expansion des connaissances et de l'allongement continuel des détours productifs. En effet, sa démonstration, selon laquelle il y aurait, partant d'une distribution initiale des qualifications, un éclatement qui, sous l'action du progrès technique, conduirait nécessai-

* Direction par objectif.

rement à développer l'usage d'un travail non qualifié, et corrélativement, une concentration de la qualification perdue dans les mains d'un petit nombre, repose sur un principe de constance dans le temps d'une masse globale de qualifications. Une telle supposition paraît difficilement acceptable ; l'expansion des sciences et des techniques a impliqué et implique l'acquisition d'une masse sans cesse croissante de savoirs incorporés dans les produits qui sont mis sur le marché de la consommation finale. Ces savoirs sont incorporés par le biais du développement du nombre de produits et surtout par l'allongement constant du détour productif.

Dans cette perspective et compte tenu de ce qui a été dit sur les innovations et les productions des savoirs, si on a pu constater à tout moment des effets technologiques et organisationnels qui, dès que les conditions d'application de l'OST sont réunies, tendent à détruire les combinaisons productives en place pour permettre les productions avec des gains de productivité importants et du travail simplifié, sur une séquence du processus global de production, il n'est pas possible d'en déduire par là une baisse de qualification dès lors que l'on retient le processus complet. Si, en effet, l'exemple pris par M. Freyssenet incorpore les ordinateurs et l'électronique sous l'angle du montage pour accroître le sentiment global de déqualification, il passe sous silence tout ce qui a été la conception correspondante, à laquelle s'ajouteraient la conception et la fabrication des appareils utilisés pour la conception et la fabrication et ainsi de suite dans une remontée sans fin à travers les détours productifs et les successions du temps...

Il faut donc bien dissocier ici les appréhensions « micro », avec ce que l'on voit dans chaque cas particulier, des appréhensions « macro ».

b. Il ne tient pas compte, non plus, dans ce mouvement de déformation, de cette constante que serait la qualification totale, des mutations internes dans les éléments de savoir mis en œuvre à travers le travail utilisé dans les processus productifs. Sans vouloir revenir sur les trois dimensions que nous avions retenues, il nous semble par exemple que se situer dans un système de relations techniques et sociales complexes et abstraites constitue quelque chose d'une nature autre que se situer dans un contexte de relations limitées, facilement cernables sur des ensembles facilement préhensibles : les savoirs mis en œuvre ne sont pas les mêmes.

D'une façon plus générale, il nous faut revenir au rôle de l'éducation par rapport à la qualification. Si l'on se reporte à la définition que l'on a retenue, on s'aperçoit que l'éducation peut intervenir comme facteur de déqualification dans la mesure où innovant elle est capable de créer ou de rendre facilement accessibles des savoirs nouveaux ou déjà existants. Créant par ailleurs des savoirs abondants, elle intervient dans le moyen et surtout le long terme sur les classifications d'emplois. Enfin, créant des flux nouveaux de formés, elle modifie les stocks globaux de potentiels disponibles pour du travail nécessaire à la mise en œuvre des processus productifs. Là encore, l'interprétation des effets diffère selon les points de vue. Dans l'optique des potentiels il y a gain incontestable ; dans l'optique de la qualification des personnes, on peut dire qu'il y a surqualification dans la mesure où ces potentiels sont en excédent par rapport aux besoins en travail, ou qu'il y a gaspillage de potentiels.

Si l'on admet que le travail incorporé dans les produits ne peut pas être totalement défini à partir des seuls potentiels mais est dépendant d'autres facteurs productifs, quelle peut être alors l'attitude face à la production des savoirs : doit-on considérer qu'il faut les limiter aux stricts besoins exprimés ou doit-on admettre que ces savoirs doivent se développer librement ?

On voit donc que l'évolution des qualifications dépend bien d'évolutions relatives entre les productions de savoirs et l'utilisation du travail dans les processus productifs étroitement imbriqués. Quelles peuvent être alors les attitudes ? Entre une limitation de la production du savoir aux évolutions du travail jugées comme une donnée et une adaptation du travail à l'utilisation des potentiels considérés à l'inverse comme des données qui, l'une et l'autre paraissent peu acceptables, il y a des situations d'équilibre intermédiaires qui résultent des divergences d'intérêt et des limites dans les marges de liberté.

Dans le temps, les processus et les savoirs évoluent continuellement et transforment sans cesse les bases de référence au même titre que les situations elles-mêmes . C'est pourquoi à la volonté d'aborder directement des processus de déqualification-surqualification, il paraît préférable de substituer une démarche en trois temps qui décompose mieux les phénomènes en cause ; le premier temps porterait sur l'observation des phénomènes de déstructuration-structuration du travail dans le processus productif global, indépendamment des découpages classiques ainsi que des déplacements de main-d'œuvre qui leur sont associés ; le deuxième porterait sur les mutations des savoirs se diffusant dans les sociétés tout entières, qu'ils soient acquis à travers un appareil éducatif, des activités professionnelles ou ailleurs ; le dernier enfin porterait sur les répercussions liées aux changements précédents sur les conditions de réalisation de leur travail par les personnes. Ce dernier point, qui peut être abordé plus ou moins globalement, implique que soient construits des indicateurs de référence nécessaires à l'étude des évolutions. Ces indicateurs peuvent être partiels. Par exemple, ils peuvent reposer sur le degré de dépendance de l'organisation du travail dans l'emploi à une contrainte exercée par le déroulement du processus productif physique ; on peut passer au crible différents processus de production sur cette base. Ces indicateurs peuvent être plus globaux pour approcher la qualification, mais alors on est confronté avec les débats précédents sur la signification de ces critères et leur justification.

LA QUALIFICATION : UN FOURRE-TOUT ET UN ÉCRAN ?

Alain Desrosières,
Administrateur de l'INSEE

Les discussions actuelles sur la qualification donnent l'impression d'un écheveau inextricable : autour du « concept » de qualification s'accumulent des définitions, raffinements et nuances, et, plus la discussion avance, plus on a l'impression d'être dans le noir. Les réalités historiques et sociales reflétées par ce mot sont trop contradictoires pour ne pas entraîner la confusion dans un domaine hautement conflictuel, car il entremêle les divisions techniques et sociales du travail, ou plutôt la tendance constante à l'euphémisation ou à l'occultation des secondes au nom des impératifs des premières. Ainsi les termes « qualification » ou « ouvrier qualifié » peuvent évoquer aussi bien le compagnon de la petite entreprise traditionnelle, en voie de disparition, que le « développement impétueux du progrès scientifique et technique » tendant à créer une « nouvelle classe ouvrière hautement qualifiée » liée à des processus automatiques. Il serait étonnant qu'une telle ambivalence des mots et de leurs connotations ne soit pas source de confusion. Seule une recherche historique rigoureuse pourrait montrer comment ces thèmes sont apparus successivement et quelles ont été leurs fonctions sociales : en l'absence de telles recherches, on ne peut qu'inviter à la prudence face à des discussions opposant des « concepts » (qualifications « de l'emploi » et « du travailleur », qualifications « réelles » et « nominales ») et non des phénomènes sociaux analysés, et leurs représentations.

L'histoire même des discussions sur ces thèmes est révélatrice : plusieurs phases se sont succédées depuis 1950, au cours desquelles l'accent a été mis sur des points très différents. Une analyse précise de cette évolution nécessiterait la prise en compte simultanée de plusieurs aspects : évolution des formes d'organisation du travail et réactions (ou absences de réaction) ouvrières à cette évolution, perception induite des « besoins en qualifications » dans les milieux patronaux et planificateurs, conséquences de cette perception sur le système scolaire et réactions de celui-ci à cette « demande » nouvelle, reflets (ou absence de reflets) de ces diverses évolutions dans la « sociologie du travail » qui se développe en France à partir des années 50 et connaît un certain recul dans les années 60. Seule une histoire de ces diverses faces du problème pourrait permettre de retracer les changements dans les « discussions » sur les qualifications. Les remarques qui suivent ne peuvent donc n'être qu'une série de questions à poser, pour un travail historique à entreprendre.

L'accélération des changements de l'appareil productif, succédant après la Seconde Guerre mondiale à des décennies de stagnation relative dans un mode de production fondé sur la petite entreprise familiale ou artisanale, a entraîné l'extension et la généralisation de l'organisation du travail de type taylorien. Ce dernier a développé simultanément des emplois d'ouvriers spécialisés sur des chaînes de montage ou dans des situations de travail répétitives et routinières, et, sans doute en moins grand nombre, des emplois d'ouvriers qualifiés formés de plus en plus par des études techniques, bien que l'apprentissage sur le tas se maintienne, par le biais des contrats d'apprentissage.

Quelles ont été, dans les années 50 les réactions ouvrières à cette généralisation du taylorisme ? Les organisations politiques et syndicales de l'époque insistaient plus, semble-t-il, sur la « paupérisation » de la classe ouvrière que sur la déqualification et les effets des progrès techniques, thèmes qui n'apparaîtront que plus tard, en particulier après 1968 (ce point devrait être vérifié).

A la même époque des années 50, les « besoins » ressentis par le patronat et les planificateurs concernaient surtout les emplois dits « qualifiés » : il s'agissait de former une population active apte à tenir des emplois créés par l'industrialisation rapide, laquelle dissimulait la bipolarisation simultanée des qualifications et la disparition progressive des emplois qualifiés de type traditionnel (petites entreprises). Ces dernières questions n'étaient donc pas posées dans ce milieu, mais l'étaient déjà par certains sociologues du travail, souvent dans une perspective de dénonciation humaniste [1].

Dans les années 60, la poursuite de la croissance et l'apparition de l'automatisation ont poussé les milieux patronaux et planificateurs dans le sens de la « demande de formation de techniciens par le système scolaire » et donc à la « nécessaire adaptation de celui-ci » : c'est l'époque où étaient déplorés le manque d'attrait des jeunes pour les études scientifiques et techniques et l'aspect trop « littéraire » de l'enseignement. Dans le même contexte, certains sociologues du travail crurent pouvoir

---

1 La sociologie industrielle a connu une évolution très analogue en Allemagne de l'Ouest et en France : démarrage dans les années 50, déclin dans les années 60 et regain d'intérêt dans les années 70. Voir à ce sujet : Burkart Lutz. La renaissance de la sociologie industrielle en République fédérale. *Sociologie du travail,* n° 1, janvier, mars 1977.

mettre l'accent sur l'apparition d'une « nouvelle classe ouvrière » en blouses blanches et annoncer l'éventualité d'une progressive disparition des emplois répétitifs.

Ces thèmes, dominant dans les années 60, ont été peu à peu remplacés par d'autres depuis la fin de cette décennie. De plus en plus l'organisation du travail évolue par concentration, dans des bureaux d'études ou même dans des firmes spécialisées dans la construction des machines ou dans l'ingénierie, des savoirs antérieurement dispersés de façon non formalisée chez des ouvriers qualifiés « ancien style » : il faut avoir prévu à l'avance le maximum de ce qui peut arriver, et laisser aux exécutants (ou « opérateurs ») le moins de latitude possible ; les « gains de productivité » sont réputés être à ce prix. Cette tendance, déjà ancienne mais accentuée, finit par rendre de moins en moins opératoire le système des classifications ouvrières héritées des accords « PARODI-CROIZAT » de la fin des années 40. Ces accords, qui ont réalisé, semble-t-il, une sorte de consensus implicite pendant une vingtaine d'années, ne permettent plus de « classer » des ouvriers qui se trouvent à la charnière des catégories des ouvriers spécialisés et des ouvriers qualifiés. D'une part, d'anciens ouvriers qualifiés sont peu à peu conduits à effectuer des tâches les rapprochant des OS, tout en conservant leurs qualifications salariales d'OQ, ce qui a poussé certains à les baptiser « OSQ » (ouvriers-spécialisés-qualifiés) [1], et d'autre part, de nombreux OS se battent pour obtenir une qualification salariale de professionnels, à défaut de voir le contenu de leur travail réellement transformé : ce sont les mouvements du type « P 1F pour tous », chez Renault. Le système traditionnel des classifications ouvrières est donc fortement remis en cause : de nouvelles grilles sont alors négociées, dont le prototype est celle de l'Union des Industries Métallurgiques et Minières (UIMM), en juillet 1975. Le propre de telles grilles est d'être suffisamment imprécises pour permettre des applications ponctuelles prenant en compte des rapports de force différents selon les régions, les sous-secteurs, les entreprises... On ne peut donc espérer y trouver des « définitions » des emplois précisant par exemple clairement la « frontière » entre OS et OQ : une telle frontière conflictuelle est nécessairement floue dans les textes conventionnels. Ce caractère conflictuel de la définition de la qualification, tout à fait évident dans ce genre de texte, est encore très important dans toutes les discussions sur ce thème, même dans les débats les plus apparemment « scientifiques » : les définitions d'emplois, la mise en correspondance des intitulés et des « contenus » des tâches, sont toujours plus ou moins des enjeux et doivent donc être décrits comme tels, faute de quoi on risque de reproduire, sans même le savoir, la « position » de tel ou tel acteur du débat.

Ces problèmes d'intitulés de postes interfèrent de manière complexe avec l'organisation du travail, et l'une ne peut être étudiée indépendam-

---

1 Voir à ce sujet l'ouvrage pionnier de P. d'Hugues, G. Petit et F. Rerat : *Les emplois industriels*. PUF, 1973. Ces auteurs estimaient que les OSQ représentaient, vers 1970, environ le tiers des ouvriers dits qualifiés.

ment de l'autre. Ainsi, depuis le début des années 70, a été fortement soulignée la tendance à la polarisation des qualifications, en particulier dans les travaux de M. Freyssenet [1]. Décrivant la tendance à la séparation des tâches de conception, d'organisation et de préparation du travail, de celles d'exécution, qui, par ce fait, deviennent de plus en plus « déqualifiées », M. Freyssenet est conduit à proposer une définition « unique » de la qualification, sorte de dénominateur commun permettant de comparer, sous ce rapport de la qualification, des emplois d'époques ou de secteurs différents. De même que la « valeur » en termes de temps de travail socialement nécessaire représente ce qu'il y a de « commun » entre diverses marchandises, de même le « temps de formation socialement nécessaire » représenterait un indicateur de la qualification d'un emploi.

Si la tendance à la polarisation des qualifications est réelle, bien que masquée par des effets de glissements d'intitulés catégoriels, la mesure de la qualification en termes de « temps de formation » est redoutablement difficile. Les « temps » ainsi additionnés sont le plus souvent socialement incommensurables. Comment « mesurer » les habitudes, les manières d'être, les tournures d'esprit inculqués à des enfants de milieux sociaux ou même de pays d'origine très différents, en termes de « temps » ? Comment mesurer les rapports à l'école ou à la formation professionnelle, quand on sait que ce rapport est fortement déterminé par l'origine sociale et donc, que des temps scolaires peuvent avoir des sens totalement différents pour des jeunes de milieux sociaux divers ? Cette objection au raisonnement de M. Freyssenet n'a d'ailleurs sans doute pas la même portée pour des métiers ouvriers ou pour des métiers d'employés ou de cadres, et le poids relatif des « habitudes sociales » est plus important pour les métiers non-ouvriers.

Il n'y a peut-être pas de « qualification », mais seulement des « qualifieurs » et des « qualifiés », lesquels disposent d'une marge de manœuvre plus ou moins grande pour faire valoir leur « qualification ». Celle-ci est, indissolublement, la grille à travers laquelle le « qualifieur » distribue les « qualifiés » (système des étiquettes), le système des places assignées, et aussi le titre exhibé par le candidat à l'emploi, et enfin ce qu'il « sait faire » et « peut faire » : autour de tout cela, un combat se joue, et le dénominateur commun de ces multiples facettes, c'est l'enjeu du combat : c'est parce qu'il y a combat qu'il y a ces multiples facettes, et c'est le combat qui fait leur unité.

Pour comprendre ce qu'est la qualification, il faut s'interroger sur ce qui se passe dans cet échange particulier que constitue le marché du travail. Qu'est-ce qui se négocie, explicitement et implicitement ? Pourquoi y a-t-il un écart entre l'explicite et l'implicite ? Il semble que les

---

1 Les tendances décrites par M. Freyssenet avaient déjà été soulignées en Allemagne fédérale par Kern et Schumann dans *Travail industriel et conscience ouvrière*. Francfort, 1970. Deux volumes non traduits en français et cités par Beate Krais dans *Sociologie du travail*. Janvier, mars 1978.

différentes « définitions » données de la « qualification » se cantonnent au niveau de l'explicite, alors que l'implicite est beaucoup plus important.

Le travailleur apporte non seulement ses « compétences », son « savoir-faire », éventuellement sanctionnés par des diplômes, mais une origine familiale, sociale, une conception de sa place dans le monde, une idée de ce à quoi il peut « raisonnablement » aspirer, de ce qu'il lui est possible et impossible (socialement) : l'« aptitude à tenir » un poste est largement déterminée par ce genre d'éléments qui ne figurent pas dans le « curriculum vitae » ou dans les descriptions de postes, mais si évidents quand une offre d'emploi mentionne « envoyer photo ». L'ensemble de ces éléments profondément incorporés dans la personne du travailleur, constitue une sorte de « capital » que celui-ci cherche à mettre en valeur. Pour ce faire, les stratégies sont profondément différentes d'un milieu social à l'autre, à tel point qu'il paraît un peu mystificateur d'employer le même mot de « qualification » pour décrire les caractéristiques d'un diplômé d'une grande école et d'un titulaire de CAP.

Cette qualification requise est de nature profondément différente selon les différents niveaux de l'échelle sociale : l'esprit d'initiative et le « dynamisme » sont prisés aux échelons les plus hauts, alors qu'aux échelons moyens, le « sens de la règle » est de rigueur. L'adaptabilité à des situations nouvelles est demandée dans les emplois manuels « qualifiés », la docilité et le côté « dur à la peine » constituent la qualification des non-qualifiés.

La « qualification » est un produit social longuement mûri au fil de l'enfance et de la vie du travailleur et les tentatives pour en donner une définition simple, « technico-économique », en termes d' « aptitudes à accomplir certaines tâches » semblent passer à côté de l'essentiel : un individu « qualifié » pour quelque chose est aussi simultanément « non qualifié » (ou « disqualifié ») pour autre chose, et c'est cet élément négatif, jamais explicitement formulé, qui permet à l'arbitraire de l'ordre social d'apparaître justifié par une correspondance entre formation (technique) et description de poste (également technique) : le technique se justifie par le technique, dissimulant les nécessités de la reproduction de l'arbitraire social.

Cet écart entre l'explicite et l'implicite est perceptible aussi bien au moment où se noue le contrat de travail (à l'embauche), que tout au long de la « carrière professionnelle » du travailleur. Qe l'on songe par exemple à tout ce qui distingue professionnellement les hommes et les femmes : cela est tout à fait fondamental et pourtant à peu près exclusivement implicite : aucune nomenclature, aucun répertoire d'emplois ne mentionne explicitement : métier d'homme, métier de femme (sauf rares exceptions : femmes de ménages, sages-femmes, boulangères...) [1].

---

1 Un autre exemple : en 1968, les ouvriers spécialisés des usines Citroën étaient répartis en quatre catégories, de salaires différents, mais interchangeables par le travail : M_1, M_2, OS_1 et OS_2. Les noirs étaient M_1, les Maghrébins M_2, les Européens non Français OS_1, les Français OS_2 (cité par Robert Linhart. *L'établi*. Editions de Minuit, 1978).

De même, la répartition des tâches dans un collectif de travail, hiérarchisé ou non, ne peut jamais être valablement décrite si on ne connaît pas *à la fois* l'explicite et l'implicite, ce que chacun est sensé faire et ce qu'il fait réellement : l'ouvrier fait autre chose que ce qui est prévu dans le règlement, l'ingénieur le sait mais se tait parce qu'ainsi il garde un pouvoir sur l'ouvrier « en cas de pépin », l'ouvrier sait que l'ingénieur sait, mais se tait pour avoir la paix, sauf justement si..., et c'est la grève du zèle, incompréhensible sans écart entre l'implicite et l'explicite.

« Combiner les facteurs de production », qu'est-ce que cela veut dire pour le patron ? N'est-ce pas autant « optimiser sa position dans un rapport de force » que « maximiser son profit » (l'un commandant l'autre). Cette optimisation du rapport de force peut conduire à des « combinaisons productives » apparemment aberrantes par rapport à la « rationalité » économique étroite, en utilisant par exemple de la main-d'œuvre féminine, peu « qualifiée », mais « qualifiée » à quoi ? La « qualification » au sens où en parlent les « économistes » n'est souvent qu'une partie des éléments entrant en compte dans la « gestion du rapport des forces ».

La question est donc : pourquoi est-ce la partie « économique » qui émerge dans les discussions ? Peut-être est-ce la seule qui permette une discussion où tout le monde est d'accord sur un point : le technique s'explique par le technique et le social reste tabou.

DEUXIÈME PARTIE

prolongement des débats

EXAMEN DES FACTEURS D'ÉVOLUTION A LONG TERME DES QUALIFICATIONS *

Alain Goy,
Administrateur de l'INSEE

Ce travail tente de faire le point sur les questions posées par l'évolution à moyen et long termes des qualifications mises en œuvre dans le système productif en liaison avec l'évolution du système de formation.

A partir de travaux statistiques menés à l'INSEE, en particulier pour la planification française sur ces questions, le champ du débat sera élargi, pour utiliser les résultats de recherches et réflexions menées à l'INSEE ou dans d'autres organismes, à un niveau plus fin, par des analyses plus concrètes. Ces recherches, bien qu'elles n'aient pas encore débouché sur un corps de doctrines cohérent, apportent des informations intéressantes qui permettent de battre en brèche des idées simplistes, parfois un peu rapidement admises et indiquent de nouvelles voies pour poser plus correctement les problèmes.

Enfin, on conclura sur une partie plus problématique explorant les voies ouvertes par les recherches précédemment citées pour essayer de préciser la notion de qualification qui est au cœur du débat et poser le problème de l'évolution des emplois et des formations d'une manière aussi synthétique et équilibrée que possible.

* Cet article reprend l'essentiel d'une note préparée pour le Séminaire organisé par l'Organisation des Nations unies et la Communauté économique européenne sur l'emploi, la distribution des revenus et la consommation : « Objectifs et changements de structures à long terme », Saint-Maximin, 6-13 septembre 1977.

I. LES TRAVAUX ACTUELS DE PRÉVISIONS SUR L'ÉVOLUTION DES EMPLOIS ET LES BESOINS EN FORMATION EN FRANCE

A. Évolution depuis quinze ans de la problématique adoptée dans la planification française.

La planification française, bien que souple et indicative, se devait d'aborder le problème de l'économie des ressources humaines, en particulier parce que, en France, une partie très importante de l'appareil de formation (scolaire ou continue) est entre les mains de l'Etat qui doit donc prendre des décisions d'orientation.

Sans remonter trop loin dans le temps, une commission spécialisée du IVe Plan (1962-1965) aborde le problème en ces termes : « Un des objectifs majeurs du plan est d'assurer le plein emploi des Français et la correcte répartition des emplois selon les activités et les qualifications pour permettre à la fois le mieux-être social et la croissance économique la plus forte possible ». Cette commission aborde les travaux sur l'évolution de la qualification en précisant que « leur intérêt principal est, en effet, de pouvoir définir des programmes de formation ». La méthodologie est simple et les calculs ne sont pas poussés très loin, faute de données : on s'en tient à extrapoler l'évolution des qualifications dans les secteurs industriels.

L'évaluation d'une situation « optimum » de qualification est également proposée, mais sur des bases peu claires. Il est à noter que ces prévisions sont faites aussi bien à l'horizon de quinze ans que de quatre ans (la durée du plan). Elles concluent à un fort besoin en ingénieurs d'ici 1975 (+ 50 %), en techniciens et dessinateurs (+ 65 %) et à une faible progression des ouvriers sans qualification. C'est à cette époque que sont prévus les « Instituts universitaires de technologie » (formant des techniciens supérieurs).

Pour le secteur tertiaire rien n'est dit sinon qu'il est « en forte expansion » et « qu'il fait souvent appel à un personnel de qualification élevée ».

Comme on le voit, l'optique est bien de considérer la main-d'œuvre qualifiée comme un facteur rare, déterminant pour la croissance de la production. On a l'intime conviction, malgré le caractère incomplet des études et l'imprécision des données, que de toute façon les « besoins » en formation professionnelle sont très importants même s'ils ne sont pas exactement chiffrables.

Dans les travaux du Ve Plan, l'optique est toujours de réduire les « goulots d'étranglement en main-d'œuvre qualifiée » par une « meilleure adaptation de l'appareil de formation aux besoins de l'économie ». Mais la méthodologie se précise et les calculs sont poussés plus loin. On tient compte, à côté des « besoins de l'économie » (ou « besoins d'expansion »), des « besoins de renouvellement » dus aux décès et cessations d'activité. L'information est fournie par deux recensements et on projette l'évolution des structures professionnelles par extrapolation à partir de ces deux points. L'extrapolation est corrigée en fonction d'informations fournies par des commissions sectorielles (information souvent imprécise). Les prévisions de besoins de recrutement sont converties en « besoins de formation » à l'aide d'hypothèses sur les formations jugées « souhaitables » pour les diverses professions. L'imprécision et parfois l'arbitraire ont toujours une part importante dans ces calculs mais le fait d'avoir poussé l'analyse plus loin permet de mieux mettre en évidence ses limites : la non-prise en compte de la mobilité professionnelle, l'impossibilité de traduire mécaniquement les besoins de recrutement en besoins de formation. La notion de « besoin de l'économie » n'est pas contestée mais on signale qu'elle est difficile à appréhender car l'évolution des effectifs par profession ne reflète pas forcément l'évolution des besoins dans ces professions. Les auteurs soulignent qu'ils ont voulu déterminer des besoins minima correspondant à la croissance prévue dans le plan. De toute façon, « le dépassement des seuils fixés à chaque niveau pour les besoins de recrutement aurait de fortes chances de provoquer une accélération de la croissance et non un excédent de personnel qualifié ». Les calculs donnent comme résultat une élévation générale rapide des qualifications et une augmentation rapide des catégories de techniciens (+ 55 % de 1962 à 1970), ingénieurs, professions de la santé et services sociaux, cadres moyens. Pour les ouvriers, la progression est estimée à 10 %, donc faible, et plus rapide pour les qualifiés que pour les non-qualifiés. Ces résultats correspondent aux conclusions des commissions qui analysent plus en détail chacune des branches. Le consensus sur un effort massif de formation paraît donc assuré : les statistiques indiquent un net accroissement des qualifications et loin de les mettre en doute, on laisse entendre qu'elles sous-estiment certainement cet accroissement.

Les travaux préparatoires du VIe Plan (1970-1975) marquent à la fois un progrès sur le plan méthodologique et statistique mais aussi un retour à une attitude plus circonspecte dans la manière d'aborder le problème et les conclusions à en tirer : « toutes les conséquences ont été tirées de l'ignorance totale dans laquelle nous sommes, des conditions dans lesquelles s'opère le passage entre le monde de la formation et le monde du travail », « il n'est plus possible de considérer, comme on a eu tendance à le faire dans le passé, qu'une bonne prévision d'emploi est suffisante pour apporter une dimension professionnelle à la planification de l'éducation ». Du point de vue pratique, les statistiques sont mieux assurées, la mobilité professionnelle est prise en compte et pour la première fois sont calculées des prévisions de sorties de l'appareil de formation. Ces prévisions sont confrontées aux besoins de recrutement traduits en termes de besoins de formation (au moyen d'une grille de passage normative formation → emploi). Pour la première fois où l'on mène à son terme la comparaison entre besoins et ressources on conclut à un équilibre quantitatif (à un niveau très global il est vrai) sauf pour les techniciens.

On note avec inquiétude la part assez importante des non-qualifiés (21 à 25 %) dans les « besoins de recrutement ». D'autre part, est abordé le problème des incidences de l'évolution technologique sur les qualifications, qui est jugé variable suivant les cas. Des études complémentaires sont commandées par le Commissariat général du Plan en particulier sur le problème des techniciens.

C'est également à cette époque qu'est créé le CEREQ (Centre d'études et de recherches sur les qualifications) qui va alors en permanence étudier le domaine des rapports entre emploi et formation. Une enquête « structure des emplois » visant à étudier les structures professionnelles des différents secteurs est lancée également en 1968. Les rapports concluent au nécessaire développement des enseignements technologiques et professionnels venant appuyer une évolution déjà amorcée tant du côté formation scolaire (développement des formations de techniciens et techniciens supérieurs), que du côté formation continue (accord interprofessionnel de juillet 1970).

« Mais, malgré sa richesse et son étendue, l'information examinée ne suffisait pas pour déterminer objectivement les orientations et les cheminements souhaitables. »

Il est intéressant de voir dans les travaux de préparation des plans français une évolution asez nette. La problématique simple et optimiste des premiers plans s'effrite au fur et à mesure que les informations (statistiques ou autres) se font plus nombreuses et précises[1]. Ce que l'on considérait comme des phénomènes « parasites » mais marginaux pour l'analyse du problème (les politiques de structuration du travail, le rôle du marché du travail, etc.) prend une telle importance qu'il remet en cause l'analyse dans son ensemble. Les études ou enquêtes lancées pour éclairer tel ou tel point qu'on croyait certes intéressant mais mineur, renvoient, en fait, beaucoup plus à leurs commanditaires : la constatation que leur problématique dans son ensemble doit être repensée. Il est à noter cependant que ces études ne proposent pas pour autant de nouvelle problématique globale ; elles procèdent souvent par approches partielles (un secteur particulier, une population particulière...). Leur multiplication crée néanmoins les conditions d'un progrès futur, qui s'opérerait par synthèse de leurs différents apports. L'apport de l'approche « classique » n'est pas non plus à négliger. C'est pourquoi un paragraphe sera consacré à analyser leur point actuel. Ce sont les travaux du VIIe Plan français qui serviront d'exemple.

D'autres exemples auraient pu être pris parmi les travaux étrangers (notamment l'Allemagne), ou les travaux des organismes internationaux, utilisant le « manpower approach » de manière parfois plus perfectionnée qu'en France. Mais il est plus commode et fructueux de raisonner sur un cas que nous connaissons bien pour y avoir directement participé.

1 Les phénomènes réels ont vraisemblablement changé aussi, et pas seulement la façon de les appréhender et de les mesurer.

B. **L'ajustement entre emploi et formation : les travaux de projection effectués pour le VIIe plan français.** [1]

L'approche reste théoriquement la même que pour les plans précédents mais elle se fonde sur une information plus riche et l'utilisation des résultats se fait dans une optique assez différente.

a. **L'élaboration des résultats. Ce que l'on peut tirer des statistiques.**

Classiquement, les projections comportent deux volets : d'une part, l'offre d'emploi des entreprises (dénommée ici offre potentielle d'emploi) et d'autre part, les disponibilités en main-d'œuvre, destinée à venir occuper ces emplois.

• *Dans la première partie,* la prévision des offres d'emploi des entreprises, l'obstacle principal provient de la très grande souplesse du Plan français qui ne fixe pas d'orientation précise aux différentes branches et encore moins aux entreprises. En économie « ouverte », il n'est sans doute pas possible aux entrepreneurs de prévoir l'évolution de l'emploi réparti par profession, même pour une période de cinq ans (sauf pour les programmes de développement à grande échelle et de longue durée). Même si cela était possible, leur prévision une fois divulguée prendrait la forme d'un engagement qui les lierait et limiterait leur liberté de manœuvre dans un univers qui, de toute façon, resterait incertain et changeant. La seule possibilité qui reste est de dégager des tendances de fond par une analyse du passé. Cette analyse a pu être faite d'une manière poussée grâce à une enquête annuelle lancée spécialement à cet effet en 1968 (Enquête « Structure des emplois ») auprès de tous les établissements de plus de dix salariés. Cette enquête a le mérite de saisir l'emploi directement dans le contexte de l'entreprise et donc de permettre une analyse sans doute plus précise des structures professionnelles que par le passé où l'on ne disposait que d'enquêtes auprès d'individus ou de ménages. Cette enquête complétée d'une autre enquête annuelle (Enquête « Emploi » faite auprès des ménages) et du recensement de la population de 1968 formait une panoplie beaucoup plus riche que celle dont on disposait pour les plans précédents.

La richesse de cette information a bien sûr soulevé le problème des divergences entre sources statistiques. Il y avait effectivement là une difficulté technique qu'il a fallu résoudre bien souvent d'une manière un peu arbitraire mais ce fut aussi une occasion d'ouvrir des questions nouvelles : les divergences ne tenaient-elles pas, par delà les raisons de technique statistique, aux différences d'appréciation de la *qualification* selon qu'elle est vue du côté employeur ou du côté salarié ? On cherche à atteindre dans l'enquête auprès des entreprises une notion idéale de qualification : *les capacités et connaissances requises pour tenir un emploi.* En fait, dans leurs réponses, les entreprises font presque systé-

---

1 Les chiffres, graphiques et certains commentaires de ce paragraphe sont tirés du dossier *Offre et demande d'emploi au cours du VIIe Plan,* établi par J. Affichard, M. Cézard, A. Goy, L. Thévenot in *Economie et Statistique* n° 81-82, octobre 1976.

matiquement référence aux classements des emplois dans les « conventions collectives ». Ces conventions, négociées, sont souvent le reflet d'un rapport de force entre employeur et salariés et prennent en compte d'autres caractéristiques que la qualification « réelle » des emplois (état du marché du travail, pénurie ou excédent de certaines catégories de personnel, politique de gestion du personnel des entreprises...). Les « titres » officiels de qualification (en France : ouvriers spécialisés OS 1, OS 2, ouvriers professionnels P 1, P 2, P 3 etc.) peuvent différer assez notablement des qualifications réelles. On observe assez systématiquement ce qu'on appelle des « glissements » : pour résoudre des conflits salariaux on fait passer des personnes dans les catégories supérieures sans changement du contenu de l'emploi ; ainsi le taux de base du salaire reste inchangé et la hausse des salaires ne concerne qu'une partie du personnel [1].

Les glissements les plus fréquemment observés sont les glissements de OS 2 à P 1,et de P 3 à agent technique ; ils se produisent donc juste à la limite entre ouvriers non qualifiés et ouvriers qualifiés d'une part, et ouvriers qualifiés et agents techniques d'autre part. Ces glissements expliquent, au moins en partie, l'élévation des qualifications observée dans presque tous les secteurs (sauf la construction électrique et électronique), mais quelle est la part qui revient à l'évolution de la « qualification réelle » ? Le débat est actuellement ouvert entre ceux qui entérinent purement et simplement les résultats statistiques sur l'élévation des qualifications et ceux qui prétendent au contraire que l'on n'observe qu'un glissement sans signification cachant une baisse des qualifications réelles. On peut citer, à l'appui de la deuxième thèse, les conclusions de certaines études monographiques, mais celles-ci ont le défaut de ne pas toujours prendre en compte la totalité du phénomène : si la qualification diminue pour un emploi, elle peut par contre-coup réapparaître dans un autre. Quant aux divergences entre les déclarations des employeurs et celles des individus, elles peuvent être dues à des erreurs des premiers dans l'interprétation de la nomenclature des emplois qui leur est présentée lors de l'enquête (cas vraisemblablement des secteurs habillement, cuir, textiles, où presque tous les ouvriers sont considérés comme qualifiés alors qu'ils sont loin de l'être en réalité), erreurs causées par une interprétation différente des critères à retenir pour mesurer la qualification. Les divergences peuvent être dues également au fait que les individus prennent en compte, en plus de la qualification de leur emploi actuel, les emplois exercés précédemment ou la formation qu'ils ont reçue. On touche ici du doigt la différence entre qualification de l'emploi et qualification individuelle, sur laquelle nous reviendrons. Néanmoins, on a pu constater, avec satisfaction, que les divergences entre les enquêtes auprès des entreprises et enquêtes auprès des individus n'étaient pas très importantes sauf pour les trois secteurs cités ci-dessus (habillement, cuir, textiles). Doit-on conclure de tout cela que les statistiques sur l'évolution

---

1 Cela ne signifie pas que les conventions collectives surestiment toujours les qualifications. La sous-estimation et la non-reconnaissance des qualifications sont fréquentes aussi.

des qualifications sont complètement inutiles et dangereuses ? Non, à notre avis. D'une part, il n'est pas inutile d'étudier les représentations sociales des phénomènes (ici les titres de qualification décernés par les conventions collectives) même si on estime que ce système de représentation est biaisé, d'autre part, on peut admettre, au moins à titre d'hypothèse provisoire, que l'évolution du système de représentation n'est pas sans rapport avec l'évolution du système « réel » : ce rapport doit être certes élucidé mais c'est sans doute la seule voie pour arriver à mesurer le phénomène et ne pas se cantonner dans des définitions théoriques. Le problème est évidemment de bien situer les statistiques à leur place et les utiliser correctement, ce qui est possible comme nous essaierons de le montrer. A ce sujet, il faut bien reconnaître que les utilisations un peu rapides des statistiques sur les qualifications ont été assez nombreuses. Les conclusions optimistes sur l'élévation générale (ou moyenne) du niveau de qualification, concomitant du développement des sciences et des techniques, avaient un aspect rassurant et constituaient une apologie du système économique en place, ce qui leur permettaient d'échapper à la critique et n'incitait guère à leur remise en question. Nous reviendrons d'ailleurs sur ce point pour le préciser.

Pour en revenir à l'exposé de la méthode de projection utilisée pour le VIIe Plan français, terminons rapidement la partie qui consiste à déterminer l'offre d'emploi des entreprises. L'information réunie sur l'évolution des structures professionnelles nous permet de connaître par exemple l'évolution du pourcentage de techniciens dans le secteur chimie de 1968 à 1973 (ou 1974). Pour « prévoir » ce que sera ce pourcentage en 1981 on est souvent réduit à prolonger la courbe ainsi obtenue par extrapolation simple ou corrigée pour tenir compte d'informations obtenues sur le secteur par des voies non statistiques (avis d'experts ou études particulières). Une telle méthode néglige un nombre important de facteurs qu'on s'attendrait naturellement à voir prendre en compte : évolution technique, politiques de recrutement des firmes, implantations à l'étranger ou au contraire implantations d'usines étrangères en France, pénuries ou excédents de différentes sortes de main-d'œuvre, etc. Tous ces facteurs commencent à être connus mais leur impact peut difficilement être chiffré. En adoptant la méthode de l'extrapolation (corrigée ou non) on ne les ignore pas mais on suppose que la résultante de leur action sera à peu près la même dans le proche futur que dans le passé récent. C'est donc en se plaçant résolument dans une optique tendancielle (concernant de plus une période de prévision assez courte : cinq ans) qu'il faut interpréter les résultats de la méthode. Ayant déterminé les pourcentages de chaque emploi dans chaque secteur, il suffit de multiplier par les effectifs de chacun des secteurs et de faire la somme sur tous les secteurs pour obtenir l'offre d'emploi pour chaque profession. Les effectifs des 36 secteurs retenus sont calculés comme sous-produits du modèle « FIFI », qui simule l'évolution économique sur la période du Plan. A ce niveau également existe une certaine marge d'incertitude. Chacun des divers « scénarios » établis pour éclairer les travaux préparatoires du Plan aboutit à des résultats différents quant à l'évolution des professions. Le « compte de Plan » finalement retenu n'est présenté ici qu'à titre d'exemple : il est sous-tendu par certaines hypothèses et mesures correctives de politique économique.

Quelques résultats sont donnés dans les tableaux 1 et 2 et dans le graphique 1, pages suivantes.

Les calculs sont en fait conduits dans un plus grand degré de détail (59 professions). Comme on l'a vu, ils ne doivent pas être considérés comme une prévision mais comme une projection particulière reconduisant les phénomènes observés dans le passé. Pour bien mettre en évidence les marges d'adaptation qui subsistent autour des chiffres obtenus, l'IAB (Institut für Arbeitsmarkt - und Berufsforschung, Allemagne fédérale) a également calculé des fourchettes en tenant compte de la souplesse qui paraissait possible dans l'évolution des structures professionnelles de chaque secteur. Les résultats de cette première partie apportent à eux seuls des renseignements intéressants, entre autres [1] :

— à niveau égal, la croissance est plus rapide dans les métiers de type tertiaire (cadres administratifs, employés...) que dans les métiers de type secondaire (ingénieurs, techniciens, ouvriers) ;

— la part des ouvriers dans la population active stagne ; la part des ouvriers non qualifiés et manœuvres décroît (nous avons vu les réserves qu'il fallait toutefois adopter sur cette question) ;

— les cadres administratifs supérieurs ont une très forte croissance (là aussi on peut considérer qu'au moins une partie du phénomène est due à un « glissement » des classifications) ;

— certaines fonctions telles que « santé », « enseignement », « informatique » connaissent un accroissement très vif ;

— la distinction traditionnelle entre secteurs secondaire et tertiaire n'est pas si nette si on la considère du point de vue de l'emploi. Le secteur tertiaire occupe de nombreux ingénieurs, techniciens, ouvriers et crée parfois plus de postes dans ces professions que ne le fait le secteur secondaire (par exemple, un tiers des ouvriers qualifiés travaillent dans le secteur tertiaire. Ce secteur créera à lui seul 200.000 emplois d'ouvriers qualifiés contre 183.000 pour le secteur secondaire) ;

— on peut déterminer des professions dont la croissance dans l'avenir paraît bien assurée : celles qui sont liées à des secteurs en expansion, ou celles dont la part augmente dans de nombreux secteurs.

---

1 M. Cézard [15]*.

* Les chiffres entre crochets renvoient à la bibliographie. Page 155.

TABLEAU 1

Évolution des structures d'emplois dans chaque secteur - Exemple
SALARIÉS - SECTEUR « CHIMIE »
(BCN 16) (DPJ × BCN)

en %

Emploi	Code DPJ	Enquête	Structure observée 1968	1969	1970	1971	1972	1973	Moyenne	Structure projetée 1976 Extr. simple	1976 Extr. Corrigée	1981 Extr. simple	1981 Extr. Corrigée
Agriculteurs	1	ESE	0,34	0,30	0,30	0,30	0,28	»	0,30	0,26	0,26	0,22	0,22
		EE	0,37	0,25	0,18	0,06	0,22	0,54	0,27				
Ingénieurs	2	ESE	4,42	4,41	4,30	4,29	4,24	»	4,33	4,07	4,33	3,86	4,32
		EE	4,21	3,30	5,34	4,91	5,66	4,32	4,62				
Techniciens	3	ESE	8,89	8,87	8,79	9,00	9,09	»	8,93	9,20	9,19	9,43	9,42
		EE	8,51	9,84	9,16	8,90	7,97	9,86	9,04				
Ouvriers qualifiés	4	ESE	32,34	32,39	32,36	33,00	33,55	»	32,73	34,35	26,29	35,75	27,90
		EE	23,75	25,34	22,61	25,17	25,50	25,40	24,63				
Ouvriers non qualifiés	5	ESE	28,40	28,55	28,08	27,27	26,62	»	27,78	25,18	33,27	22,96	30,56
		EE	37,76	38,39	36,14	35,90	35,12	33,65	36,16				
Cadres tertiaires supérieurs	6	ESE	4,04	4,10	4,14	4,23	4,33	»	4,17	4,54	4,54	4,86	4,85
		EE	3,32	2,63	4,17	4,22	4,30	3,97	3,77				
Cadres tertiaires moyens	7	ESE	7,16	7,22	7,60	7,72	7,81	»	7,52	8,42	8,41	9,19	9,18
		EE	7,53	6,24	7,77	8,77	7,81	8,97	7,85				
Employés qualifiés	8	ESE	9,31	9,21	9,17	9,20	9,16	»	9,21	9,05	9,04	8,94	8,98
		EE	9,18	8,50	10,77	8,63	9,08	8,79	9,16				
Employés non qualifiés	9	ESE	4,79	4,70	4,97	4,72	4,68	»	4,77	4,68	4,68	4,62	4,61
		EE	5,31	5,47	3,83	3,39	4,28	4,46	4,46				
Total		ESE	100,00	100,00	100,00	100,00	100,00	»	100,00	100,00	100,00	100,00	100,00
		EE	100,00	100,00	100,00	100,00	100,00	100,00	100,00				

TABLEAU 2

Offre d'emploi par profession aux 1er janvier 1976 et 1981
(métiers regroupés compte de Plan - Hypothèse d'extrapolation raisonnée)

Métiers regroupés	Code DPJ	1976 Effectif	1976 %	1981 Effectif	1981 %
Agriculteurs	1	2.333.347	10,9	1.971.177	8,8
Ingénieurs	2	328.783	1,5	374.577	1,7
Techniciens	3	735.494	3,5	828.694	3,7
Ouvriers qualifiés	4	4.816.928	22,5	5.124.511	22,9
Ouvriers non qualifiés	5	3.561.991	16,7	3.455.637	15,4
Cadres tertiaires supérieurs	6	1.258.951	5,9	1.469.355	6,6
Cadres tertiaires moyens	7	2.372.950	11,1	2.761.088	12,3
Employés qualifiés	8	3.965.678	18,5	4.333.011	19,3
Employés non qualifiés	9	2.016.822	9,4	2.091.436	9,3
Total		21.390.928	100,0	22.409.472	100,0

L'information fournie par cette première approche est donc abondante et souvent peu connue. Mais elle doit être relativisée par la deuxième approche : le calcul des disponibilités en main-d'œuvre par profession.

• *Les disponibilités en main-d'œuvre par profession.*

On distingue la population déjà active en début de période, de la population scolaire en début de période (janvier 1976) qui s'insérera dans la vie professionnelle pendant la durée du plan.

Pour le premier sous-ensemble, on tient compte des décès, des sorties d'activité, de la mobilité professionnelle, des reprises d'activité (femmes reprenant une activité après une interruption, en particulier). Pour ce faire, on utilise tels quels des coefficients tirés de l'observation du passé au moyen d'une enquête particulièrement bien adaptée : l'enquête « Formation-Qualification professionnelle ». Cette enquête interroge les individus sur l'évolution de leur situation professionnelle sur une période de cinq ans (1965-1970).

En ce qui concerne la deuxième sous-population, on dispose de statistiques prévisionnelles sur les sorties prévisibles du système scolaire (dont la structure peut être considérée comme stable sur une période de cinq ans) par niveau et spécialité de formation. On ne cherche pas à faire une correspondance normative entre formation et emploi, en déclarant par exemple que tout titulaire de tel diplôme devrait « normalement » occuper tel emploi ce qui implicitement découlait de la problématique des plans précédents (à quelques nuances près évidemment). Au contraire, on adopte, comme dans les autres étapes du calcul, une optique résolument tendancielle : on suppose que l'insertion professionnelle des jeunes se

GRAPHIQUE 1

Evolution attendue des métiers, 1976-1981
(base 100 au 1er janvier 1976)

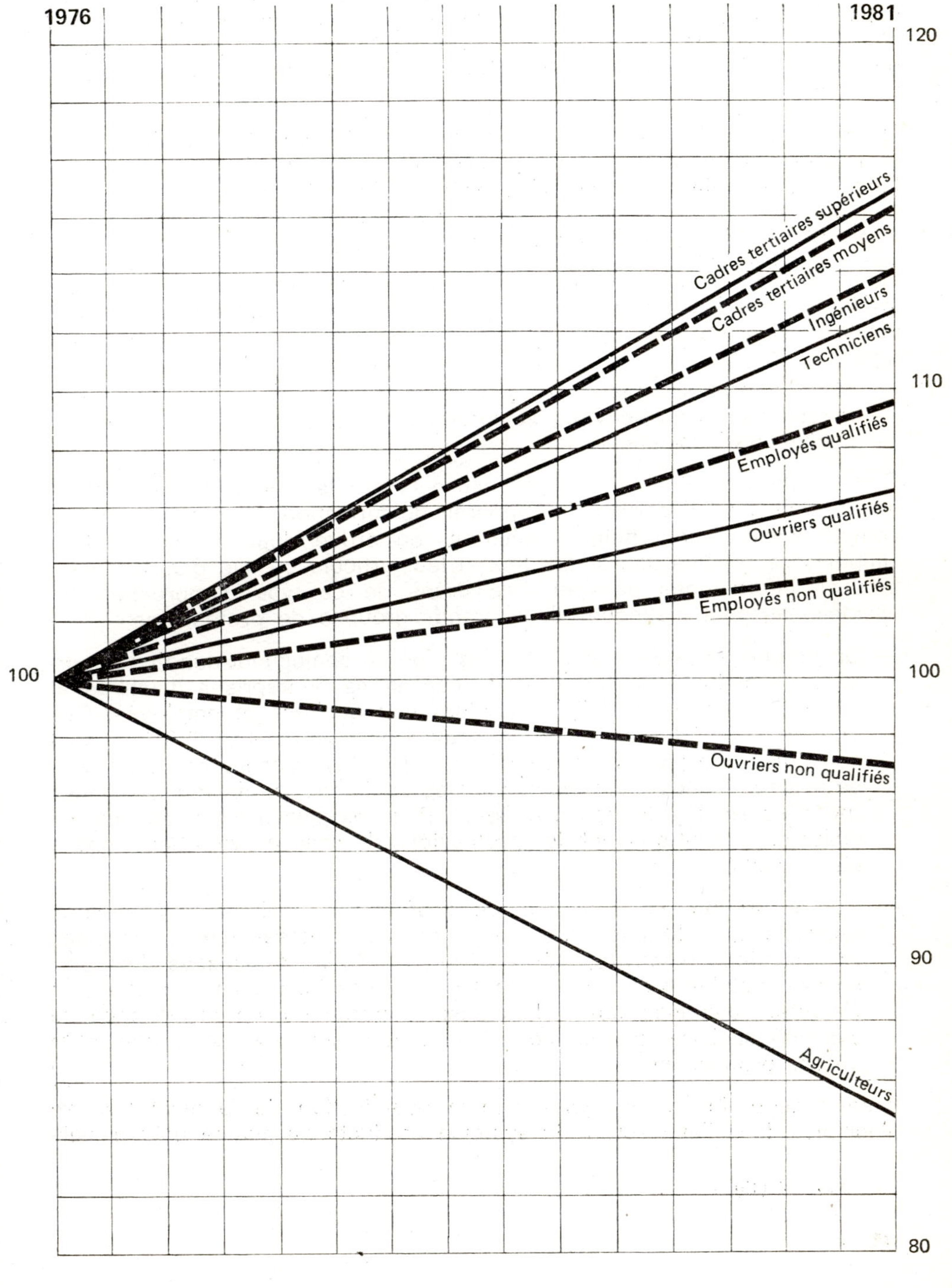

fera dans les mêmes conditions que par le passé, en particulier on prend en compte les nombreuses discordances observées entre le niveau de formation et le premier emploi (par exemple, de nombreux jeunes possédant le diplôme « CAP » ne trouvent pas du travail en tant qu'ouvriers qualifiés). Ainsi, les sorties du système scolaire ne sont plus considérées comme la grandeur résultante à déterminer à partir des autres éléments du calcul ; elles constituent un élément parmi d'autres, entrant dans le bilan final.

De plus, on adopte à leur égard la même attitude que pour l'évolution des structures professionnelles ou pour l'évolution démographique de la population active : elles sont projetées en reconduisant « grosso modo » les phénomènes observés sur le passé, même si ces phénomènes peuvent être considérés comme « regrettables ».

Ce deuxième volet des calculs a l'intérêt propre de bien mettre en évidence les flux de renouvellement de la population active. En moyenne, le renouvellement des professions se fait par trois flux d'importances sensiblement égales :

— insertion professionnelle des jeunes ;
— autres entrées en activités et sorties d'activités ;
— mobilité professionnelle.

Cette seule constatation remet en cause la problématique qui se centrait uniquement sur les sorties de l'appareil de formation. En construisant un compte socio-démographique cohérent, on arrive donc à mieux situer l'importance relative des divers flux et leur articulation. De plus, de nombreuses informations peuvent être tirées de ce type d'approche. Par exemple, on peut distinguer deux grands groupes de professions [1] :

— Un groupe de professions « fluides » où se conjuguent des flux importants de mobilité (sortante) et de cessations ou reprises d'activité et d'insertion professionnelle : ouvriers non qualifiés et employés. Ces professions, où les conditions de travail sont en général difficiles, sont constituées de jeunes ou d'immigrés (pour les ouvriers non qualifiés), de femmes jeunes (pour les employées qualifiées) ou de femmes âgées (pour les employées non qualifiées). Pour les jeunes qui possèdent un diplôme, ce sont souvent des professions de passage vers des emplois plus qualifiés.

— L'autre groupe est constitué de professions qualifiées (ingénieurs, techniciens, cadres tertiaires moyens) peu affectées par les reprises et cessations d'activité, même quand elles sont féminisées. Les personnes mobiles promues viennent des professions moins qualifiées et s'ajoutent aux insertions, elles aussi importantes, en provenance du système scolaire, ce qui contribue à favoriser une croissance forte de ces professions.

Il se dégage de ces analyses que la qualification de la main-d'œuvre n'est plus dans l'état actuel du système productif sa qualité unique mais

1 L. Thévenot [15].

que sa « fluidité » (qui résulte à la fois de la mobilité professionnelle, des mouvements d'insertion des élèves et étudiants et des cessations et reprises d'activité) en constitue une caractéristique aussi importante ; l'activité des femmes est un des facteurs déterminants de cette fluidité.

b. **Comparaison des différentes approches : le bilan. Comment l'interpréter - Principaux résultats.**

Le bilan consiste à comparer principalement l'offre potentielle d'emploi (des entreprises) et les disponibilités en main-d'œuvre en 1981. Pour que le bilan soit complet deux autres grandeurs doivent également être prises en compte : l'immigration nette et la variation nette du chômage sur la période. L'immigration nette a été prévue dans le compte de plan à une valeur nulle. Quant à la variation nette du chômage on peut l'estimer à + 100.000. Le problème de sa répartition par profession ne sera pas abordé ici, cet exposé ne présentant que les principaux résultats. Remarquons qu'il s'agit d'une grandeur relativement faible par rapport aux autres flux pris en considération, et qu'à elle seule elle ne suffirait pas à expliquer les écarts (pénurie ou excédent de main-d'œuvre) dans chaque profession.

Les résultats peuvent être résumés dans le tableau suivant :

TABLEAU 3

Professions	Disponibilités en main-d'œuvre — Total	Disponibilités en main-d'œuvre — Dont sorties du système scolaire	Offre potentielle d'emploi
Agriculteurs	2.049	202	1.971
Ingénieurs	379	57	375
Techniciens	969	170	829
Ouvriers qualifiés et artisans	4.943	390	5.125
Ouvriers spécialisés et manœuvres	3.560	887	3.456
Cadres supérieurs tertiaires	1.394	105	1.466
Cadres moyens tertiaires	2.729	451	2.761
Employés qualifiés	4.376	943	4.333
Employés non qualifiés	2.118	383	2.091

(en milliers)

Rappelons que tous les éléments du bilan, y compris les sorties du système scolaire, ont été évalués par référence aux phénomènes observés dans un passé récent ou par extrapolation des tendances d'évolution.

Remarquons que si les phénomènes de « glissement » de classification (par exemple : des ouvriers non qualifiés peuvent être classés en ouvriers qualifiés, sans changement d'emploi) affectent parfois gravement la signification d'un des éléments calculés pris à part, on peut considérer que le rapprochement de plusieurs de ces éléments dans le bilan supprime en grande partie cet effet, car chacun des éléments est alors affecté d'un biais analogue : la comparaison reprend ainsi son sens.

Cela donne une homogénéité à l'ensemble des chiffres obtenus et dicte également la manière de les interpréter. Aucun élément ne peut être considéré comme une véritable prévision associée au plan et donc intangible. Si l'on constate que le bilan est déséquilibré pour une profession on peut simplement en conclure qu'il y aura un changement dans un au moins des éléments qui concernent cette profession (mobilité professionnelle, insertion des jeunes, place de cette profession dans les entreprises, etc.) et probablement dans tous ces éléments en même temps [1] . On ne considère plus qu'il y a d'un côté les « besoins de l'économie » objectivement déterminés et, de l'autre, le système scolaire qui devrait satisfaire ces besoins et supporter ainsi tout le poids de l'adaptation à un changement imposé de l'extérieur. En réalité, pour ne citer que deux exemples d'adaptation possible, les structures professionnelles sont assez flexibles pour s'adapter en partie à une nouvelle situation de pénurie ou d'excédent de main-d'œuvre ; de même la mobilité professionnelle (et les moyens de formation continue qui lui sont associés) est en grande partie commandée par les débouchés qui sont offerts dans les différentes professions et variera en fonction de ces débouchés.

Compte tenu des marges importantes d'adaptation (et aussi d'incertitude) de chacun des éléments calculés, la première constatation qui s'impose est que le bilan est presque équilibré dans toutes les professions sauf deux : techniciens (excédent de main-d'œuvre disponible) et cadres supérieurs (pénurie). On en tire donc la conclusion importante qu'il ne semble pas, a priori, y avoir de pénurie d'ingénieurs, d'ouvriers qualifiés, de cadres tertiaires moyens, d'employés qualifiés, où plus exactement, car cette façon de présenter n'est pas correcte, comme on l'a vu, il n'y aura vraisemblablement pas de changements notables pour ces professions en ce qui concerne les phénomènes de mobilité, d'insertions professionnelles, d'évolution des structures professionnelles. Certes leurs effectifs croîtront mais cette croissance se fera dans les mêmes conditions que par le passé. La constatation d'un bilan équilibré pour des professions non qualifiées (ouvriers et employés) heurte un peu plus les habitudes de pensée : non seulement les entreprises continueraient à offrir une masse considérable d'emplois non qualifiés (5.500.000 environ en 1981), mais le système scolaire continuerait à alimenter ces postes juste dans la quantité nécessaire ? La réponse à cette question est compliquée par le fait que le marché du travail n'associe pas un emploi unique à chaque diplôme, mais en définitive il est bien vrai qu'un nombre important de jeunes sortent sans diplôme de l'appareil scolaire et que ce phénomène a son pendant du côté du système économique, qui offre de nombreux emplois non qualifiés.

Quant aux deux professions pour lesquelles le bilan est déséquilibré, on peut également en tirer des conclusions intéressantes. La catégorie

---

1 La croissance des différents secteurs peut également être mise en cause. Dans la pratique, néanmoins, on prend, faute de pouvoir analyser cet effet, les effectifs sectoriels comme des données issues du modèle « FIFI ».

« cadres administratifs supérieurs » semble caractérisée par un déficit sérieux des disponibilités par rapport à l'offre des entreprises. Certes il faut faire la part de l'inflation des titres qui entraînent un classement dans cette catégorie d'emplois alors qu'ils auraient été classés auparavant dans une catégorie inférieure. Ce glissement affecte de toute façon aussi bien le calcul des disponibilités que celui des offres, avec peut-être un décalage puisque les disponibilités ont été calculées avec des statistiques de la période 1965-1970 et les offres avec des statistiques de la période 1968-1973. Cet effet parasite ne semble pas pouvoir expliquer le déficit constaté. On peut en conclure que la mobilité professionnelle vers ces catégories d'emplois restera sans doute forte et augmentera peut-être et, d'autre part, que les sorties du système universitaire à un niveau supérieur semblent loin d'être « excédentaires » comme on le dit souvent, même si les diplômés de l'enseignement supérieur ne trouvent pas toujours l'occasion de s'insérer dans ce genre de poste (ce qui est naturel car certains de ces postes comportent une part importante de responsabilité et nécessitent une expérience professionnelle). Le cas des techniciens, où l'on a la surprise de constater un excédent des disponibilités sur l'offre, est également intéressant. On a vu que les plans précédents avaient au contraire diagnostiqué un déficit en techniciens (même si ce diagnostic ne s'appuyait pas sur des chiffres précis). Ces diagnostics s'accompagnaient de mesures pour augmenter fortement les formations à ce niveau : création des baccalauréats de techniciens, des Instituts Universitaires de Technologie, etc. En attendant que ces mesures fassent effet, les postes de techniciens étaient pourvus en grosse partie par la promotion d'ouvriers qualifiés (comme le montre l'importance du flux de mobilité ouvriers qualifiés ⟶ techniciens) ou bien les entreprises modifiaient leur projet de restructuration pour tenir compte du manque de techniciens. Le déséquilibre du bilan met simplement en évidence le fait que la prolongation pure et simple de ces tendances dans l'avenir aboutit à une contradiction, ce qui se conçoit aisément.

Un autre fait vient renforcer cette affirmation : l'industrie française a connu vraisemblablement au cours des années 60 une importante mutation qui a fait apparaître un fort besoin en techniciens. Cette mutation a continué ensuite mais à un rythme plus modéré, et les besoins en techniciens sont actuellement moins forts. Il est d'ailleurs curieux de constater que les études commandées pour le VIe Plan sur le problème du déficit en techniciens concluaient plutôt par la négative : les entreprises interrogées et étudiées ne ressentaient en général plus ce déficit. C'est donc la brusque augmentation des besoins, due à une restructuration intense, suivie d'une réponse retardée du système scolaire et d'un assagissement de ces besoins qui a créé la rupture actuellement enregistrée dans les bilans. Mais un bilan n'est nullement une prévision, on ne peut pas en conclure qu'il faut maintenant freiner les formations de techniciens. Après ces à-coups on reviendra sans doute à une situation plus équilibrée par l'intermédiaire de plusieurs mécanismes agissant conjointement :

— une concurrence accrue entre les jeunes diplômés et les personnes bénéficiant de promotions internes ;

— une place plus large accordée par les entreprises dans leurs schémas organisationnels aux postes de techniciens qu'il est désormais plus facile de pourvoir. Ces exemples montrent assez bien la manière dont on peut aborder l'analyse des bilans, en respectant leurs limites, et l'intérêt de cette analyse.

Conclusion.

Du IVe au VIIe Plan français, on est passé progressivement d'une approche normative (planification de l'éducation en fonction des « besoins » de l'économie) à une optique résolument tendancielle (prolongation des tendances passées et analyse de leur comptabilité). Cela explique d'ailleurs en partie qu'on ait renoncé dans le VIIe Plan à faire des projections à long terme (quinze ans) qui étaient jugées seules valables, à juste titre, pour la planification de l'éducation. On a assisté à une évolution de la problématique classique, celle qui procède par approche globale et statistique, mais aussi sans doute à une transformation des phénomènes réels d'interaction entre emplois et formations, transformation mise en évidence par de nombreuses études qui procèdent, elles, par approche ponctuelle, micro-économique.

• *La problématique macro-économique* s'est transformée d'elle-même au fur et à mesure que des données statistiques permettaient de la mettre en pratique. Lorsqu'il a fallu procéder concrètement aux calculs des « besoins de l'économie », on a senti la fragilité de cette notion dans le contexte d'une économie libérale et il a fallu en rabattre sur la possibilité de procéder à une évaluation objective ou qui soit simplement le fruit d'un consensus.

D'autre part, en analysant les flux de renouvellement des professions, on constate vite que les flux des insertions professionnelles ne sont pas seuls en cause. La mobilité professionnelle (accompagnée d'un dispositif de formation permanente) à laquelle on a, un moment, voulu faire jouer le rôle de rattrapage des désajustements entre emplois et formations ne peut pas non plus être considérée de cette façon. En réalité parmi les trois flux d'importances comparables (insertions professionnelles, mobilité professionnelle, cessations et reprises d'activité), aucun ne peut être désigné comme devant s'adapter aux conditions créées par les deux autres. L'offre d'emploi des entreprises ne peut pas non plus être autonomisée ; elle est en interaction avec les trois flux précédents et, comme eux, susceptible d'ajustement.

C'est pour ces raisons que dans l'approche globale chiffrée on a glissé tout naturellement vers une optique tendancielle qui cherche à détecter les ruptures probables d'évolution, sans proposer d'orientation précise. Elle n'en perd pas pour autant tout intérêt, et elle éclaire, au moins aussi bien qu'auparavant, ceux qui ont à prendre des décisions sur l'orientation de l'appareil de formation, en les gardant des interprétations abusives et dangereuses [1].

• *La réalité des rapports entre emplois et formations* a sans doute également changé.

On sait depuis longtemps que l'image traditionnelle du « métier », ensemble de connaissances et de savoir-faire, constitué sous une forme stable et bien typée, acquis également à travers une formation bien caractérisée (le plus souvent l'apprentissage), ne peut plus rendre compte de la réalité actuelle et cela remet en cause l'idée intuitive que l'on se fait des rapports entre emplois et formations. Cela a été sans doute pour beaucoup dans l'évolution de la problématique macro-économique classique dans le sens d'une réduction de ses prétentions à vouloir déterminer l'évolution du système de formation. Mais cela poussait également à l'adoption, de manière complémentaire, d'autres approches issues d'une observation plus approfondie de la réalité. C'est pourquoi dès le début du VIe Plan (1970), un effort important était fait dans ce sens : création du CEREQ (Centre d'études et de recherches sur les qualifications) et des Echelons régionaux de l'emploi (cellules d'études régionales dépendant du ministère du Travail). De nombreuses études sur la qualification des emplois, ses déterminants, son évolution, ont vu ainsi le jour. Elles sont venues compléter l'approche macro-économique lors des travaux de préparation du VIIe Plan, mais elles n'ont pas encore débouché sur une nouvelle problématique cohérente et complète.
Néanmoins, il semble qu'elles apportent une information assez riche pour éclairer d'un jour nouveau les problèmes. En particulier, en essayant de démonter les mécanismes des phénomènes, elles sont susceptibles de donner des éléments de prévision intéressants, permettant d'aller plus loin que l'optique tendancielle qui, il faut bien le dire, semble avoir atteint ses limites.

C'est pourquoi nous nous emploierons dans le chapitre qui suit à brosser le tableau des quelques résultats que ces études ont déjà apportés. Précisons que nous n'avons pas de prétention à l'exhaustivité : ces études étant nombreuses il se peut très bien que certaines, parmi les plus intéressantes, nous aient échappé. Il ne s'agit pas de faire une revue, mais de citer une série d'exemples. Enfin, nous mêlerons résultats factuels et réflexions nouvelles suscitées par ces résultats comme autant de contributions au progrès des connaissances dans le domaine considéré.

---

1 Ce n'est pas parce que les données statistiques obligent à se cantonner à une approche tendancielle qu'il faut abandonner l'idée d'une approche « normative » ou basée sur la fixation d'objectifs. Il faudrait peut-être, fort de l'expérience accumulée, revenir à une approche normative « lucide », mais c'est là une autre question.

II. NOUVELLES DONNÉES ET APPROCHES MÉTHODOLOGIQUES

Pour ordonner la présentation nous adopterons, comme dans le chapitre précédent, une approche double. D'une part, du côté du système productif, nous essaierons de déterminer les facteurs qui influent sur la structuration de l'emploi et déterminent au bout du compte le contenu des emplois (et par suite leur qualification). D'autre part, du côté des individus, nous essaierons de préciser comment se constitue la qualification (par la formation, l'expérience professionnelle), ce qui nous amènera à analyser de plus près le système de formation (et son évolution) et la notion de mobilité professionnelle. L'adoption de cette double approche ne signifie pas que l'on considère qu'il s'agit de deux domaines indépendants ; au contraire, plus l'on pousse l'analyse, plus l'on se rend compte des interactions qui existent entre eux.

Cette double approche correspond également à la distinction entre qualification des emplois et qualification des individus.

La notion de qualification est une notion centrale pour analyser les rapports entre la sphère de la production et le système de formation. Il est notoire que cette notion comporte un flou important et qu'il n'y a pas d'accord unanime sur sa définition. Nous réservant de l'approfondir dans le troisième chapitre, nous en donnerons une définition provisoire pour clarifier la suite de l'exposé.

Nous appellerons « *qualification d'un emploi* » les savoir-faire et connaissances nécessaires pour occuper cet emploi. Nous appellerons « *qualification d'un individu* » la résultante des savoir-faire et connaissances acquis soit par la formation, soit par l'expérience professionnelle. Ces deux définitions ne sont évidemment pas très explicites mais elles peuvent constituer une base de travail. Cette distinction s'impose du fait que individu et emploi sont deux objets d'analyse différents, qui ne peuvent être considérés indissolublement liés. Mais il faut bien remarquer que les deux définitions utilisent une échelle de référence commune : les capacités humaines mises en œuvre dans le travail. Cela crée déjà, du point de vue théorique, un fort lien entre ces deux notions.

Enfin, nous appellerons « *qualification salariale* » la qualification officiellement portée sur le bulletin de paye, qui peut avoir des rapports plus ou moins étroits avec la qualification de l'emploi ou la qualification de l'individu selon l'état du rapport de force entre employeurs et salariés principalement.

Nous avons vu que, sauf pour certains secteurs peu nombreux, les statistiques sur les qualifications se rapportaient en fait à cette notion de qualification et non aux deux précédentes, plus théoriques.

A. **Structuration des emplois par le système productif. Quels sont les facteurs qui la déterminent ?**

Nous commencerons par les analyses statiques, qui s'attachent à relier à un instant donné les structures d'emploi des établissements à d'autres variables, économiques ou non.

Nous nous attacherons particulièrement à deux études (en faisant ressortir ce qu'elles ont de concordant avec d'autres études non citées) :

— Une étude [1] réalisée par le Centre d'études de l'emploi (Paris) et l'Echelon régional de l'emploi de Lyon sur la région Rhône-Alpes. Cette étude ne porte que sur les secteurs les plus importants de la région : Mécanique, Soierie, Textiles artificiels et synthétiques, Bonneterie, Teinture et apprêts, Confection. La source principale est une enquête statistique effectuée depuis 1968 (Enquête « Structure des emplois » déjà citée). Cette source est complétée par des renseignements recueillis par d'autres voies : appartenance ou non de l'établissement à une entreprise multi-établissements, appartenance à un groupe (d'entreprises), performance technologique, taux d'investissement. A partir des résultats de l'enquête « Structure des emplois » qui sont disponibles dans une nomenclature détaillée, les auteurs regroupent les emplois par grandes fonctions :

- fonction générale de production : fonction fabrication, fonction technique (dont organisation, méthodes, conception) ;
- fonction générale de communication : fonction administration, fonction commerciale, fonction « informatique ».

A l'intérieur de chaque fonction, les emplois sont répartis par niveau de qualification (cadres, ingénieurs, techniciens, etc.), lorsque c'est possible. Il faut noter que l'analyse fonctionnelle ainsi menée résulte d'un regroupement particulier (et parfois contestable) de la nomenclature des emplois utilisée dans l'enquête et non d'une analyse directe et concrète du fonctionnement des établissements et des entreprises.

— Une étude [2] réalisée par le CEREQ (Centre d'études et de recherche sur les qualifications) sur une partie du secteur « mécanique ». Cette étude a été menée en plusieurs temps, elle a porté d'abord sur le sous-secteur 213 (Machines-outils, outillage mécanique, matériel de sondage) ; l'étude a permis de mettre au point des outils d'analyse (typologie d'établissements en particulier). Ces outils ont été testés et améliorés au cours des études sur d'autres sous-secteurs : fabrication de moteurs, compresseurs, pompes, matériel hydraulique (sous-secteurs 206-208), fabrication d'appareils de levage et de manutention, de matériel pour les industries lourdes et pour les voies de chemin de fer, fabrication et réparation de matériel ferroviaire (sous-secteurs 211-212). L'étude se prolongera sur d'autres sous-secteurs de la mécanique. Contrairement à l'étude du Centre d'études de l'emploi [1], celle-ci, en plus des résultats de l'enquête statistique « Structure des emplois », a procédé par enquêtes directes auprès des établissements.

Ces enquêtes ont permis d'analyser directement la structure fonctionnelle des entreprises à travers les organigrammes, la liste des fonctions assumées par chaque service. La liste des fonctions retenues est plus détaillée que dans l'étude précédente :

DIRECTION

FONCTIONS TERTIAIRES :

1. Administration
2. Comptabilité - finances
3. Personnel
4. Commercial et relations publiques

INFORMATIQUE

FONCTION TECHNIQUE :

Recherche et prototypes :

1. Recherche
2. Etudes-développement
3. Essais
4. Contrôle

Fonctions auxiliaires de la production :

1. Bureau d'études, dessin
2. Méthodes
3. Chronométrage
4. Planning, ordonnancement, lancement
5. Organisation du travail

Production :

1. Fabrication
2. Entretien
3. Contrôle et essais des produits

SERVICES GÉNÉRAUX

Chaque fonction est divisée ensuite en « activités », par exemple la fonction « Personnel » est divisée en recrutement du personnel, paie, gestion du personnel, formation, règlements des conflits, services médicaux, services sociaux. Remarquons que l'analyse directe des fonctions exercées par les services permet de tester la cohérence de la grille des fonctions proposée. En effet, des fonctions fréquemment exercées simultanément par le même service doivent se retrouver proches dans la nomenclature des fonctions. De fait, cette grille de fonctions a été remise en cause par l'observation des entreprises, mais pas de manière telle qu'il ait semblé nécessaire de recommencer toute l'étude avec une autre grille de fonctions.

Pour terminer cette présentation rapide de l'étude du CEREQ, ajoutons qu'à l'intérieur de chaque fonction, le personnel est réparti dans les niveaux de qualification habituels (ingénieurs, cadres, techniciens, dessinateurs, employés, ouvriers qualifiés, ouvriers non qualifiés). Les auteurs disposaient, en plus de cette analyse fonctionnelle, de variables dites « économiques » pour caractériser les établissements :

— le type d'entreprise auquel appartient l'établissement (distinctions selon le nombre d'établissements de l'entreprise, sa taille, son secteur d'activité principale) ;

— le type d'établissement (siège, établissement de production, siège + établissement de production, siège + agence) ;

— la taille de l'établissement ;

— le produit fabriqué ;

— le type de production (production unitaire, petite et moyenne série, grande série, avec des types intermédiaires).

Ces deux études ont pour but d'améliorer les prévisions d'emploi, pour la première dans une région, pour la seconde dans un secteur. Mais elles commencent par faire une analyse statique [1] pour rechercher les facteurs qui déterminent (ou du moins qui sont liés avec) les structures d'emploi, pour ensuite déduire de l'évolution de ces facteurs l'évolution des structures d'emploi. Pour ce faire, la première idée qui vient à l'esprit est de dresser une liste de tous les facteurs susceptibles d'intervenir et d'essayer de déterminer le sens de leur influence. Cette approche un peu désordonnée et naïve a souvent été pratiquée et surtout donne facilement l'occasion de formuler des propositions générales parfois trompeuses qui n'ont l'attrait que de la simplicité.

C'est pourquoi nous ferons cette concession aux habitudes avant d'examiner comment les deux études citées ont essayé de dépasser cette approche trop limitée.

a. **Liste des facteurs susceptibles d'influer sur la structure (ou le contenu) des emplois ?**

• *Le secteur d'activité.*

Ce point n'est mis en doute par personne, et il est bien mis en évidence par les enquêtes statistiques. Cependant la connaissance du secteur d'activité (même dans une nomenclature détaillée) ne permet pas d'en déduire la structure d'emploi. C'est d'ailleurs ce qui jette un doute sur la pertinence de la notion de structure d'emploi moyenne d'un secteur utilisée dans les projections d'emploi classiques.

• *La taille.*

Il est communément avancé que l'augmentation de la taille des établissements ou des entreprises est un facteur de dissociation des emplois :

1 L'étude [2] n'a pas encore abordé l'analyse en évolution, contrairement à l'étude [1].

des emplois assurés précédemment par une seule personne éclatent en plusieurs emplois plus spécialisés. On conçoit que lorsque des emplois d'un certain type sont nombreux, il soit possible (possible seulement, il reste à voir pourquoi cette possibilité est exploitée) de les découper en tâches plus spécialisées et de constituer de nouveaux emplois avec les « morceaux » des anciens emplois « éclatés ».

Dans ce processus de destructuration-restructuration la qualification « moyenne » des emplois augmente-t-elle ?

Y a-t-il bipolarisation entre un petit nombre d'emplois de plus en plus qualifiés et une masse de plus en plus grande d'emplois non qualifiés ? Cette question est très controversée et nous aurons l'occasion d'y revenir. La taille n'est d'ailleurs pas le seul facteur, loin s'en faut, dans ce processus de spécialisation des emplois.

L'étude du Centre d'études de l'emploi [1] a tenté de tester l'hypothèse suivante :

« Diminution de la qualification ouvrière et augmentation de la maîtrise lorsque la taille augmente ».

Cette hypothèse se révèle vérifiée au niveau de la région pour la soierie, les teintures et apprêts, la confection, mais pas dans la mécanique ni la bonneterie, où l'on observe une nette remontée des qualifications lorsque la taille dépasse 500 salariés. De plus, renseignements pris, cela ne semble pas être dû (du moins pour la bonneterie, pour la mécanique c'est moins sûr) à des reclassements artificiels correspondant à un rapport de force favorable aux salariés ou à une pratique locale. Cette même étude [1] essaie également de déterminer l'influence de la taille sur la répartition des effectifs entre fabrication pure, fonction technique, fonction de communication (commercial, administration, informatique, etc.). La tendance générale est à une augmentation de la part relative des fonctions techniques et des communications au détriment de la fabrication pure.

Mais cette tendance n'est pas confirmée pour la mécanique par exemple. La fonction de fabrication pure se remet à croître à partir de la taille de 500 salariés, les fonctions technique et commerciale chutent à partir de la taille de 200 salariés.

Le cas de la soierie (étude [1]) montre bien que la taille n'a pas un effet propre automatique : l'organisation très particulière de ce secteur (nette séparation entre fabricants et façonniers) aboutit à créer des unités de production presque pure de 100 à 200 salariés, les établissements plus petits ou plus grands étant plus diversifiés. Le cas de la bonneterie (étude [1]) met en évidence le problème des seuils : jusqu'à la taille 100-200 salariés, on trouve des établissements presque entièrement consacrés à la fabrication. Puis il y a une rupture, un seuil, au-delà duquel il semble nécessaire d'étoffer les autres fonctions, jusque là assurées soit par des sièges sociaux, soit par des entreprises donneuses d'ordres.

Le facteur taille intervient donc de manière assez différenciée suivant le secteur et sa structuration. Plus généralement, il ressort des observations que le facteur taille n'a pas d'effet propre et qu'il agit toujours en interaction avec d'autres facteurs : même en connaissant le secteur d'activité et la taille d'un établissement on ne peut pas prévoir sa structure d'emploi.

• *L'effet d'appartenance à une entreprise ayant plusieurs établissements.*

Cet effet est évidemment difficile à distinguer de celui de la taille. Si l'on considère l'ensemble des établissements appartenant à des entreprises multi-établissements (sièges sociaux compris), on retrouve, en moyenne, le même effet que précédemment mais accentué : les fonctions technique et de communication ont plus de poids (et la fabrication pure en a moins) dans ce genre d'établissement que dans les autres.

Mais il faut noter que c'est surtout dans les sièges sociaux que se renforcent les fonctions commerciale et informatique et que dans les autres établissements elles peuvent au contraire se trouver amoindries.

Un tel schéma général peut se vérifier sur un certain nombre d'exemples (étude [1]). Dans la bonneterie, les teintures et apprêts, le siège social maîtrise essentiellement la fonction commerciale. Dans la mécanique, le siège social assure plutôt la maîtrise de l'informatique et des fonctions de communication (commercial, administration...), la fonction technique étant laissée le plus souvent aux établissements eux-mêmes. Par contre dans le secteur habillement ce schéma général ne semble pas vérifié. Là encore il est difficile de formuler une conclusion générale.

• *L'effet d'apartenance à un groupe* (d'entreprises).

L'effet de groupe vient en général renforcer l'effet taille en ce sens que les établissements appartenant à des groupes (y compris les sièges sociaux) ont *en moyenne* des fonctions technique et informatique plus étoffées que les autres. Cette moyenne peut évidemment cacher des spécialisations d'établissement à l'intérieur des groupes. De plus, si les sièges des groupes se déplacent en dehors de la région étudiée ou bien se constituent des centres de recherche séparés (toujours en dehors de la région), il peut en résulter au contraire un affaiblissement général des fonctions technique et informatique dans les établissements de la région. Ce pourrait bien être le cas dans l'avenir des secteurs étudiés dans l'étude [1], sauf pour la soierie, qui est une spécialité de la région ; les groupes pourraient y maintenir des effectifs importants dans les fonctions commerciales et administratives. L'effet de groupe est finalement assez difficile à dégager.

Les effets de taille, d'entreprise, de groupe sont des aspects de l'effet de *concentration* sur lequel nous aurons l'occasion de revenir. En réalité, il est difficile d'aboutir à une conclusion générale, valable dans tous les cas, sur le fait que la concentration produirait automatiquement la spécialisation des emplois, puis des établissements.

Par exemple l'étude [1] conclut que pour la bonneterie une plus grande intégration aboutirait effectivement à transformer nombre d'entreprises intégrées en ateliers de fabrication. Par contre pour la mécanique, les textiles artificiels et synthétiques qui exigent sur place une organisation plus souple et des compétences techniques plus développées, ce ne peut être tout à fait le cas.

• *Le facteur technique* (techniques mises en œuvre et produits fabriqués).

Il s'agit là d'un facteur qui est souvent considéré comme explicatif (et non simplement descriptif) de l'évolution de l'emploi. Les interprétations hâtives sont nombreuses : on affirme soit que l'élévation du niveau technologique entraîne obligatoirement une élévation des qualifications soit que le recours à des technologies de plus en plus élaborées et par suite à l'automatisation entraîne la création, à côté d'un noyau très qualifié d'emplois de conception et d'essai, d'une foule d'emplois d'ouvriers de plus en plus dépourvus de qualification.

En fait, il semble qu'en l'état actuel des connaissances, l'une et l'autre de ces affirmations soient trop simplistes pour correspondre à la réalité. Les deux études du CEREQ sur les secteurs de la Mécanique [2] et de la Chimie [3] sur ce domaine (parmi tant d'autres), apportent des éléments intéressants. Dans le secteur Mécanique, le niveau technique est repéré par la présence de matériel automatisé et intégré et dans le secteur Chimie par la présence de processus automatisés et en continu. En fait, le rôle des techniques apparaît mal à travers l'étude des structures d'emplois.

A niveau technique égal, les structures d'emploi des établissements ou même des ateliers sont très diversifiées, même pour des produits homogènes, même si une certaine différenciation par niveaux techniques et produits fabriqués semble se dessiner. Il faut descendre jusqu'à l'analyse des contenus d'emplois pour repérer l'influence des techniques utilisées. Par exemple, le contenu des emplois des ouvriers qualifiés de la Chimie varie fortement selon qu'il s'agit d'un processus automatisé en continu ou non. Cependant, et ceci est important, on ne peut pas attribuer au facteur technique *un rôle unique et systématique.*

• *Le mode d'organisation du travail.*

On fait référence sous ce titre aux méthodes d'« organisation scientifique du travail » (OST) et à ses dérivées et à d'autres qui commencent à voir le jour actuellement : « direction par objectifs » (DPO), « enrichissement des tâches », etc. L'impact de ces méthodes qui s'attaquent directement au problème de la structuration du travail est évidemment d'une importance première. En témoignent les conflits très durs qu'a suscités l'introduction de l'organisation dite scientifique du travail en France par exemple. Les structures internes des entreprises en ont été profondément bouleversées et les syndicats de travailleurs (par exemple [4]) ont vigoureusement protesté contre la « privation de toute initiative dans le travail », « l'interdiction de penser », « l'abaissement du niveau mental des travailleurs »,« les cadences », « le chronométrage ». D'un autre côté, du fait de la forte augmentation de productivité qu'elle entraînait dans beaucoup de cas, la méthode s'est répandue assez rapidement et sa diffusion n'est pas terminée, notamment dans les secteurs tertiaires. Bien que l'OST ne soit pas l'unique méthode d'organisation du travail (d'anciennes formes subsistent et de nouvelles apparaissent), elle est actuellement dominante au point qu'il est difficile de trouver des secteurs industriels suffisamment importants qui n'y soient pas soumis et donc il est difficile de repérer son effet propre par une analyse statique ou à court terme. C'est seulement dans une perspective à très long terme que pourrait être analysée son influence. Mais l'analyse prendrait alors des proportions qui dépasseraient largement le cadre de cet exposé. Sur une longue période, l'interaction entre les différents facteurs prend une importance considérable.

En particulier, on ne saurait dissocier le facteur technique et l'organisation du travail qui agissent dialectiquement l'un sur l'autre : l'OST a été rendue possible par un certain niveau des techniques qu'elle a utilisé d'une certaine manière, et en retour l'OST a modelé la conception des outils de production. De même, l'OST a été rendue possible par l'augmentation des débouchés et la disponibilité d'une main-d'œuvre nombreuse non qualifiée et au retour a favorisé l'augmentation des débouchés par l'abaissement des prix de revient et a entraîné la création de nombreux emplois non qualifiés. Il est nécessaire pour traiter ce problème d'adopter une approche synthétique, ce que nous essaierons de faire dans la suite. Pour le moment, bornons-nous à noter que l'organisation du travail n'est pas dictée inéluctablement par les conditions économiques, mais qu'elle n'est sans doute qu'un des leviers dont disposent les entreprises pour assurer leur survie et leur développement : l'OST, qui était en général la solution la mieux adaptée à leurs problèmes dans un contexte donné (niveau technique, disponibilité en main-d'œuvre, types de débouchés et de produits), pourrait très bien ne plus l'être dans un autre contexte.

• *La localisation.*

On peut observer des structures d'emplois assez différentes selon la localisation des établissements. L'étude [1] met en évidence un tel phénomène. Elle émet l'hypothèse que la région analysée est fortement structurée autour d'un centre (Lyon) et que les fonctions commerciale, administrative, informatique, technique se concentrent dans cette ville, pour laisser dans la périphérie principalement les fonctions de fabrication. En fait, cette hypothèse n'est pas toujours vérifiée. Des départements assurant un certain « leadership » dans des secteurs particuliers (par exemple l'Isère et la Loire pour le secteur Mécanique) maintiennent sur place des fonctions autres que la fabrication. D'autre part, la spécialisation géographique a des limites : certains secteurs doivent faire face à des problèmes techniques et à des problèmes d'organisation qui nécessitent le maintien, dans les établissements de production ou à proximité, d'unités plus polyvalentes et qualifiées.

Le facteur localisation paraît ainsi lié, d'une manière assez lâche et diversifiée, à la structure d'emplois des établissements, mais il ne semble pas être à proprement parler un facteur explicatif. Il serait plutôt la résultante de la politique d'implantation des entreprises. Notamment, cette politique pourrait être déterminée par la recherche de main-d'œuvre à bon marché ou non qualifiée (dans les zones rurales par exemple) ou par des considérations de concentration des moyens dans un but d'efficacité (concentration des services de recherche, des services informatique par exemple) ou dans un but plus politique (concentration des fonctions-clés déterminant l'avenir de l'entreprise ou du groupe pour mieux les contrôler).

• *L'internationalisation* (implantation à l'étranger ou vice-versa implantation de firmes étrangères sur le territoire national).

Les études concrètes font actuellement cruellement défaut et ne permettent pas de dépasser le stade des considérations générales. La politique des entreprises ou groupes (français ou étrangers) obéit sans doute à des mobiles déjà cités : recherche de main-d'œuvre, concentration des moyens, accroissement du contrôle sur l'évolution de l'entreprise ou du groupe. On peut citer l'exemple assez fréquent d'entreprises françaises installant des unités de production dans le tiers monde, ou l'exemple d'IBM concentrant de plus en plus aux Etats-Unis les fonctions de conception à un niveau supérieur, pour ne laisser dans les autres pays que les fonctions commerciales, de fabrication ou d'un niveau technique limité. Il est certain que ces politiques ont un impact important sur la structure des emplois et sur leur qualification. Mais il est non moins certain qu'en ce domaine tout n'est pas possible, la dispersion et la spécialisation des établissements se heurtant à des problèmes techniques et d'organisation.

Terminons ce panorama par une série de facteurs qui ont une influence probable sur les structures d'emplois et les qualifications, mais sur lesquels on ne dispose que de peu d'informations.

• *Le type de marché auquel s'adresse l'entreprise.*

Ce facteur est sans doute fortement correlé avec la nature des produits fabriqués : biens de consommation, biens intermédiaires ou biens d'équipements. Mais on peut pousser l'analyse un peu plus loin. Par exemple, l'étude du CEREQ [3] sur le secteur Chimie détecte une liaison entre le type de marché sur lequel l'entreprise commercialise ses produits et l'articulation interne entre fabrication, recherche et services commerciaux. Il semble que la durée de vie des produits, l'échelle sur laquelle ils doivent être produits (les productions à l'unité, en petite ou grande série font appel à des types d'organisation différents), la nécessité de procéder à des perpétuelles innovations pour conserver ou conquérir certains marchés, influent sur l'organisation de l'entreprise qui doit être assez souple pour s'adapter à ces conditions.

• *Les politiques d'investissements.*

Elles doivent être replacées dans le cadre général de la politique générale de l'entreprise. Les études sur la substitution capital-travail sont menées actuellement à un niveau agrégé pour être exploitées dans le domaine qui nous intéresse. Notons simplement que la forme concrète que prennent les investissements n'est pas déterminée de manière univoque par des considérations techniques mais aussi par des choix d'organisation.

- *Les politiques de gestion de personnel.*

Elles ne sont pas seulement un résidu déterminé par des considérations d'un autre ordre. Certaines entreprises suivent une politique en ce domaine (par exemple attachement à l'entreprise d'un personnel qualifié par actions de formation et promotion, au contraire utilisation d'un volant de main-d'œuvre peu qualifiée pour s'adapter à la conjoncture) qui ont, à côté des facteurs techniques, un effet sur la détermination des structures d'emploi de l'entreprise.

- *Les disponibilités en main-d'œuvre.*

On pressent que les évolutions des emplois offerts par les entreprises ne sont pas indépendantes des personnes susceptibles de les occuper et donc également des flux de sortie de l'appareil éducatif et des caractéristiques locales du marché du travail. Les études du CEREQ sur la Mécanique [2] et la Chimie [3] comparant les contenus d'emplois et les caractéristiques de leurs titulaires permettent de supposer qu'une telle liaison existe, mais on ne sait encore rien sur les modalités selon lesquelles elle s'opère.

On pourrait sans doute continuer la liste des facteurs susceptibles d'influer sur la structure des emplois et sur leur qualification. Mais il est clair que la considération de chaque facteur pris isolément ne permet pas de conclure.

Il est nécessaire de construire un cadre d'analyse cohérent mettant en perspective les différents facteurs et leurs interactions réciproques et dégageant si possible des axes principaux selon lesquels ils s'ordonnent. Cela est particulièrement nécessaire si l'on veut ensuite aborder les problèmes de prévision. Les réflexions ne sont pas très avancées dans ce domaine, mais on peut indiquer les voies dans lesquelles se sont engagées les études du Centre d'études de l'emploi [1] et du CEREQ [2] et [3].

b. **Approches synthétiques et utilisation pour les prévisions.**

Le CEREQ, dans ses études sur la Mécanique [2] et la Chimie [3], adopte la procédure suivante : il essaie de déterminer à l'intérieur d'un secteur (par exemple machines-outils) les principaux types d'organisation des établissements en termes fonctionnels et en termes hiérarchiques.

L'organisation fonctionnelle de l'entreprise est analysée suivant deux axes : *la configuration externe* (absence de certaines fonctions, prise en charge partielle, prise en charge par les sièges ou des entreprises extérieures) et *la configuration interne* (articulation interne des fonctions, répartition entre les différents services). Ensuite à chaque type d'organisation, on essaie de faire correspondre des variables dites « économiques », taille, type d'établissement, type d'entreprise, type de production (unitaire, petite, moyenne, grande série), produits, qui servent en fait à repérer par la suite les différents types d'organisation. Enfin, on examine les structures d'emploi moyennes de chaque type pour voir si elles se différencient nettement les unes des autres et si les établissements à l'intérieur d'un même type ont des structures d'emploi analogues. En résumé, on essaie donc de construire *une typologie d'établissements* qui soit capable d'expliquer les différences de structures d'emplois selon le schéma suivant :

Type d'organisation	◄——►	Variables économiques permettant de repérer le type d'organisation	◄——►	Structure d'emplois correspondant au type

Par exemple : (sous-secteur 213 : machines-outils, outillage mécanique, matériel de sondage).

Organisation dite « décentralisée », (type 6).

Configuration externe :

- toutes les fonctions sont présentées ;
- aucune fonction (en dehors des fonctions personnel, entretien, services généraux) n'est prise en charge partiellement (toutes les sous-fonctions sont présentes) ;
- aucune fonction n'est prise en charge par l'extérieur (en dehors des fonctions personnel, entretien, services généraux).

Configuration interne :

- aucune fonction n'est assumée directement par la direction ;
- rattachement de tous les services ayant des fonctions techniques à une direction technique ;
- recherches et études-développement sont associées, etc.

Hiérarchie et encadrement :

- nombre « moyen » de niveaux hiérarchiques ;
- taux d'encadrement « moyen » de 0,11 à 0,20 ;
- pourcentages de cadres parmi les responsables de services : « moyens » (11 à 40 %), etc.

Variables économiques associées au type : entreprises à établissement unique de grande taille (> 500 salariés), produisant en petite, moyenne, ou grande série.

Comme on peut le constater, ce type d'analyse est assez lourd. Les principaux enseignements qui en ressortent sont les suivants :
— à l'intérieur d'un type, les structures d'emplois ne sont pas parfaite-

ment homogènes. Il y a des écarts qu'il n'est pas toujours possible de relier à des variables « économiques » ;

— la typologie bâtie pour un secteur peut ne plus être valable pour un autre, ou du moins doit être complétée. Ainsi dans l'exemple précédent (type 6) lorsqu'on passe du sous-secteur 213 (Machines-outils) au sous-secteur 212 (Fabrication et réparation de matériel ferroviaire et pour industries lourdes), il faut faire passer la taille limite de 500 à 1.000 salariés ;

— dans certains secteurs il n'est pas possible de cerner des types homogènes uniquement par des variables « économiques » : il faut en plus connaître directement certains éléments de la configuration externe ou interne. Cela gênera par la suite toute tentative d'exploitation statistique à grande échelle.

Les variables économiques ne permettent pas de déterminer strictement la structure d'emplois d'un établissement : il faut admettre que peuvent intervenir d'autres éléments tels que l'histoire de l'entreprise ou qu'il existe une marge de liberté dans l'organisation, hypothèses qui ne sont pas exclusives l'une de l'autre.

La démarche adoptée par le CEREQ permet de présenter sous la forme synthétique d'une typologie, les facteurs qui influent sur les structures d'emplois, en mettant bien en évidence que tous n'interviennent pas systématiquement et simultanément. De plus, il permet de dégager les limites d'une approche purement économique : il subsiste un résidu inexpliqué qui peut être interprété comme une marge de liberté dans l'organisation. Cependant cette démarche reste purement descriptive. Aucune tentative d'explication n'est avancée et c'est sans doute pour cette raison que ces études n'ont pas encore débouché sur des essais de prévision.

Vu la complexité des phénomènes et la masse d'informations à manier cela est bien compréhensible.

L'étude du Centre d'études de l'emploi [1], qui s'est contentée de s'appuyer sur une enquête statistique, complétée par d'autres informations, a le mérite de s'avancer un peu plus hardiment dans les tentatives d'explication. Même si cela s'apparente parfois plus à de la prospective qu'à une prévision, la démarche suivie mérite d'être examinée.

Les auteurs proposent d'abord un cadre d'explication des différences observées entre structures d'emplois.

Résumant à six les facteurs qui déterminent (ou plutôt les contraintes qui pèsent sur) la structuration des emplois : technologie, organisation, débouchés, recherche (plus précisément nécessité de chercher de nouveaux produits et d'améliorer les anciens), fabrication (contrainte exercée par la réalisation immédiate des produits, qu'il s'agisse de quantité de main-d'œuvre à utiliser ou de son impact sur les prix de revient). La source de dynamisme qui anime cet ensemble de facteurs et les articule entre eux, est supposée être le principe *d'accumulation* saisi à travers le phénomène de *concentration*.

Les auteurs déclarent ne pas pour autant se rattacher à un contexte idéologique particulier, le dégagement de surplus et l'accumulation étant nécessaires à toute entreprise.

Le processus d'accumulation influerait sur chacun des éléments qui déterminent la structure de l'entreprise, et selon son stade d'avancement attribuerait un poids plus ou moins grand à chacun d'eux.

Aucune des relations dans ce système n'est à sens unique et les facteurs entretiennent également entre eux des rapports dialectiques.

Les auteurs peuvent distinguer trois stades (ou plutôt trois types) d'industrialisation, la concentration allant croissant du stade 1 au stade 3 (20 % des effectifs appartiennent à des groupes dans le stade 1, 100 % dans le stade 3).

Stade 1. Facteur dominant Fabrication.

Facteurs secondaires : organisation (technologie) [1] et débouchés.

La confection et la bonneterie semblent correspondre à ce stade.

Stade 2. Facteur dominant Organisation (technologie).

Facteurs secondaires : recherche et fabrication.

La mécanique et la soierie semblent correspondre à ce type.

Stade 3. Facteur dominant Technologie (organisation).

Facteurs secondaires : recherche et fabrication.

Les textiles artificiels et synthétiques, les teintures et apprêts semblent correspondre à ce type.

L'intérêt de cette typologie n'est pas seulement de résumer les constatations faites sur l'importance relative des facteurs déterminant les structures d'emplois. Elle permet d'interpréter les évolutions des structures d'emplois en termes de fonction ou en termes de qualification. Dans chacune de ces structures ce sont les couples dialectiques facteur principal-facteur secondaire qui sont la clé de l'explication des évolutions et la base supposée de l'évolution future. La schématisation ci-dessus, en retenant les principaux facteurs et leur interaction, est simplificatrice, mais reste assez synthétique pour ne pas simplifier outrageusement les choses. Elle permet de pratiquer un essai de prospective relié à des hypothèses qualitatives sur l'évolution des secteurs. Ainsi :

— dans le secteur Mécanique, le renforcement probable des fonctions technique et informatique sera lié directement aux mouvements de

1 Les deux facteurs organisation et technologie sont en interaction si étroite qu'on ne peut guère les séparer. Le facteur entre parenthèses est celui qui semble être moins déterminant.

restructuration, qui constituera donc le meilleur indicateur pour faire des prévisions dans ce domaine ;

— le secteur Mécanique sera marqué par un dynamisme apparent de requalification (en termes de qualification salariale), en rapport avec le développement de l'automatisation dans les ateliers ; l'indicateur à utiliser pour suivre ce phénomène est celui de la performance technologique.

Ce type d'approche, sans résoudre complétement les problèmes, permet de les poser d'une manière plus nuancée et complexe et évite de tomber dans certaines interprétations abusives. Un cadre d'interprétation fournit le principe qui permet d'ordonner les résultats et de pratiquer une prospective prudente. Ainsi, les auteurs de l'étude [1] ont pu appliquer la même démarche à l'évolution des sous-fonctions, des qualifications, de certains emplois, de la localisation des établissements ou des fonctions.

B. La qualification de la main-d'œuvre : son contenu, son origine.

La qualification d'un individu peut être définie comme l'ensemble des connaissances, capacités, savoir-faire, acquis ou possédés par l'individu et susceptibles d'être mis en œuvre dans un travail. Dans la mesure où les formations reçues et les expériences professionnelles accumulées sont la source de ces capacités, ils permettent de les repérer et on peut dire que la qualification d'un individu est la « résultante » de sa formation et de son expérience professionnelle éventuellement complétée par une formation continue. Remarquons qu'il ne s'agit pas de définir une qualification des individus indépendamment des emplois qu'ils sont susceptibles d'occuper. La notion de qualification ne prend son sens que lorsqu'on considère le couple homme-travail et les capacités humaines mises en œuvre dans le travail. Mais d'une part les méthodes d'analyse diffèrent selon qu'on se place du côté de l'individu ou du système productif, d'autre part la qualification d'un individu ne coïncide pas toujours avec la qualification de l'emploi qu'il occupe. La qualification d'un travailleur lui est propre, elle est une caractéristique personnelle issue de son histoire.

Il est nécessaire pour entrer dans le concret d'analyser plus précisément chacun des deux éléments qui entrent dans la définition de la qualification individuelle, en profitant des quelques études récentes sur ces sujets.

a. La formation initiale.

Sur longue période, le système de formation initiale (école, université) a beaucoup évolué : dans quel sens et pourquoi ?

En France, par exemple [7], les recensements depuis 1901 indiquent une lente élévation de l'âge de fin d'étude. Cette progression s'est faite par vagues successives : développement de la scolarisation primaire au cours du XIXe siècle, devenue complète jusqu'à quatorze ans en 1946 ; développement de l'enseignement secondaire (enseignements général et technique) après la Première Guerre mondiale ; progression de l'enseignement supérieur, de plus en plus accélérée à partir de 1936. En ce qui concerne plus particulièrement l'enseignement technique (toujours d'après R. Salais [7]), c'est à partir des générations de 1920 que l'on voit s'accroître rapidement le pourcentage des gens ayant suivi des études techniques : de 10,2 % pour les hommes des générations 1921-1926 à 34,5 % pour les générations 1946-1950 ; même mouvement pour les femmes, de 13,2 % à 43,7 %. Ces chiffres ne comprennent pas les formations professionnelles « sur le tas » (apprentissage) dont l'importance s'est maintenue au cours des générations (près de 30 % pour les hommes, un peu plus de 10 % pour les femmes). Il n'y a donc pas eu simplement relais d'une formation professionnelle adaptée à une économie d'artisanat et de petites entreprises, mais extension d'une formation technique vraisemblablement plus orientée vers les besoins de la moyenne et grande industrie.

Le système de formation qui, entre autres choses et pas à lui tout seul, dispense les connaissances nécessaires à l'exercice des emplois, évolue en même temps que le système productif. Quel rapport y a-t-il entre ces deux évolutions ? Par quels canaux passe l'interaction entre les deux systèmes ? Il faut bien avouer que l'on possède actuellement peu d'études détaillées, économiques ou sociologiques sur ces mécanismes.

Le problème est d'autant plus compliqué qu'en face d'un grand nombre d'entreprises « utilisatrices » de qualification, aux besoins souvent mal explicités, se trouve, en France, du moins, un « décideur » quasiment unique qui doit prendre des décisions d'orientation de l'appareil scolaire : l'Etat. Encore cette unité est-elle fictive et fait-elle l'impasse sur les rouages de l'administration et sur la décentralisation des décisions.

Si l'on examine le problème dans une *perspective de moyen terme,* on ne peut qu'être frappé par les tensions qui semblent se révéler entre le monde des emplois et celui des formations. Partout on entend des discours sur l' « inadaptation » des formations aux emplois, sur la difficulté des jeunes formés à assurer correctement leur travail et parfois simplement à en trouver. La recherche d'une meilleure adaptation aux emplois est présentée souvent comme l'un des objectifs (pas toujours prioritaire) des multiples réformes de l'enseignement. Elle prend l'aspect d'une succession d'essais et d'erreurs pour atteindre un but qui est lui-même mal défini. C'est bien d'ailleurs pour cela que les responsables de l'éducation se sont retournés vers les planificateurs en leur demandant, parfois très clairement, de prendre leurs responsabilités et de déterminer les « besoins de formation de l'économie », qui puissent constituer un objectif minimum pour le système de formation. On a vu ce qu'il en était de ces besoins de formation dans le chapitre précédent et l'impossibilité où l'on était de les définir clairement, encore moins de les calculer, du moins dans une optique purement tendancielle.

Le seul cas où les projections d'emploi ont semblé être prises en considération est celui des techniciens : on a tiré de ces calculs, de manière souvent peu évidente, des conclusions sur le manque de techniciens. En fait, on peut se demander si les calculs effectués n'ont pas été utilisés simplement pour appuyer a posteriori une demande de formation de techniciens qui s'était fait jour préalablement dans les contacts entre responsables de l'éducation et employeurs. Quoiqu'il en soit, on a vu que cette initiative de l'appareil de formation pour « s'adapter » au monde de la production posait un certain nombre de problèmes qui n'avaient sans doute pas été bien maîtrisés avant son lancement : place des nouveaux diplômés dans la division du travail, reconnaissance des diplômes par les employeurs, concurrence accrue entre les jeunes diplômés et les gens susceptibles de bénéficier d'une promotion professionnelle. Un autre axe d'orientation de l'enseignement technique semble actuellement une certaine polyvalence des formations pour favoriser la mobilité professionnelle ultérieure. Ce thème de la mobilité professionnelle, considérée comme souhaitable en soi (ce qui mériterait d'être sérieusement critiqué), semble d'ailleurs avoir les faveurs de nombreux pays en Europe puisqu'il a été désigné comme un sujet prioritaire d'étude par les ministres de l'Education du Conseil de l'Europe. En France, cela s'est traduit dans les dix dernières années en ce qui concerne les formations d'ouvriers qualifiés par le remplacement progressif des CAP (Certificats d'aptitude professionnelle, diplômes à spécialités étroites) par les BEP (Brevets d'études professionnelles, diplômes à champs plus larges, avec une part théoriquement plus grande de formation générale) et en ce qui concerne les formations de techniciens la création de « baccalauréats de techniciens » à la place des « brevets de techniciens ». Il est très difficile de savoir si ces formations ont atteint le but qu'elles s'étaient fixé (un essai d'évaluation est actuellement tenté par des techniciens du Conseil de l'Europe) car on ne peut pas faire de mesures « toutes choses égales par ailleurs ». Néanmoins on peut constater que les nouveaux diplômés du BEP par exemple ont plus de mal à trouver un premier emploi ; effectivement ayant une formation moins spécialisée, ils sont moins immédiatement adaptables à un poste précis, ce qui n'enlève rien à leurs possibilités d'adaptation à plus long terme. Il se peut aussi que les employeurs aient une certaine méfiance vis-à-vis de ces formations encore peu rodées. De plus, il y a un écart entre les intentions officiellement annoncées et la réalité de ces formations : les moyens qui lui sont consacrés, les populations auxquelles elles s'adressent (en majorité d'origine ouvrière) et les débouchés d'horizon assez limité qui s'offrent aux diplômés de ces formations, limitent sérieusement l'impact réel de telles initiatives en apparence prometteuses.

Les tentatives d'adaptation du système de formation au monde des emplois prennent donc l'apparence, si on l'analyse sur une période assez courte, d'une succession d'expériences, aux résultats mal maîtrisés, aux objectifs mal explicités et mal reliés à des analyses concrètes. Néanmoins ces tentatives existent et elles oscillent semble-t-il entre deux pôles : dispenser des formations à spectre très large, susceptibles de favoriser au maximum l'adaptabilité des individus à des situations diverses, et au contraire des formations plus étroites correspondant à des besoins ressentis fortement sur le marché, définis par l'intervention directe des employeurs. On ne peut donc pas dire, comme certaines études en sociologie de l'éducation donneraient à le penser, que le développement des enseignements secondaire et supérieur se ferait suivant une tendance autonome, indépendante de l'évolution du système productif.

A l'inverse, on ne peut réduire complètement l'évolution du système de formation à une adaptation mécanique aux besoins du système productif : ce serait négliger la « demande sociale d'éducation » répondant à un besoin d'éducation et de culture de la population et négliger le fait qu'en pratique comme en théorie, le système de formation n'a pas pour but unique de dispenser des capacités à produire [1].

Malgré les tensions, les déséquilibres constatés souvent sur une courte période entre emploi et formation, on peut noter une certaine *convergence à long terme* entre le système d'éducation et le système productif. On a déjà remarqué la concordance qu'il y avait entre le nombre de jeunes sortant sans formation (plus précisément sans diplôme de niveau au moins égal à celui qui sanctionne la fin des quatre années d'études secondaires) et le nombre d'emplois non qualifiés offerts par l'économie. La comparaison entre les cas de la France et de l'Allemagne fédérale que présentaient A. d'Iribarne et M. de Virville en début de cet ouvrage permet de pousser un peu plus loin l'analyse, malgré les difficultés inhérentes à ce genre de comparaison [8].

L'évolution du couple système de formation-système productif doit donc être envisagée de manière très dialectique, du moins à long terme, et aucun élément de ce couple ne peut être considéré comme une référence stable pour mesurer les évolutions intertemporelles. Les capacités et connaissances transmises aux individus par le système éducatif évoluent, qualitativement et quantitativement, en fonction du développement du système productif, en même temps qu'elles influent sur lui.

b. **L'expérience professionnelle et la formation permanente.**

La qualification potentiellement acquise dans le système d'éducation peut être développée, enrichie par l'exercice de certains emplois, mais elle peut être également dégradée. Tout dépend de la séquence d'emplois suivie : emploi initial conforme ou non à la formation reçue, séquence d'emploi « qualifiante » ou non, périodes de chômage ou non. Les capacités et connaissances acquises dans l'exercice des emplois dépendent directement de la structure du système productif (contrairement aux capacités transmises par le système d'éducation où le lien est indirect et joue à plus long terme). En ce sens, un système productif offrant de nombreux emplois qualifiés sera « qualifiant ». La formation continue, c'est-à-dire en cours de vie active, joue dans l'évolution de la qualification individuelle, également un rôle important qu'il ne faut pas toutefois exagérer.

---

1 Il ne faut pas oublier non plus le rôle important de reproduction du système social, tenu par les institutions de formation.

On est donc renvoyé à l'étude des flux de mobilité professionnelle, de chômage, et à l'analyse de la formation continue. Il n'est guère possible d'aborder de front ces études en quelques pages ; nous nous contenterons de signaler quelques points intéressants récemment mis en évidence.

• *La mobilité professionnelle.*

L'idée optimiste et rassurante d'une mobilité professionnelle « voulue », correspondant à un désir de liberté individuelle et de promotion, est de plus en plus battue en brèche.

C. Thélot [9] a montré le rapport étroit qu'il y avait entre l'augmentation de la mobilité professionnelle en France (période 1959-1964, comparée à la période 1965-1970) et les mouvements de restructuration de l'économie française à la même époque (suppressions et créations d'établissements en particulier). Cela suggère que la mobilité professionnelle est plutôt un processus de refoulement et d'absorption de la main-d'œuvre par les entreprises. Cette « *mobilité forcée* » n'est en rien un avantage pour les travailleurs ; elle les met en position de faiblesse, accroît la concurrence entre eux et souvent les déracine de leur cadre de vie. Son accroissement, lié en particulier à l'accroissement des restructurations de l'appareil productif, peut entraîner des passages en période de chômage et par là augmenter le niveau du chômage.

L'analyse des tables de mobilité fait apparaître également qu'il n'y a pas, loin s'en faut, que de la mobilité ascendante. D. Berthaut [10] a montré que dans un nombre non négligeable de cas, les promotions apparentes n'étaient que des retours à la classe sociale d'origine : c'est ce qu'on a appelé les « contre-mobiles » ou les « faux-mobiles ». On peut aussi considérer comme « faux-mobiles » les individus qui retrouvent un emploi auquel leur diplôme leur aurait permis d'accéder « normalement », et dont le nombre est important.

Evidemment il existe des courants de promotion mais ils sont assez souvent compensés par des mouvements en sens inverse. Les flux de mobilité sont extrêmement variables, quantitativement et qualitativement suivant *l'âge et le sexe,* comme le montrent les graphiques qui suivent.

La mobilité se fait suivant *des séquences bien particulières,* c'est-à-dire que toutes les séquences ne sont pas en fait possibles. Pour les hommes on oberve, à un niveau très agrégé, deux filières principales (L. Thévenot [15]) :

• La filière « industrielle » : (agriculteur) ⟶ ouvrier non qualifié ⟶ ouvrier qualifié ⟶ technicien.

• La filière « tertiaire » : (ouvrier qualifié) ⟶ employé qualifié ⟶ cadre tertiaire moyen ⟶ cadre tertiaire supérieur.

D'autre part, l'analyse de la mobilité a mis en évidence *l'existence de seuils* difficilement franchissables et de cloisonnements (ce qui renvoie au phénomène de « segmentation » du marché du travail).

Certains seuils sont liés au niveau de formation initiale. Ainsi la seule expérience professionnelle ne permet pas, en général, de passer de technicien à ingénieur ; il faut une formation explicite. Plus généralement, chaque formation initiale permet l'accès à un certain éventail d'emplois en cours de vie active, mais cet éventail est limité très nettement vers le haut. Ces limites sont dues aussi bien à des pratiques sociales qu'à des raisons purement techniques (l'expérience professionnelle ne permettrait pas, du moins dans le système actuel, d'acquérir tous les outils intellectuels ou les connaissances nécessaires).

Mobilité professionnelle entre 1976 et 1981

Hommes âgés de 20 à 30 ans en 1976

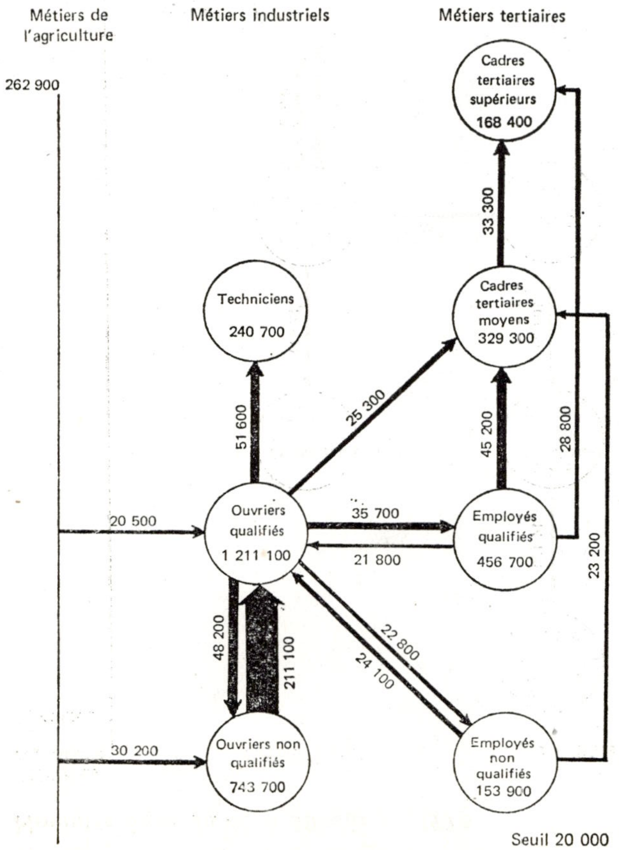

Femmes âgées de 20 à 30 ans en 1976

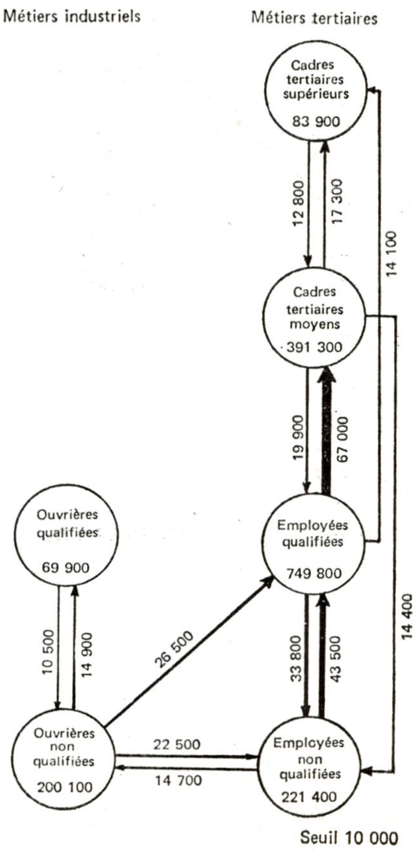

Hommes âgés de 40 à 50 ans en 1976

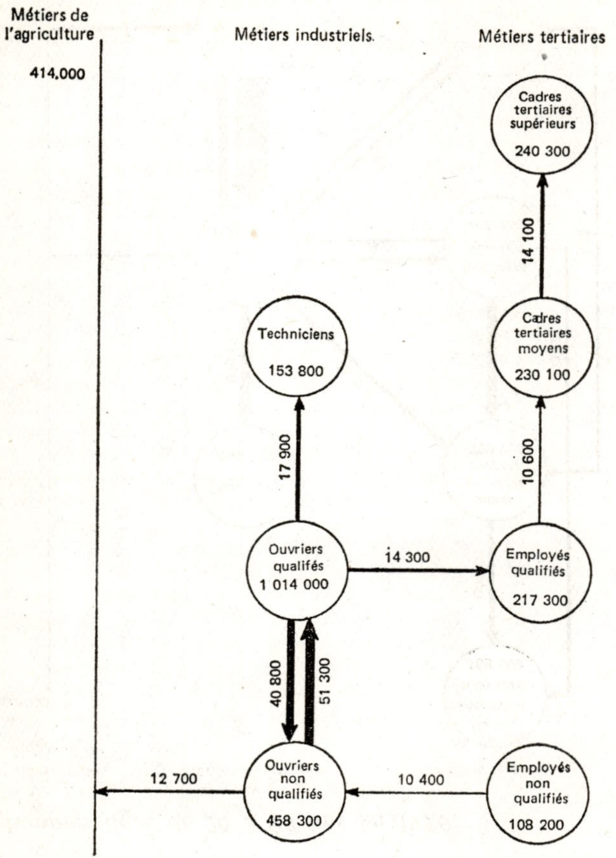

Femmes âgées de 40 à 50 ans en 1976

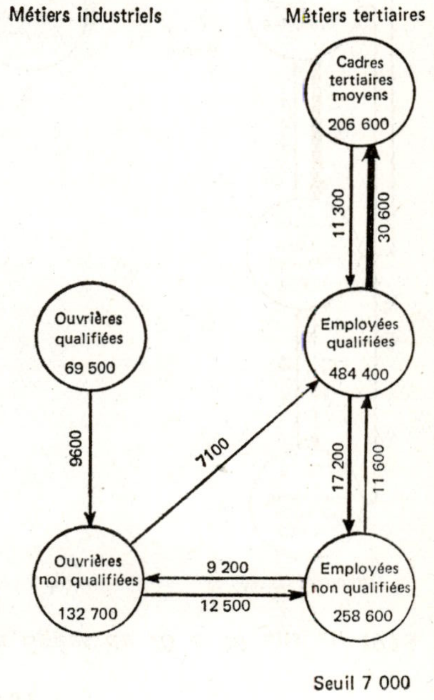

Le niveau de formation n'est pas le seul critère qui détermine des cloisonnements que les chaînes de mobilité ne franchissent pas. C'est d'ailleurs l'analyse des chaînes de mobilité qui a conduit des chercheurs (par exemple M. Piore - « Notes for a theory of labour market stratification » [11]) à découper l'ensemble des emplois en « segments » ou groupes entre lesquels les passages sont rares et à l'intérieur desquels les emplois sont reliés par des chaînes de mobilité. En ce qui concerne notre sujet, l'intérêt de ces analyses est qu'elles mettent en évidence que la mobilité prend des aspects différents selon le groupe considéré et que cela influe directement sur les possibilités d'acquisition ou de modification des capacités professionnelles. Par exemple les chaînes du segment « primaire » (emplois aux salaires élevés, stables) se caractérisent par une mobilité ascendante vers des emplois à plus hauts salaires et statuts. Dans le segment « secondaire », au contraire, les emplois tenus par un même individu semblent se succéder d'une façon aléatoire. Dans le segment « primaire supérieur » (en gros les « professional and managerial jobs »), l'exercice des emplois entretient ou développe les qualifications dites « générales » qui permettent à l'individu de s'adapter à des circonstances variées et souvent jamais rencontrées auparavant. Par contre, les chaînes du « primaire inférieur » ne permettent en général que l'acquisition de qualifications « spécifiques », c'est-à-dire l'apprentissage sur le tas de comportements simples et répétitifs. Même sans plus entrer dans les détails, on voit toute l'importance de ces stratifications qui limitent pour un grand nombre d'emplois le caractère formateur qui peut être lié à leur exercice et cela infirme nettement les conclusions un peu optimistes sur les bienfaits de la mobilité professionnelle.

Les questions relatives à la *formation continue* ne seront abordées que de manière sommaire, vu le manque d'études de fond sur le sujet. Contentons-nous de quelques remarques.

La formation continue, bien qu'existant depuis longtemps, a été institutionnalisée récemment en France (loi de juillet 1971) : les dépenses de formation des entreprises doivent atteindre un certain quota de la masse salariale (0,8 % au début de l'application de la loi). La formation peut être interne à l'entreprise ou dispensée au titre de conventions passées avec d'autres organismes privés ou publics. Les enquêtes sur la formation continue montrent que :

— Les formations sont dispensées beaucoup plus aux catégories d'emplois élevées qu'aux basses catégories (proportionnellement bien sûr). La notion de formation continue conçue comme un rattrapage des inégalités produites par le système scolaire est ainsi démentie.

— La demande de formation des individus est souvent mal formulée ou faible : de toute façon, il y a des obstacles à la satisfaction des demandes individuelles. Il s'ensuit que les formations sont souvent données à l'initiative de l'employeur. Néanmoins, après avoir suivi ces formations, les individus ou les syndicats entrent en lutte pour faire reconnaître les nouvelles qualifications acquises. Les revendications portent non seulement sur les salaires mais sur la modification de la configuration des postes de travail pour permettre de mieux utiliser la qualification acquise. Ainsi, en étant porté au cœur de l'entreprise, le débat sur les liens entre la formation et la division du travail devient plus concret et ce lien devient un enjeu de luttes qu'il sera intéressant de suivre dans l'avenir.

— La formation continue conçue théoriquement pour permettre aussi bien la promotion professionnelle que les conversions ou les reclassements (avec ou sans période de chômage) semble s'orienter de plus en plus vers l'adaptation rapide aux *poste de travail* (ce que M. Piore appellerait l'acquisition de capacités « spécifiques » [11], et peut de moins en moins être considérée comme un prolongement de la formation initiale conçue comme moyen d'acquisition de capacités générales.

— Comme pour la mobilité professionnelle (qui est souvent accompagnée de formation continue), il existe des *seuils* que la formation continue ne permet pas de franchir. Ces seuils sont liés principalement à la formation initiale, pour deux raisons semble-t-il. D'une part, il apparaît difficile de tirer profit d'une formation continue si l'on n'a pas eu une formation générale reposant sur une base assez large et suffisamment approfondie. D'autre part, les pratiques de recrutement et de promotion des employeurs accordent parfois une importance déterminante aux diplômes obtenus par la formation initiale, attitude qui peut s'expliquer soit par la remarque précédente, soit par la présence de préjugés.

Soulignons que ces quelques indications ne sont pas fondées sur une analyse complète de la formation continue, de son rôle, de son fonctionnement. Elles visent à suggérer que la formation continue ne peut pas être considérée comme la solution miracle pour élever la qualification des individus au cours de leur carrière professionnelle, néanmoins, il est indéniable qu'elle y participe de façon substantielle.

Cet examen rapide des facteurs qui contribuent à la constitution de la qualification individuelle (formation initiale ou continue, expérience professionnelle dans divers emplois) montre bien la complexité du processus. Chacun des éléments évolue dans le temps sous l'effet de sa dynamique propre et des interactions avec les autres ou avec le système productif, et plus largement avec l'ensemble du système social. Est-ce à dire que la qualification individuelle est uniquement une notion relative, susceptible d'aucune mesure absolue ? C'est une des questions que nous nous poserons dans le chapitre suivant.

III. RÉFLEXIONS ET PROSPECTIVES

A. Retour sur la notion de qualification.

On fait appel à la notion de qualification pour effectuer des analyses très diverses : formation des salaires, analyse du marché du travail, besoins de formation, évolution de productivité du travail et sociologie du travail en général. La qualification n'est pas non plus seulement un instrument d'analyse, elle peut être conçue comme un instrument de gestion par les employeurs, comme un moyen de revendication (par les travailleurs) ou un indicateur sur lequel on peut s'appuyer pour prendre des décisions (par les pouvoirs publics).

Les méthodes de qualification du travail pratiquées par les entreprises (« job evaluation »), comme l'ont bien montré un certain nombre d'auteurs (en particulier M. Dadoy [5]), ne peuvent pas être considérées comme des méthodes « objectives » d'analyse des emplois.

Elles visent plutôt à expliciter les fondements de la hiérarchie existante, qu'elles ne remettent jamais fondamentalement en cause. En prenant l'aspect d'une approche scientifique, elles ont un rôle important de justification de cette hiérarchie, qui en fait ne peut pas être présentée comme issue d'un consensus social, même limité à l'entreprise. Elles se présentent surtout comme des instruments de gestion, permettant une meilleure maîtrise du contenu des emplois, une plus facile rationalisation de la production et favorisant la paix sociale à l'intérieur de l'entreprise. De plus, elles font apparaître la qualification comme liée au poste de travail et non à l'individu (du moins en grande partie).

A l'autre extrême, la qualification individuelle sert d'arme de revendication aux travailleurs et aux syndicats pour faire valoir leurs revendications. Utilisée bien souvent par eux comme moyen défensif pour réduire les effets néfastes de restructurations d'emplois qui sont décidées en dehors d'eux, cette notion de qualification diffère un peu de la notion que nous avons retenue. Il s'agit plus de titres, de diplômes à faire reconnaître dans les conventions collectives que toujours de capacités, savoir-faire ou de durées de formation indispensables pour tenir un emploi. Il n'en reste pas moins que, au-delà des variantes dues aux positions tactiques dans une lutte souvent âpre, ces notions sont proches sur le fond.

Laissant un peu de côté les notions de qualification telles qu'elles sont vues et utilisées par les employeurs ou les salariés, nous nous centrerons maintenant sur la manière dont est appréhendée la qualification en tant qu'instrument de recherche ou indicateur permettant d'orienter les décisions au niveau des pouvoirs publics en matière de formation.

Ne pouvant pas, là non plus, entrer dans toutes les considérations théoriques qui sont immanquablement soulevées dès qu'on aborde ce sujet, nous nous bornerons à montrer comment différents axes d'analyse se dégagent en fonction semble-t-il des intentions de leurs auteurs[1] (en France du moins).

a. *Un premier axe d'orientation* (Cf *A. d'Iribarne et M. de Virville) [8] est de mettre au premier plan le caractère essentiellement relatif de la qualification.* Non seulement la notion de qualification est située à la charnière de deux systèmes (système de formation et système productif) ; mais elle est profondément marquée par l'ensemble des repré-

---

1 Les différentes positions sont présentées d'une manière schématique voire caricaturale pour mieux faire apparaître les traits qui nous semblent distinctifs.

sentations sociales et des rapports de force. Poussé à l'extrême, ce raisonnement aboutit à concevoir la qualification comme une « norme sociale », une « gratification » accordée par le système social aux individus qui possèdent les caractéristiques qu'il valorise le plus. Il n'est donc pas possible d'analyser « objectivement » la notion de qualification et les questions sur l'évolution de la qualification perdent tout leur sens.

Niant ainsi l'intérêt de la notion de qualification dans son sens habituel, les tenants de cette conception se rabattent sur une notion d'emploi qu'ils estiment pouvoir définir et analyser objectivement comme élément d'une organisation socio-technique. Cette analyse se ferait principalement suivant trois axes :

— produits ou matières qui font l'objet de transformations ;

— matériels ou instruments qui sont utilisés pour mettre en œuvre ces transformations ;

— relations avec d'autres personnes à propos de la mise en œuvre des transformations.

C'est en gros cette approche qui a été adoptée pour la constitution du Répertoire français des emplois. Le soin est laissé à d'autres de traduire en termes de connaissances requises la description de chaque emploi, ou bien de « valoriser » chacun des éléments constitutifs de l'emploi.

D'un autre côté la notion de « potentiel individuel » acquis par la formation et l'expérience n'est pas niée, mais là encore on prétend se démarquer nettement du domaine des représentations et des valorisations sociales pour se centrer sur une analyse « objective » de la mutation des savoirs dans la société tout entière.

b. *Un deuxième axe d'orientation consiste à se constituer un outil pour comparer les diverses formes de travail et faire une analyse historique de leur évolution.* Dans cette conception l'aspect relatif de la notion de qualification, bien que reconnu, passe au second plan. On cherche *une norme absolue,* un élément commun sous-jacent à toutes les définitions contingentes de la qualification, et qui de plus soit une référence stable dans le temps. Un exemple d'une telle définition est fourni par M. Freyssenet [12] qui voit dans l'activité intellectuelle l'élément commun et caractéristique de tout travail humain.

M. Freyssenet approche la notion de qualification par le « temps nécessaire de réflexion sur la pratique » qui se décompose en trois parties :

— le temps d'acquisition du savoir-faire de base ;

— le temps d'adaptation de ce savoir-faire aux problèmes particuliers qui se posent ;

— le temps d'innovation, à partir de l'expérience, enrichissant le savoir collectif.

Pour étayer cette définition il est nécessaire de montrer en quoi ce « temps nécessaire de réflexion », dans le cadre du système de production capitaliste, sert de référence profonde aux employeurs et aux salariés dans leur lutte pour la classification des postes de travail et des travailleurs.

Ce type d'approche, pratiqué par bien d'autres auteurs, sous des formes diverses, en particulier P. Naville [13], bien qu'il soulève d'évidentes difficultés d'application, a le mérite d'être clair et de se situer à l'intérieur d'un schéma explicatif précis, qu'il s'agit, dans la mesure du possible, de tester. Il s'attache à dégager les rapports entre l'évolution des qualifications et l'évolution de l'appareil productif telles qu'elles ont été observées sur le passé.

c. *Le troisième axe d'approche semble être de s'attacher en priorité à la notion de qualification individuelle ou de « potentiel » individuel,* sans négliger la complexité du problème. On donne à la notion de « potentiel » une acception très large et à la limite floue : il s'agit de l'ensemble des capacités et connaissances qui peuvent être mises en œuvre dans le travail. Ces capacités et connaissances doivent être appréciées par rapport à l'infinité (théorique) des structures productives possibles (et non seulement l'actuelle). Une telle définition met donc en avant l'homme, ses capacités et ses aspirations. Elle aboutit naturellement à des recommandations sur l'élévation nécessaire des qualifications pour deux raisons :

— cela a un effet positif sur les contributions productives possibles des individus ;

— cela augmente le caractère proprement humain du travail.

Cette approche confine à prendre la qualification comme but en soi, comme objectif, à la fois économique et social.

C'est dans cette voie que nous avancerons, délimitant ainsi un secteur d'analyse particulier. Si l'on adopte ce point de vue, deux questions se posent immédiatement que nous tenterons d'éclairer grâce aux apports des chapitres précédents :

L'évolution actuelle va-t-elle dans le sens d'une élévation des « potentiels » individuels et surtout de leur utilisation effective ?

Sinon, est-il possible de modifier le cours des choses et par quelles actions ?

B. **L'évolution des qualifications suit-elle une direction déterminée ?**

Nous avons vu dans les chapitres précédents combien l'analyse de l'évolution des qualifications nécessitait de précautions. Tous les facteurs agissent dialectiquement l'un sur l'autre et aucun ne peut être désigné comme cause première. Néanmoins, parmi tous ces facteurs, il semble que la *technologie et l'organisation du travail* soient les éléments qui expliquent le plus directement la structuration du travail. Ces deux éléments (qui ne sont pas, rappelons-le, des données tombées du ciel mais qui sont le produit d'une évolution) sont en effet, à un instant donné, entre les mains des employeurs qui en ont la maîtrise.

L'évolution des emplois (et des qualifications) apparaît sous la forme de perpétuelles destructurations et restructurations qui, schématiquement, peuvent être analysées comme le résultat de deux tendances profondément contradictoires :

a. *Tendance à l'abaissement des qualifications pour économiser la main-d'œuvre chère et accroître le contrôle sur le processus de production.*

Qu'est-ce qui peut pousser les employeurs à faire jouer le couple technologie-organisation du travail dans le sens de l'économie du travail qualifié, et quels sont les facteurs qui favorisent cette orientation ?

On a vu dans l'étude du Centre d'études de l'emploi [1] que la concentration des moyens de production accroissait les possibilités dans ce domaine. Le travail effectué sur grande échelle peut être divisé pour atteindre une meilleure efficacité, diminuer le coût moyen de chaque salarié et aussi accroître le contrôle sur le processus de production.

Ce sont là les deux objectifs clairement, et parfois crûment, mis en avant par Taylor, même si les successeurs dans l'organisation scientifique du travail (OST) ont essayé de les enrober dans des considérations philosophiques ou humanitaires pour les rendre plus présentables.

L'accroissement d'efficacité obtenu par l'OST et ses dérivés peut être qualifié de prodigieux, du moins dans ses débuts. Le cas de Mr. « Schmidt » auquel Taylor a réussi, à la suite d'analyse des temps et mouvements, à faire charger 48 tonnes de fonte dans un wagon chaque jour, alors qu'auparavant il n'en chargeait que 12,7 tonnes, est devenu célèbre. En 1914, Ford installe une chaîne de montage pour le fameux modèle T : en trois mois, la durée de fabrication d'une automobile est réduite de 90 %. Douze ans plus tard, on produisait autant de voitures en un jour que naguère en un an. Les éclatants succès initiaux ont été confirmés par d'autres dans pratiquement tous les secteurs industriels. Au début Taylor ne s'était pas attaché beaucoup à l'amélioration de la technologie mais bientôt le développement de la technologie a été mis au service de cette conception de la division du travail lui procurant un levier d'action supplémentaire. En plus de l'accroissement global d'efficacité, l'OST aboutit à diminuer le coût moyen de chaque salarié : la partie « conception » de chaque travail, qui exige le plus de qualification et donc coûte cher, est systématiquement détachée de ce travail pour être concentrée dans des emplois de spécialistes très qualifiés mais peu nombreux. *Le coût moyen,* toutes choses égales par ailleurs, s'en trouve diminué. D'ailleurs si ces spécialistes deviennent à leur tour nombreux, le même processus de division leur sera appliqué. C'est ce qu'on observe pour de nombreux emplois administratifs, de bureaux d'études, et même des emplois d'ingénieurs qui sont parfois réduits à des travaux de conception très spécialisés.

L'utilisation qui est faite de l'OST et du développement technologique dans le sens d'un abaissement de la qualification obéit aussi à une autre logique : *l'accroissement du contrôle sur le processus de production.*

Une des premières constatations de Taylor a été que chaque ouvrier ou groupe d'ouvriers passait une part importante de son temps à étudier la lenteur limite à laquelle il pouvait travailler, tout en convainquant son patron qu'il allait à une allure raisonnable [6]. Il considérait d'ailleurs cette attitude comme rationnelle du point de vue de l'ouvrier. C'est bien pourquoi il concluait qu'il fallait absolument que le patron s'approprie la maîtrise du travail (compétences techniques et manière d'organiser le travail) s'il voulait augmenter la productivité. La concentration des savoirs et des pouvoirs est nécessaire à l'employeur dans le cadre de rapports sociaux antagonistes à l'intérieur de l'entreprise. La machine a également été utilisée comme moyen privilégié par lequel la production peut être contrôlée non pas par le producteur direct mais par le détenteur du capital ou ses représentants. Ce qui était obtenu auparavant par le moyen d'incitations ou de mesures disciplinaires peut être obtenu plus simplement en concevant les machines d'une façon adéquate : le travailleur est obligé de suivre le rythme de la machine ou de la chaîne de montage, qui est décidé en dehors de lui (on voit d'ailleurs disparaître simultanément les primes de rendement ou les « incitations »).

Toutes ces raisons expliquent assez bien la formidable force d'expansion de l'OST et de la conception associée du progrès technique. Elles procurent un avantage décisif aux industriels qui l'adoptent les premiers et tous les autres sont obligés de les imiter s'ils ne veulent être éliminés par la concurrence. Ces conceptions sont dès lors si répandues qu'on les admet au rang des « nécessités naturelles », liées aux impératifs de toute société industrielle. L'OST fait partie implicitement du bagage de tout ingénieur industriel qui doit prévoir dans ses calculs aussi bien le contenu des postes de travail, que les machines, les matières à utiliser, en vue d'une production du moindre coût. La psychologie et la sociologie industrielles ne viennent qu'après coup pour sélectionner, former, adapter les individus aux postes ainsi définis et ne jouent guère de rôle moteur dans la structuration du travail elle-même.

b. *Freins à l'abaissement des qualifications : résistance des salariés et surgissement perpétuel de besoins de qualifications en de nouveaux endroits du système productif.*

Historiquement, les réactions à l'introduction de l'OST ont été très dures, parfois violentes : grèves prolongées, absentéisme, abandon du travail.

Chez Ford, par exemple, avec l'avènement de la chaîne de montage, les rangs des ouvriers se « vidèrent littéralement : la compagnie découvrit bientôt qu'il était impossible de maintenir intacte la force de travail, sans parler de l'augmenter... Le dégoût du travail était tel que vers la fin de 1913, pour ajouter 100 travailleurs au personnel de l'usine, la compagnie devait en embaucher 963 » (K. Sward [14]). Mais cette résistance n'a pu être qu'éphémère car à mesure que cette forme d'organisation du travail conquérait de nouvelles sphères, les ouvriers se voyaient privés de toute autre solution sauf s'y soumettre pour gagner leur vie. La solution du conflit s'est orientée vers un accroissement substantiel des salaires, rendu possible par l'accroissement de productivité, les syndicats limitant leur stratégie à obtenir par la négociation le maximum de compensations. A l'heure actuelle, cette stratégie est toujours à l'œuvre et cela explique sans doute les « glissements » de classifications d'emplois qu'on peut observer fréquemment.

Un autre frein heureusement plus efficace à l'abaissement des qualifications existe. Il tient à la *nature profondément contradictoire du processus de destructuration et restructuration du travail*. Si l'OST et la technologie sont utilisées, pour les raisons qu'on a vues, dans le sens d'un abaissement des qualifications, ils font réapparaître, en certains points des nouveaux processus de production qu'ils ont remodelés, des besoins de qualification nouveaux. Il faut des spécialistes très bien formés pour prendre en charge la conception, la définition précise des produits, élaborer les machines et instructions relatives à la production, veiller à la maintenance d'un matériel de plus en plus complexe. Les problèmes de coordination et d'organisation de la vie de l'entreprise prennent une telle dimension que des techniques nouvelles, infiniment plus poussées qu'auparavant, doivent être développées et appliquées par des spécialistes. La recherche et l'innovation, qui deviennent des nécessités vitales pour l'entreprise doivent être systématiquement organisées et planifiées et font appel à des qualifications de haut niveau. Tous ces emplois qualifiés sont susceptibles d'être divisés, simplifiés dans une phase ultérieure, mais en attendant, ils existent bel et bien. On observe donc des mouvements contraires et simultanés de disparition ou de dégradation des qualifications et d'apparition ou de renforcement de nouvelles qualifications. Cela explique pourquoi il est si difficile de déterminer une « résultante » à l'ensemble de ces mouvements. Les études [1] [2] [3], analysées dans le chapitre précédent, mettaient bien en évidence que les conclusions hâtives, dans un sens ou dans l'autre, étaient en général fausses. On peut parfois conclure pour une catégorie d'emplois ou un secteur particulier mais c'est l'ensemble qu'il faut considérer si on veut se faire une idée juste du phénomène, et il devient de plus en plus difficile de le faire car les processus productifs s'allongent et empruntent des détours nouveaux.

Dès lors, la question de l'évolution des qualifications se déplace pour se centrer sur l'analyse des évolutions probables des deux mouvements contradictoires dont elle est la résultante.

Il est difficile de formuler des diagnostics en la matière et nous limiterons notre propos à une question, déjà très ambitieuse mais qui se pose concrètement au niveau des pouvoirs publics :

C. Peut-on infléchir l'évolution des qualifications et de quelle manière ?

Il est généralement admis (mais encore pas toujours) au niveau de la collectivité, qu'il serait catastrophique de se bloquer sur des orientations malthusiennes qui limiteraient le développement des formations. On a vu, par exemple, que telle était l'attitude affichée dans la préparation des plans français. Cependant, il apparaît clairement que cette orientation ne peut plus être basée maintenant sur la croyance naïve et optimiste en une élévation « automatique » des qualifications requises pour la production, liée au développement des sciences et des techniques. C'est sur la base d'une claire conscience de caractère contradictoire du processus d'évolution des qualifications qu'il faut poser le problème, en évitant toute idée de fatalisme, tout optimisme ou pessimisme exagérés.

Même à l'intérieur de ce cadre, les attitudes peuvent différer ainsi que les objectifs qu'on se fixe.

a. *Une voie peut consister à faire confiance au développement des formations pour influer sur l'évolution des qualifications.*

Il n'est en effet pas niable que l'élévation du niveau de formation de la population active pousse dans le sens d'une élévation de la qualification des emplois proposés par les entreprises. Les entreprises ne déterminent pas le contenu des emplois proposés indépendamment des personnes susceptibles de les occuper. Le niveau de formation du titulaire peut aussi influer sur la façon dont l'emploi est exercé et la façon dont il évolue. Des qualifications abondantes et donc bon marché, inciteront les entreprises à faire une place à ces qualifications dans leur organisation.

C'est la thèse, évoquée dans le chapitre précédent, de l'influence profonde du système de formation sur la structuration des emplois présentée par A. d'Iribarne et M. de Virville, thèse suggérée notamment par les comparaisons France/Allemagne. Cette influence profonde ne se fait qu'à long terme. De manière très cohérente, les tenants de cette attitude insistent sur la nécessité d'analyser en profondeur, de manière « scientifique », l'évolution des emplois afin de dégager de nombreux « axes technologiques » ou « néométiers », stables à moyen ou long terme, qui puissent servir de référence aux programmes de formations comme les métiers artisanaux le faisaient autrefois. La mise en évidence de ces nouveaux axes permettraient ainsi d'anticiper sur l'évolution des emplois, et ainsi, tout en élevant systématiquement les niveaux de formation, de ne pas tomber dans le piège d'une évolution des formations complètement divergentes de celle des emplois.

Cette conception revient donc, si elle n'est pas accompagnée d'autres actions, à ne pas toucher à la logique du système, mais à modifier un des éléments de base que les employeurs prennent en compte lors du choix d'une contribution productive : les qualifications disponibles, leurs raretés et leurs coûts relatifs.

On peut se demander si ce n'est pas là une vue un peu idéaliste des choses. Tout d'abord les combinaisons productives considérées comme « optimales » ne sont pas toujours déterminées par des calculs strictement techniques ou économiques. Faire une place plus grande aux emplois demandant plus de qualifications signifie, comme on l'a vu, pour l'employeur, l'abandon d'une partie au moins de son contrôle et de son pouvoir de décision (dans le cadre des rapports sociaux actuels c'est donc un risque) : il le fera sans doute uniquement s'il est obligé d'en passer par là, pour des raisons techniques ou autres. D'autre part, la conception actuellement prédominante de l'organisation du travail n'est pas qu'un objet intellectuel : elle a pris corps dans les machines, les chaînes de montage et ne peut pas être balayée rapidement. Enfin, même si les conditions nouvelles incitaient logiquement les employeurs à adopter des solutions nouvelles, le poids des habitudes et des mentalités joueraient : l'OST a fait ses preuves, elle a permis des progrès très importants de productivité, elle est utilisée par presque tout le monde ; sortir des sentiers battus demande de l'audace et implique un risque et la concurrence est prête à sanctionner toute erreur.

Un certain nombre de phénomènes montrent que ces objections ne sont pas de pure forme. Les employeurs préfèrent souvent avoir recours à des solutions relativement compliquées (organisation de filières d'immigration, implantation dans des zones à main-d'œuvre peu qualifiée et bon marché), mais bien dans la ligne « classique », plutôt que de changer leurs structures productives. L'occasion de la crise de 1974-1976 a été saisie pour repousser à plus tard la modification de certaines conditions de travail socialement difficilement acceptables (pénibilité, instabilité...). Tout en reconnaissant que l'OST est en crise (certains grands ateliers sont « ingouvernables », certains postes deviennent très difficiles à pourvoir, l'absentéisme est important, la productivité stagne parfois), les employeurs conduisent les expériences nouvelles (élargissement, enrichissement des tâches par exemple) avec une extrême prudence. Ils n'acceptent ces expériences qu'après avoir minutieusement et longuement vérifié les avantages (meilleure productivité, atténuation des tensions à l'intérieur de l'entreprise).

Enfin, il est nécessaire que les individus acceptent de jouer le rôle qu'on attend d'eux en leur accordant des emplois plus qualifiés : prendre des responsabilités et collaborer à la marche de l'entreprise. Cette acceptation paraît relever de conditions générales, sociales et politiques, dont on peut se demander si elles sont aujourd'hui réunies.

Ainsi, si on ne peut nier que l'élévation des niveaux de formation peut influer sur la structuration des emplois, il semble en partie illusoire de s'en remettre à ce seul moyen pour modifier un édifice économique et social qui a son inertie, sa propre logique et n'a souvent pas grand chose à voir avec des considérations humanitaires. Créer ou accentuer un décalage entre les niveaux de formation et les qualifications des emplois risque dans ces conditions de faire naître des tensions sociales très fortes. Il semble bien d'ailleurs que cette manière de voir le problème soit celle de certains (réalistes ou cyniques ?) qui en tirent la conclusion qu'il ne faut pas trop se presser d'accroître les moyens de formation.

b. *Une autre voie d'approche semble difficile à formuler précisément, mais paraît plus prometteuse.* Nous émettrons à son sujet plus de questions que de suggestions. Il semble qu'une intervention efficace sur les mouvements de qualification passe nécessairement par une politique industrielle contrôlant socialement les transformations de l'appareil productif. On a vu les limites d'une politique qui se limiterait à de simples « incitations » très indirectes. Mais comment spécifier davantage la politique industrielle à mettre en œuvre pour aller plus loin ? Les interventions classiques de l'Etat (par exemple primes à la décentralisation, aides financières pour les restructurations) devraient-elles comporter des conditions quant au type de structure d'emploi à adopter, à l'organisation du travail et exclure explicitement certains types d'emploi, pour leur trop faible (ou inexistant) niveau de qualification, pour leurs conditions trop pénibles d'exercice ? Les interventions directes sur les entreprises déjà nationalisées ou contrôlées pourraient-elles servir d'exemple et avoir un effet d'entraînement ?

Il est certain que ces questions ont des résonnances politiques assez fortes car elles posent le problème de la nature et de l'intensité de l'intervention de l'Etat dans le domaine économique.

Ces interventions sur la structure même des emplois sont théoriquement rendues possibles parce que, comme on l'a vu, les entreprises possèdent une certaine marge de liberté en ce qui concerne l'organisation du travail.

Cette marge de liberté est mise en évidence indirectement par des comparaisons entre entreprises produisant des produits identiques, avec des techniques analogues et sur une même échelle. Mais il n'est pas sûr que les entreprises elles-mêmes soient conscientes de cette marge de liberté, qui ne resterait ainsi que potentielle. Les interventions auraient pour objet de faire appel à cette marge de liberté potentielle et la faire passer dans les faits pour obtenir une meilleure qualification des emplois.

Même en posant le problème de cette façon, il ne faut pas se leurrer sur les possibilités d'actions. Si l'on reste, pour l'essentiel, dans le cadre d'une économie de marché ouverte à l'extérieur, des limites assez strictes sont posées par les exigences de la productivité et de la concurrence. Ces exigences puissantes, qui ont conduit aux formidables bouleversements de l'appareil productif et à l'incessant brassage des qualifications, ne sauraient être rayées d'un trait de plume par des interventions relativement limitées de l'Etat.

Bien entendu dans cette optique, comme dans la précédente, il est nécessaire de poursuivre l'effort pour l'élévation des niveaux de formation. Les interventions ne se limitant plus à quelques incitations indirectes il est encore plus nécessaire d'avoir une connaissance approfondie des mécanismes d'ajustement emploi-formation, du marché du travail, de l'évolution des emplois, etc., afin de bien maîtriser les interventions projetées et de dégager de nouveaux axes généraux stables pour orienter l'appareil de formation. Les deux approches exposées ne sont pas contradictoires, mais la seconde tente d'aller plus loin, pour corriger plus efficacement des déséquilibres qui risquent de devenir rapidement assez graves.

*
* *

Au terme de cet essai, on peut résumer la démarche suivie et les principales conclusions tirées.

Partant de l'approche classique (« manpower approach »), on a montré son intérêt et ses limites et surtout la manière de prendre en compte correctement ses apports.

L'analyse de quelques études récentes a ensuite mis en évidence la complexité des phénomènes à prendre en compte pour analyser les emplois, les formations et leur interface : les qualifications. Dans ce domaine les idées simplistes sont à proscrire et l'effet des différents facteurs explicatifs est difficile à démêler.

En prenant un peu plus de recul historique les choses s'éclairent légèrement et l'on perçoit une certaine logique.

L'abaissement des coûts de production, l'amélioration de la productivité, l'accroissement du contrôle de l'appareil productif, poussent à la division du travail (et à une certaine conception des techniques qui lui est associée) dans le sens d'un appauvrissement d'un nombre important d'emplois et de la concentration des qualifications sur un petit nombre. Mais le processus est contradictoire : les besoins de qualification resurgissent sans cesse en de nouveaux points du circuit productif. Le mouvement résultant est difficile à déterminer mais on ne peut nier qu'un problème est posé par le nombre actuellement important d'emplois dépourvus de qualification ou rebutants, alors que les niveaux de formation ne cessent d'augmenter.

Pour résoudre ce déséquilibre inquiétant, il semble insuffisant de considérer que l'élévation des niveaux de formation, même convenablement orienté par des études en profondeur, pourra de lui-même modeler les structures d'emploi dans un sens plus favorable.

L'importance du problème exige des interventions plus directes. La voie est cependant étroite car ces interventions sont pratiquement obligées de rester dans les limites des marges potentielles d'adaptation de l'organisation du travail, limites fortement marquées par les contraintes de productivité et de concurrence.

BIBLIOGRAPHIE

[1] **Etude méthodologique sur les prévisions d'emploi régionales et départementales par métier.**

Centre d'études sur l'emploi (E. Duval) et Echelon régional de l'emploi de Lyon.

Tome I : Recherche des facteurs qui déterminent les répartitions d'emplois.

Tome II : Mécanismes de l'évolution structurelle de l'emploi.

[2] **Études sur le secteur « Mécanique ».**

CEREQ, document n° 5.
L'industrie mécanique : les techniques et leurs évolutions.
Septembre 1972.

CEREQ, document n° 23, tomes 1 à 7.
Etude de l'évolution des qualifications dans la mécanique.

[3] **Études sur le secteur « Chimie ».**

CEREQ, document n° 4.
L'industrie chimique : les techniques et leurs tendances d'évolution.
Juillet 1972.

CEREQ, document n° 16, tomes 1 à 5 et tomes 8 et 9.
Etude de l'évolution des qualifications dans la chimie.

[4] *La bataille syndicaliste.*

(Usines Renault), fév. 1913.

[5] M. Dadoy.

Les systèmes d'évaluation de la qualification du travail : pratique et idéologie.
Sociologie du travail, n° 2, 1973.

[6] H. Braverman.

Travail et capitalisme monopoliste.
Ed. Maspero, 1976.

[7] R. Salais.

Qualification individuelle et qualification de l'emploi : quelques définitions et interrogations.
Economie et statistique, n° 81-82, oct. 1976, INSEE, Paris.

[8] A. d'Iribarne et M. de Virville.

Les qualifications et leurs évolutions.
(Note rédigée en application de la convention 750167 passée avec la commission de la Communauté européenne).

CEREQ, janv. 1977. (Reprise dans le premier article du présent ouvrage.)

[9] C. Thélot.

Mobilité professionnelle plus forte entre 65 et 70 qu'entre 59 et 64.
Economie et statistique, n° 51, déc. 1973, INSEE, Paris.

[10] D. Bertaux.

Mobilité sociale biographique ; une critique de l'approche transversale.
Revue française de sociologie XV, 1974.

[11] M. Piore.

Notes for a theory of labour market stratification.
Working paper, n° 93, MIT oct. 1972.

[12] M. Freyssenet.

Le processus de déqualification-surqualification de la force de travail.
CSU, Offset, Paris 1974.

[13] P. Naville.

Essai sur la qualification du travail.
Ed. Rivière, Paris, 1956.

[14] K. Sward.

The legend of Henry Ford.
New York, Toronto, 1948, cité en [6].

[15] *Economie et statistique*, n° 81-82, oct. 1976, INSEE, Paris.

Dossier : « Offre et demande d'emploi par profession au cours du VIIe Plan ».
M. Cézard et A. Goy : *L'offre d'emploi par profession.*
L. Thévenot : *Les disponibilités en main-d'œuvre.*
J. Affichard : *Bilan de l'emploi par profession.*

ESSAI SUR DIFFÉRENTES APPROCHES DE LA QUALIFICATION

Jean-Pierre Faugère et Colette Voisin,
Université de Paris I, Panthéon-Sorbonne

L'étude des différentes approches théoriques des notions d'emploi et de qualification se justifie d'abord dans la mesure où l'analyse des structures d'emplois repose sur des statistiques dont il est nécessaire de définir le *soubassement méthodologique.* La signification des taux de qualifications est relative à la manière dont sont définis les travaux qualifiés et les travaux non qualifiés.

Par ailleurs, les différences d'approches des emplois et des qualifications renvoient à des divergences théoriques et pratiques. Il est nécessaire de mettre en évidence les théories qui sous-tendent les différentes approches de la qualification et de l'emploi.

Dans un premier temps, nous aborderons le problème de l'universalité des analyses des emplois et des qualifications.

Dans un deuxième temps, nous étudierons les différents niveaux d'approche de l'emploi, dans une triple perspective d'explication des salaires, de fonctionnement du marché du travail et de définition des besoins en formation.

Dans un troisième temps, nous montrerons comment la notion de qualification du travailleur permet d'analyser le fonctionnement du marché du travail et le processus de division du travail.

I. LE PROBLÈME DE LA RELATIVITÉ DE LA REPRÉSENTATION DES QUALIFICATIONS ET DES EMPLOIS

La définition des emplois et la constitution de nomenclatures (classement d'individus ou d'emplois) posent le problème du caractère objectif et neutre de l'analyse. A titre d'illustration, il est possible de reprendre les conclusions faites par A. d'Iribarne sur les qualifications : « Dès lors les qualifications et les rémunérations attribuées ont des rapports lointains avec les strictes analyses économiques. Elles ont un caractère relatif et culturel plutôt qu'objectif et scientifique, et apparaissent comme une gratification du système social... » [1]. Ce texte qui oppose le caractère « relatif et culturel » des qualifications d'une part, et le caractère « objectif et scientifique » des analyses économiques d'autre part, souligne la nécessité de poser le problème des conditions de la neutralité d'une analyse des qualifications et des emplois. La neutralité renvoie au caractère universel des nomenclatures. Trois types d'interprétation des nomenclatures peuvent être donnés :

1. Dans un premier sens, on considère que les analyses des emplois (par exemple les classifications d'emplois) sont *des instruments d'analyse adaptés à certains objectifs.* Ainsi, pour J. Vincens : « Tout système d'analyse repose sur une intention, sur une finalité. Pour faire une analyse des emplois, il faut choisir des objectifs : quel est le but de l'analyse ? Permettre de mieux comprendre les relations entre la formation et l'emploi, les rémunérations et l'emploi, les causes du changement du contenu de l'emploi ? Selon la réponse, les systèmes d'analyses, c'est-à-dire les caractéristiques que l'on s'efforce d'identifier dans les emplois étudiés, ne sont pas les mêmes, bien qu'un caractère donné puisse faire partie de plusieurs systèmes » [2]. Dans cette perspective, les techniques de classement sont des outils de portée générale, qui se différencient par leurs finalités.

2. A un deuxième niveau, *l'accent est mis sur le soubassement théorique de l'analyse :* une analyse des emplois ou des qualifications se situe dans un cadre théorique et la validité est relative aux hypothèses de cette théorie. « Il est banal de dire que toute prise d'informations suppose une sélection dans l'ensemble des phénomènes, pour ne relever que ce qui est important pour l'évolution de la variable que l'on cherche à analyser : percevoir c'est structurer » [3]. Les analyses des emplois ne peuvent donc prétendre à la neutralité ; elles ne se comprennent que dans le cadre d'une théorie de la division du travail et du fonctionnement du marché du travail.

3. Dans une troisième perspective, la nature des emplois et des qualifications est déterminée par *les caractéristiques des rapports sociaux dominants ;* ainsi, pour les auteurs de l'Institut de recherche économique et de planification (IREP) : « Les nomenclatures d'emplois ne sont pas neutres, elles reflètent déjà une certaine conception du partage des tâches qui traduit en elle-même les caractéristiques du système économico-social. En particulier, les frontières du domaine des emplois tertiaires et la nomenclature de ces emplois expriment une forme de division du tra-

---

1 A. d'Iribarne : *Prospective.* 1975, n° 4, p. 124.

2 Bibliothèque du CEREQ, volume n° 5, *L'analyse des qualifications et les classifications d'emplois,* ouvrage collectif, septembre 1973, La Documentation française.

3 ibid. Y. Dupuy : *Problèmes de définition d'une nomenclature d'emplois,* p. 41.

vail entre travail intellectuel et travail manuel, puis entre travail de direction et travail d'exécution qui dépend évidemment de l'état des techniques de production, mais qui n'est pas directement et mécaniquement déterminé par celle-ci »[1]. Les emplois, les qualifications dépendent des structures sociales qui sont *relatives et non universelles ;* il est donc impossible de construire des classifications ou des analyses d'emplois et de qualifications neutres. L'analyse reproduit dans ces distinctions les découpages des emplois qui sont relatifs à une société donnée ; elle n'est pas en mesure d'être utilisée pour l'étude d'autres structures sociales. De même, une classification des niveaux de formation reproduit les clivages entre filières de formation.

Dans les trois cas, les classifications d'emplois sont relatives : dans le premier cas à un objectif d'analyse, dans le deuxième cas à une théorie et dans le troisième cas à des structures sociales. En aucun cas, il n'est possible de considérer que les nomenclatures sont neutres et universelles.

II. LES ANALYSES DES EMPLOIS

Les analyses des emplois peuvent être élaborées dans une triple perspective :

— une analyse de la *formation des salaires :* les méthodes de classification des emplois mises en œuvre dans les entreprises ;

— une analyse du *fonctionnement du marché du travail* qui consiste à définir les qualifications requises pour tenir les emplois ;

— une définition des *besoins en formation* élaborée à partir d'une description des emplois. Elle s'inscrit dans le cadre de l'élaboration d'une planification, par les pouvoirs publics, des emplois et des besoins en formation.

A. Les « appellations » des entreprises : une problématique salariale.

1. Les entreprises mettent en œuvre des techniques de « Job evaluation » dont l'objectif essentiel est l'analyse des postes de travail en vue de fonder la grille salariale à l'intérieur de l'entreprise[2]. Différentes techniques sont utilisées : des méthodes qualitatives qui appréhendent les postes globalement et les classent en les comparant à des postes-clés, des méthodes quantitatives qui décomposent l'analyse des postes en plusieurs facteurs. Ainsi, dans la méthode factorielle par points, chaque poste est repéré par une certaine valeur pour chaque facteur. La valeur

---

1 J. Freyssinet, Y. Lepape, D. Mingasson, M. Moreau, *Analyse des structures de l'emploi tertiaire régional,* IREP, Grenoble, doc. ronéoté, p. 20, août 1972.

2 Voir tout particulièrement M. Dadoy : « Les systèmes d'évaluation de la qualification du travail, pratique et idéologie », *Sociologie du travail,* n° 2/1973, p. 115.

globale du poste étant la somme pondérée des valeurs correspondantes à chaque facteur. Ces techniques sont présentées comme des outils objectifs et justes de détermination des salaires : en fait, elles reposent sur un système de valeurs. « Le but principal de la qualification est de permettre une comparaison logique et objective entre les différentes fonctions pour établir leur hiérarchie relative, cela bien entendu, en se référant aux jugements de valeurs les plus généralement admis par le groupe des titulaires de fonctions » [1].

M. Dadoy souligne la relativité de ce concensus dans la mesure où, le plus souvent, les grilles de qualifications sont élaborées par la direction du personnel sans consultation des intéressés. Au total, « cette technique a joué un grand rôle dans la rationalisation de la gestion du personnel ouvrier, en facilitant l'adaptation de l'entreprise à l'évolution technique et économique, et en donnant des arguments pour légitimer la structure hiérarchique de l'entreprise » [2].

2. Cependant, si les techniques de « Job evaluation » tendent à se développer, elles n'expliquent pas toutes les appellations des entreprises dont l'élaboration est souvent empirique et liée à des négociations avec les syndicats. P. Tripier et L. Rouvery ont montré [3] comment les conflits sociaux dans la métallurgie en Italie ont entraîné une refonte du système de classification et la prise en compte de la capacité professionnelle des ouvriers.

La qualification peut se définir comme « l'institutionnalisation, au niveau juridique, d'un rapport de force entre les différentes catégories de travailleurs impliqués dans le même processus de production et leur employeur » [4].

B. **Qualification requise pour tenir les emplois : problématique de marché du travail.**

Certaines analyses reposent sur la qualification des travailleurs envisagée sous l'angle de leur substitution : les individus sont comparés en fonction de leur plus ou moins grande substituabilité par rapport aux emplois.

La démarche consiste en fait à comparer, au niveau du marché du travail, les exigences requises pour occuper différents emplois. La qualification du travailleur n'est donc pas envisagée indépendamment des emplois.

L'offre de travail ne constitue pas un ensemble homogène : tout individu offreur d'une force de travail ne peut remplir tous les emplois. Les diffé-

---

1 J. Vallée : *La qualification du travail à la télémécanique électrique.* Document de travail établi par le Gegos en 1954, cité par M. Dadoy, op. cit.

2 M. Dadoy, op. cit.

3 Une nouvelle problématique des qualifications : l'exemple italien. *Sociologie du travail,* n° 2, 1973.

4 A. Chauvenet : « La qualification en milieu hospitalier », *Sociologie du travail,* n° 2, 1973.

rentes forces de travail ne sont pas parfaitement substituables. Il est donc nécessaire de classer les offreurs de travail en fonction de leur plus ou moins grande substituabilité : les individus d'un groupe sont parfaitement substituables entre eux et faiblement substituables avec les individus d'un autre groupe.

Cette analyse permet de connaître la plus ou moins grande *flexibilité* des ressources en travail de l'économie : une classification des travailleurs en différents groupes permet de mesurer leur plus ou moins grande transférabilité.

Au niveau de la politique économique, ces informations constituent la base de politiques de gestion de la main-d'œuvre qui s'efforcent, notamment par le biais de la formation, d'adapter la population active aux besoins de l'économie.

La notion de substitution peut donner lieu à différents types de mesure qui se situent entre deux positions extrêmes :

La substitution optimum :

La définition des qualifications est fondée sur *le caractère objectif* du contenu des niveaux de formation ou de qualification : deux emplois sont proches, si la formation requise est analogue ou si le temps de formation complémentaire nécessaire pour passer d'un emploi à l'autre est court.

La substitution effective :

Les emplois pour lesquels *le passage est effectivement facile* sont classés dans une même rubrique. En effet, deux emplois peuvent être proches dans la mesure où les qualités requises pour tenir ces emplois sont analogues, mais éloignées dans la mesure où, de fait, les travailleurs ne passent pas d'un emploi à l'autre, en raison de contraintes institutionnelles (blocage des filières de formation et des filières professionnelles, existence de seuils...).

Cette distinction entre *mobilité optimum et mobilité effective* peut se retrouver au niveau des critères de définition des distances entre emplois. Prenons par exemple le critère du temps de formation complémentaire et celui des élasticités de substitution.

1. J. Vincens [1], par exemple, définit l'homogénéité des rubriques de la façon suivante : une rubrique est homogène lorsque le passage d'un emploi à l'autre, avec une probabilité de réussite donnée, exige un temps de formation complémentaire plus court pour deux emplois de la rubrique que pour le passage vers une autre rubrique.

2. Pour G. Glain [2], le critère doit être celui des élasticités de substitution : il définit une classe d'emplois comme un ensemble de postes pour les-

---

1 J. Vincens - Bibliothèque du CEREQ, volume n° 5, p. 16, op. cit.

2 G.G. Glain, W. Lee Hansen, A. Weisbrod : « Occupational classification in an economic approach », *Monthly Labor Review*, feb. 1967.

quels la substitution à l'intérieur de chaque classe, ou plutôt parmi les travailleurs qui peuvent occuper ces emplois, est en moyenne supérieure à l'élasticité de substitution entre des emplois appartenant aux différentes classes. Les auteurs précisent qu'ils utilisent la notion d'élasticité de substitution dans son sens habituel comme facilité plus ou moins grande de passage entre emplois. Cette analyse pose plusieurs problèmes.

En premier lieu, une telle classification est difficile à mettre en œuvre en raison des problèmes de mesures des élasticités de substitution, en effet, il est impossible de connaître la sensibilité des travailleurs à une variation de salaire relatif et donc de déterminer leur mobilité.

En deuxième lieu, ce type de critère renvoie à la théorie néo-classique du fonctionnement du marché du travail : deux emplois sont proches si des variations de salaires relatifs incitent les travailleurs à changer d'emploi. Les travailleurs ont donc un comportement de mobilité qui dépend des variations de salaires ; cette hypothèse correspond à une vision extrêmement sommaire de la rationalité du travailleur sur le marché du travail. [1]

Malgré ces réserves, ce critère de classification reflète le souci de rapprocher des emplois entre lesquels le *passage est effectivement facile*, compte tenu du fonctionnement du marché du travail, par opposition au critère du temps de formation complémentaire qui s'appuie sur des proximités idéales.

Ces deux approches renvoient donc à deux visions différentes de l'offre de travail : une vision normative et une vision descriptive.

— Distinguer les emplois selon le temps de passage optimum renvoie à une analyse *normative*. Celle-ci définit les proximités techniques entre différents niveaux de qualification dans une perspective de gestion de la main-d'œuvre. Concrètement, cette analyse doit permettre une planification de la formation et résoudre des problèmes de reconversion professionnelle et de suppression de goulots d'étranglement dus à la pénurie de certaines catégories de travailleurs. Ce type d'analyse renvoie donc à une politique économique, qui, mettant au second plan les préférences des travailleurs, veut connaître leur degré d'interchangeabilité en vue d'opérer une allocation optimale de la force de travail.

— Les classifications reposant sur la mobilité effective reflètent le fonctionnement du marché du travail mais se révèlent impossibles à réaliser.

En conclusion, une classification des qualifications en termes de substitution de la force de travail met *l'accent sur l'ajustement au niveau de l'offre de travail.* L'ajustement du marché du travail repose donc sur la possibilité plus ou moins marquée pour un travailleur de modifier son offre de travail par l'acquisition d'une formation supplémentaire. En

1 Cf. M. Arliaud : « Les fondements précaires d'un monopole théorique : réflexion sur la problématique économique de la mobilité de l'emploi », *Sociologie du travail*, n° 3, 1974.

fait, cela ne constitue qu'une vision partielle du marché du travail, puisque les entreprises peuvent modifier la structure de la demande de travail [1]. Elles ne sont pas déterminées par des contraintes techniques et peuvent, dans une certaine mesure, opérer une substitution au niveau des emplois. La connaissance exclusive de la substitution au niveau de la force de travail et l'ignorance par les pouvoirs publics des possibilités qu'ont les firmes de modifier leur demande de travail biaisent la vision du marché du travail et donc la nature des politiques mises en œuvre.

C. La description des emplois dans une perspective de définition des besoins en formation.

La nomenclature élaborée par le CEREQ dans le cadre de la réalisation du Répertoire français des emplois [2], repose sur une description des emplois traductibles en niveaux de formation. L'analyse des emplois du CEREQ se comprend par rapport à deux choix méthodologiques : la distinction entre emploi et qualification, la définition d'un emploi comme élément d'une organisation socio-technique.

1. La distinction entre qualification et emploi.

L'objectif du CEREQ étant d'opérer une analyse des *emplois*, les chercheurs du CEREQ font une démarcation rigoureuse entre les analyses des emplois d'une part et les analyses des appellations, des qualifications requises et des rémunérations d'autre part.

• Il est possible à partir d'une analyse de contenu de traduire les emplois en termes de niveaux de formation requis pour les occuper. « La classification des emplois peut se faire directement à partir des analyses de contenu de ces emplois, ces derniers n'ont pas besoin d'être situés dans une échelle hiérarchique quelconque de qualification... Le passage aux formations n'a pas besoin non plus de s'appuyer sur des évaluations de qualification [3] ».

• En revanche, le CEREQ souligne combien les qualifications (déterminées par les classifications professionnelles et par les nomenclatures qui en dérivent) sont liées à des représentations sociales.

Il n'est donc pas possible d'opérer une analyse des emplois à partir de classifications qui reposent essentiellement sur une politique salariale. Ainsi, J.-C. Foubert écrit [4] : « Poser qu'un individu est qualifié pour une

---

1 Ainsi, pour G. Glain, il faudrait une analyse de la substitution au niveau des processus de production, rendant compte de la possibilité qu'ont les entrepreneurs de modifier leur demande de travail.

2 Les cahiers du Répertoire français des emplois sont édités à La Documentation française.

3 A. d'Iribarne - Bibliothèque du CEREQ, volume n° 5, p. 96 : *La nécessité d'un système de repérage des emplois comme préalable à l'élaboration d'une nomenclature*, op. cit.

4 J.-C. Foubert - Bibliothèque du CEREQ, volume n° 5, p. 121 : *Le rassemblement des matériaux indispensables à l'élaboration des nomenclatures d'emploi : l'analyse des contenus d'emploi*, op. cit.

tâche, un emploi donné et qu'un emploi est plus qualifié qu'un autre, c'est se référer implicitement à une norme quant à la bonne manière d'exécuter une tâche, en fait : qualifier l'attente de celui qui confie ou rémunère la tâche... Ici celui qui note rémunère, celui qui est noté est rémunéré. Il est illusoire d'espérer se soustraire au jeu des forces intéressées par la fixation des rémunérations et à leurs aspirations à un moment donné... Mais toute tentative d'appréciation synthétique se réfère implicitement à un système de valeurs sociales évolutives. Elle ne peut constituer un concept opératoire sur l'élaboration d'une nomenclature ».

La démarche du CEREQ semble donc conduire à distinguer deux domaines : le domaine des qualifications et des rémunérations fortement marqué par des rapports de force et des représentations sociales : il ne peut se prêter à une analyse objective. Le domaine des emplois, par contre, est passible d'une analyse objective.

Cette dichotomie peut être illustrée par un schéma :

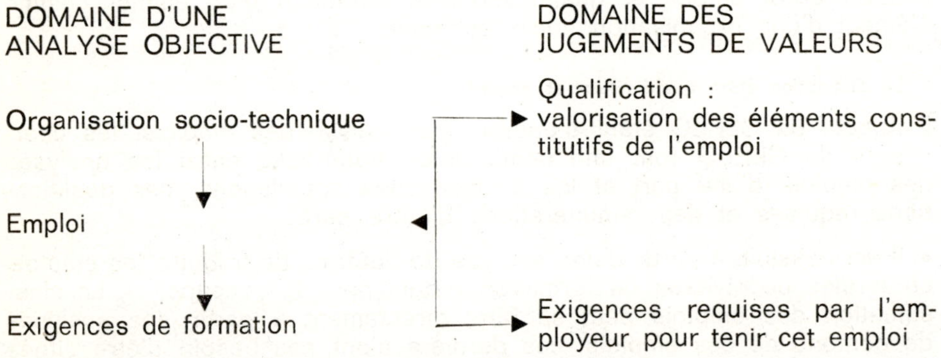

Cette conception ne peut être retenue pour deux séries de raisons :

Tout d'abord la nature d'un emploi et sa traduction en termes de connaissances requises ne peuvent être considérées comme indépendantes des représentations sociales, des rapports de forces. Le cadre social et culturel n'influence pas seulement la « qualification » et la rémunération ; il influe aussi sur le contenu de l'emploi, la délimitation des compétences, la manière dont il doit être tenu. De même, les connaissances requises pour tenir un emploi ne sont pas strictement déterminées par des facteurs techniques, elles dépendent de la manière dont l'employeur organise et gère le travail [1].

Enfin, l'emploi est lui-même influencé par la rémunération, le contenu du travail qui lui correspond et par le niveau de formation des offreurs de travail.

---

1 Il faut d'ailleurs noter que les chercheurs du CEREQ ont souligné la relativité des emplois (Cf. A. d'Iribarne - *Revue économique*, juin 1974). Mais il semble qu'ils ne tirent pas toutes les conséquences de leurs analyses.

2. **La définition d'un emploi comme élément d'une organisation socio-technique.**

Le CEREQ rejette une conception atomisée de l'emploi ; l'emploi ne doit pas être considéré comme un ensemble de tâches mais comme un élément qui ne peut être détaché de son contexte en dehors duquel il n'a aucun sens [1]. Analyser l'emploi ne doit pas se réduire à décrire la liste des tâches effectuées par un agent.

Les emplois sont des situations relatives, définies par une organisation sociale d'entreprise (répartition des hommes et des postes) et une division technique du travail (processus et procédés) [2]. Les emplois sont analysés par rapport à trois univers : les données qui regroupent les matières et les informations fournies au titulaire de l'emploi, les équipements, les relations interprofessionnelles [3].

Les remarques précédentes conduisent à se demander si les chercheurs du CEREQ prennent suffisamment en compte la *division du travail* au sein de l'entreprise.

Ainsi, pour J.-P. de Gaudemar, « l'organisation sociale est en permanence assimilée, dans les travaux du CEREQ, aux relations interpersonnelles qui existent entre l'individu et ses interlocuteurs habituels dans le travail » [4]. En effet, selon J.-C. Foubert, « on ne s'intéressera qu'aux éléments de l'organisation et du système technique concernant l'emploi observé. C'est-à-dire qu'on limitera le champ d'analyse aux seuls termes de relations qui s'instaurent pour l'accomplissement du travail du titulaire de l'emploi. Les rapports à l'organisation constituent l'ensemble des relations interprofessionnelles de type fonctionnel ou hiérarchique. L'organisation est représentée par les autres individus, interlocuteurs du premier » [5]. Cette timidité dans la prise en compte des structures sociales pour la détermination de l'emploi est à relier à l'a priori de définition d'un emploi objectif, passible d'une analyse neutre, parce que moins liée aux représentations sociales.

III. LA QUALIFICATION DU TRAVAILLEUR

Les analyses de l'emploi sont insuffisantes parce qu'elles ne prennent pas en compte les *qualifications des travailleurs :* le fonctionnement du marché du travail et le processus de division du travail ne s'expliquent en effet pas seulement par les exigences et les choix des employeurs, mais doivent être reliés aux qualifications des travailleurs.

---

1 Cf. J.-C. Foubert, Bibliothèque du CEREQ, volume n° 5, p. 120, op. cit.

2 J.-C. Foubert, Ibid., p. 118 et suiv.

3 J.-C. Foubert, Ibid., p. 133.

4 J.-P. de Gaudemar. Thèse compémentaire : *Essai sur les nomenclatures : contribution à l'analyse économique des emplois*, p. 96.

5 J.-C. Foubert - Bibliothèque du CEREQ, Volume n° 5, p. 127, op. cit.

La notion de qualification du travailleur ne correspond pas seulement aux pratiques des entreprises et des pouvoirs publics et doit être intégrée à une analyse du marché du travail et de la division du travail. L'étude de la notion de qualification renvoie à l'analyse de l'organisation du mode de production en particulier à la division du travail. Analyser la qualification et la division du travail relève d'une même problématique : l'explication du processus selon lequel s'opère la répartition des tâches est étroitement liée au processus d'acquisition des qualifications par les travailleurs.

La notion de qualification est liée aux caractéristiques actuelles des économies capitalistes développées et, en particulier, à la place tenue par l'appareil de formation. Il se produit, en effet, une dissociation de la formation et de la production, de la production des produits et de la production des connaissances. Dans l'artisanat, l'apprentissage est inclus dans la pratique du travail : l'apprenti se forme auprès de son maître. Dans les sociétés capitalistes développées, il se produit une séparation entre la formation de l'individu (essentiellement dans le cadre de l'école) et la production, qui s'opère au sein de l'entreprise.

Les modes d'accès aux emplois se sont profondément transformés. Dans le modèle artisanal, l'apprenti devient compagnon : l'accès à l'emploi est le prolongement direct de la formation. En revanche, la séparation de l'appareil de formation et de l'appareil de production assigne au marché du travail un rôle de régulation : les travailleurs dotés d'un certain niveau de formation sont confrontés aux besoins des entreprises [1].

Si l'on retient comme définition de la qualification du travailleur : « l'acquis des travailleurs dans l'appareil de formation et dans l'expérience professionnelle » [2], quatre problèmes se posent :

— Comment expliquer la qualification ?
— Quel est l'apport méthodologique de la notion de qualification du travailleur ?
— Comment mesurer la qualification ?
— Qu'est-ce que la déqualification du travailleur ?

A. **L'explication du niveau de qualification.**

Trois éléments d'explication peuvent être retenus.

a. **Le lien entre l'appareil de formation et l'appareil de production.**

Les acquis de l'appareil de formation ne sont pas indépendants de l'appareil de production : par exemple, le contenu des formations des personnels

---

1 Nous entendons par marché du travail, le lieu où s'échangent les forces de travail, où sont confrontées les offres des travailleurs et les demandes des entreprises. Cette notion extrêmement large n'implique ni l'équilibre (et notamment l'absence de chômage), ni l'absence de disparités, ni une allocation optimale des ressources du travail, ni un rapport de force égal entre offre et demande, ni l'existence d'un échange égal. Par ailleurs, cette confrontation a lieu dans l'entreprise ou à l'extérieur de celle-ci.

2 M. Vernières. Cf. article dans ce volume, p. 53.

soignants et les filières de formation se comprennent par les rapports sociaux existant entre les personnels de la santé (formations de médecins, d'infirmières et d'aides-soignantes)[1].

b. **L'expérience professionnelle est liée à la division du travail.**

L'étude du CEREQ : « Les emplois tenus par les jeunes de dix-sept ans »[2], montre comment, pour les jeunes ne possédant pas de diplôme professionnel, ceux qui sont en apprentissage se trouvent dans des situations de travail qui permettent l'acquisition d'une qualification ultérieurement reconnue. En revanche, les autres jeunes sans diplôme sont affectés à des emplois ne leur offrant aucune perspective d'accroissement de leur qualification. De même à l'hôpital, les agents des services hospitaliers, selon le type de tâches qu'ils effectuent (ménage ou participation aux soins) peuvent être dans une situation d'acquisition de compétences soignantes ou dans une absence totale de perspective professionnelle.

c. **La qualification comme phénomène différentiel.**

La qualification ne doit pas être envisagée comme la caractéristique d'un individu, mais comme une *différence entre des catégories d'individus :* les qualifications des travailleurs sont complémentaires et contradictoires.

Ce sont moins les qualifications *d'un individu ou d'un emploi* que les relations entre les qualifications d'un ensemble d'individus et les relations entre les qualifications exigées par un ensemble d'emplois qui doivent être analysées.

— L'analyse de l'évolution des qualifications exigées par les emplois d'un processus de production conduit donc à mettre en évidence une polarisation. Ainsi, selon Karl Marx[3] : « Les puissances intellectuelles de la production se développent d'un seul côté parce qu'elles disparaissent de tous les autres. Ce que perdent les ouvriers se concentre en face d'eux dans le capital ». Il faut modifier cette analyse dans la mesure où les « puissances intellectuelles » se concentrent aujourd'hui *autant dans certaines catégories de salariés que dans le capital.* De même pour M. Freyssenet[4] : « La surqualification des uns a pour origine la déqualification des autres. L'activité intellectuelle qui est enlevée au plus grand nombre est attribuée à un petit nombre ». Si la notion de surqualification est ambiguë, ce type d'analyse présente l'avantage de montrer les liaisons entre qualifications.

---

1 J.-P. Faugère, C. Rivière-Voisin : *Le rôle des structures de production dans la détermination des emplois. Application à l'hôpital public,* document ronéoté, Paris I.

2 Dossier n° 3 du CEREQ : *Les emplois tenus par les jeunes de dix-sept ans.* La Documentation française, mai 1972.

3 K. Marx : *Le capital.* Livre I, La manufacture, p. 904 et suiv. - Coll. La Pléiade.

4 M. Freyssenet : *Le processus de déqualification et surqualification de la force de travail,* op. cit.

— Ce caractère complémentaire et contradictoire de la qualification apparaît aussi *dans la nature des formations des individus*. Les différences ne sont pas seulement quantitatives mais *qualitatives*. Entre un salarié dont le niveau de formation est faible (scolarité obligatoire) et un diplômé de l'université la différence concerne le contenu des formations et pas seulement leurs durées : le savoir de l'un est un savoir d'exécution, le savoir de l'autre un savoir d'initiative et de conception [1]. Les qualifications ne se présentent donc pas sous la forme d'une échelle hiérarchique continue.

B. L'apport méthodologique de la notion de qualification.

La notion de qualification peut être envisagée dans une *triple perspective* :

— de formation des salaires,

— de fonctionnement du marché du travail,

— d'étude du processus de division du travail.

a. La qualification et la formation des salaires :

Dans quelle mesure le salaire s'explique-t-il par le niveau de qualification des individus ?

Le tableau page suivante [2] relatif aux méthodes de qualification des catégories ouvrières, illustre l'absence de correspondance entre la qualification des individus et la classification de l'emploi.

La qualification individuelle exigée pour l'emploi (formation préalable, expérience et perfectionnement professionnels - rubrique 1 et 2) *n'intervient que pour 13,6 %* dans la valorisation du poste de travail.

Il faut toutefois souligner qu'il n'est pas exclu que les autres critères de qualification (habileté, responsabilité...) soient *fortement correlés* avec le niveau de connaissances requis.

Toutefois, ce tableau reflète la volonté des employeurs de fonder une hiérarchie salariale sur des critères tenant essentiellement à la nature du processus de production et accessoirement à la qualification du travailleur.

1 C. Baudelot, R. Establet : *L'école capitaliste en France.* Edit. Maspéro, 1971.

2 Source : J. Le Quement in *L'intégration différenciée des salariés par l'entreprise capitaliste.* Thèse, Paris I, 1975, p. 59 et 62.

EXEMPLE DE MÉTHODES DE QUALIFICATION DES CATÉGORIES OUVRIÈRES (Italsider)

Critères de qualification	Nombre de points maximum	Pondération en pourcentage
Aptitudes		
1. Formation préalable	43	4,3
2. Expérience et perfectionnement professionnels	93	9,3
3. Habileté mentale	65	6,5
4. Habileté manuelle	47	4,7
Responsabilité		24,8
5. Envers matières	228	22,8
6. Envers outils, équipement, machines	93	9,8
7. Sur le déroulement du travail	130	13,0
8. Envers la sécurité d'autrui	47	4,7
Effort		49,8
9. Effort mental et nerveux	58	5,8
10. Effort physique	58	5,8
Conditions de travail		11,6
11. Conditions de milieu	91	9,1
12. Risque d'accident	47	4,7
		13,8
	1.000	100 %

Tableau de correspondances entre les valeurs de qualifications par classes hiérarchiques et taux de salaires (en pourcentage du salaire de base égal à 100).

Qualification professionnelle	Classe	Taux de salaire en % de la base
Base	Base	100
1-27	1	107,1
28-55	2	109,1
56-83	3	111,1
84-111	4	113,0
112-139	5	115,2
140-167	6	117,4
168-195	7	119,6
196-223	8	121,7
224-251	9	123,9
252-279	10	126,5
280-307	11	129,2
308-335	12	132,2
336-363	13	135,2
364-391	14	138,1
392-419	15	141,3
420-447	16	144,5
448-475	17	147,8
476-503	18	151,2
504-531	19	154,9
532-559	20	158,7
560-587	21	162,4
588-615	22	166,2
616-643	23	171,1
644 et +	24	176,3

			Classes
Catégorie professionnelle I		Manœuvre 1re catégorie	1 et 2
Catégorie professionnelle II		Manœuvre 2e catégorie	3 à 6
Catégorie professionnelle III		Ouvrier spécialisé	7 à 11
Catégorie professionnelle IV		Ouvrier de métier 1re catégorie	12 à 17
Catégorie professionnelle V		Ouvrier de métier 2e catégorie	18 à 24

Source : J. Le Quement « *L'intégration différenciée des salariés par l'entreprise capitaliste* » op. cit.

b. **La qualification et les conditions d'accès aux emplois : Le fonctionnement du marché du travail.**

La connaissance de la qualification du travailleur et du processus d'acquisition des qualifications est fondamentale pour l'analyse du marché du travail.

— La qualification de l'individu est un facteur explicatif du fonctionnement du marché du travail: les filières professionnelles (l'existence de seuils) sont fortement déterminées par la qualification du travailleur, en particulier par le niveau de formation initiale. Par ailleurs, l'étude des demandes d'emplois non satisfaites (DENS) et de la population disponible à la recherche d'un emploi (PDRE) par catégories socio-professionnelles, montre l'existence d'une vulnérabilité différentielle du chômage liée au niveau de qualification des travailleurs.

— La qualification des travailleurs et le processus d'acquisition de ces qualifications sont d'autant plus importants que certains employeurs, en particulier l'Etat, donnent une place prépondérante aux niveaux de formation et aux diplômes dans la définition des conditions d'accès aux emplois. Par exemple, dans le domaine de la Santé et de l'Enseignement.

c. **La qualification du travailleur et le processus de division du travail.**

La qualification du travailleur influence le contenu même de l'emploi : pour les emplois dont le contenu est en partie discrétionnaire, la nature et le niveau de formation des titulaires de ces emplois modèlent le type de tâches effectuées et leur articulation. Plusieurs exemples peuvent être pris dans le domaine de la Santé ; ainsi, dans les services de pédiatrie, les puéricultrices ne prennent pas en charge les enfants de la même manière que les infirmières : leur formation leur permettent une approche plus globale des problèmes pédiatriques. De même, les surveillantes exercent leur fonction d'encadrement de manière différente selon qu'elles sont passées par l'Ecole des cadres ou non.

De façon plus générale, il n'est pas possible d'aborder l'analyse des emplois *en faisant abstraction du niveau de qualification de la population* active tenant en particulier à l'acquis socio-culturel.

Mais la division du travail peut entraîner une sous-utilisation des qualifications des travailleurs. Par exemple, la qualification formelle des infirmières leur interdit la réalisation d'un certain nombre de tâches[1]. Cette impossibilité est d'une double nature : non reconnaissance officielle de tâches à caractère médical appartenant pourtant à leur domaine de compétences effectives, impossibilité pratique d'effectuer des tâches plus valorisées et donc réservées aux médecins.

C. La mesure de la qualification[2].

Il est nécessaire dans un premier temps d'analyser les *contenus des formations* et de les mettre en rapport avec les situations de travail ; la quantification des qualifications et la mise en évidence d'une *échelle* de qualifications pouvant n'intervenir que dans un deuxième temps.

Par ailleurs, les savoirs ne peuvent être envisagés en soi, mais par rapport à une pratique sociale. Le problème ne consiste pas à mesurer le temps ou le coût de la formation mais à appréhender les *comportements* de travail acquis dans l'appareil de formation. Ces comportements, ces qualités ne peuvent être appréciés dans toutes leurs dimensions en même temps. Il n'est donc possible d'apprécier la qualification de l'individu et à plus forte raison de la mesurer que par rapport à un système de référence. Celui-ci ne repose pas sur un ensemble de postes de travail, mais sur une structure hiérarchisée d'emplois comportant des parts inégales de tâches de décision et d'exécution[3].

D. Le processus de déqualification du travailleur[4].

La notion de qualification du travailleur permet de préciser le *processus de déqualification.*

Les différents niveaux d'approches de l'emploi envisagés précédemment permettent de mettre en évidence trois aspects du processus de déqualification.

La déqualification résulte d'une non-reconnaissance par les employeurs de la qualification d'un travailleur dans les classifications d'emplois. L'exemple type est fourni par le classement comme OS d'un détenteur de CAP. Toutefois, la déqualification ne peut pas toujours être mise en

---

1 J. Duhart, J. Charton-Brassard : *Réforme hospitalière et fonctionnement de l'institution hospitalière. Revue française de sociologie,* 1973.

2 Cf. l'article de M. Vernières dans ce volume p. 53.

3 Les qualités des travailleurs mises en œuvre en dehors de la sphère de la production marchande (travail domestique, bricolage, sports, qualités artistiques...).

4 La notion de déqualification du travailleur n'exclut pas la notion de déqualification des processus de production (Evolution des exigences requises pour un ensemble d'emplois).

évidence dans la mesure où les systèmes de classifications des entreprises ne reposent pas exclusivement sur la qualification du titulaire du poste (cf. plus haut) : la comparaison entre la classification d'un emploi et le niveau de formation d'un individu n'est donc pas toujours possible, en raison de l'hétérogénéité des deux ensembles.

La déqualification d'un individu ou d'un groupe d'individus peut se situer *au niveau de la liaison formation-emploi*. Ainsi, un individu peut être déqualifié par rapport au groupe des travailleurs ayant le même niveau de formation s'il accède à un emploi situé hiérarchiquement plus bas. De même, une génération de diplômés peut être déqualifiée par rapport aux générations antérieures si elle accède à des catégories d'emplois situées plus bas : ainsi les diplômés de l'enseignement supérieur sont contraints d'accéder en plus grand nombre à des emplois d'employés par rapport aux générations antérieures.

Enfin, la déqualification peut se situer *au niveau du contenu des emplois*. La déqualification résulte d'une *sous-utilisation* des connaissances et des capacités des travailleurs.

La notion de qualification du travailleur est une notion féconde ; elle incite à envisager les questions suivantes :

— l'articulation entre d'une part le contenu des connaissances transmises par l'appareil de formation et d'autre part les contenus des emplois déterminés par la division du travail ;

— l'impact de la division du travail sur la qualification du travailleur : processus d'apprentissage ou dégradation du savoir et du savoir-faire ;

— les modes d'utilisation et de reconnaissance (en termes de salaires et de classifications) des qualifications par les employeurs.

RÉFLEXION SUR LE CONCEPT DE QUALIFICATION*

Jean-François Troussier,

Institut de recherche économique et de planification (IREP) Grenoble

Les analyses consacrées aux relations emploi-formation ont longtemps posé les problèmes en termes de correspondance étroite entre des formations spécifiées et des emplois déterminés.

On pressent aujourd'hui de plus en plus que les choses ne sont pas aussi simples. Il semble bien que l'on doive au contraire s'efforcer de saisir un ensemble de relations complexes où les systèmes éducatifs et productifs s'influencent mutuellement.

Dans cette perspective, il est nécessaire de préciser le contenu de concepts qui se trouvent au cœur de la problématique en voie de construction. Le concept de qualification mérite de ce point de vue une attention particulière, dans la mesure où il est l'objet de définitions multiples et contradictoires.

L'objet de la présente réflexion est de préciser le contenu du concept de qualification, à partir d'une part des approches traditionnelles de la qualification (qualification des postes de travail, qualification des personnes), d'autre part des travaux récents qui tendent à renouveler la problématique des liaisons emploi-formation.

---

* Cet article reprend l'essentiel d'une note rédigée dans le cadre de l'action-programme de la DGRST sur les liaisons emploi-formation.

I. APPROCHES TRADITIONNELLES DE LA QUALIFICATION

A. La qualification des postes de travail.

Nombre d'entreprises ont recours à des méthodes dites de « job évaluation ». Elles consistent à effectuer un classement des postes de travail selon le nombre de points obtenus moyennant la manipulation de « critères » qui, pense-t-on, représentent les postes de travail. Chaque poste de travail d'une entreprise est ainsi évalué « indépendamment » du titulaire qui l'occupe ou qui l'occupera. Les critères sont [1] par exemple, l'expérience et la formation nécessaires, l'effort requis, la responsabilité, les conditions de travail.

La définition implicite ou explicite de la qualification qui résulte de la mise en œuvre de ces pratiques s'énonce alors en termes d' « exigences requises par l'emploi ». La qualification est une somme pondérée d'exigences, étant entendu que la pondération et la liste des exigences ou critères varient selon les méthodes. Il est fréquent en outre que l'application d'une méthode à une entreprise se traduise par une pondération particulière « adaptée » au cas considéré.

Ce concept de qualification est-il utilisable ? des critiques systématiques ont été adressées à ces méthodes [2].

Il se caractérise tout d'abord par une apparente objectivité qui ne résiste guère à l'examen. L'appellation « exigences de l'emploi » suggère l'existence de contraintes qui s'imposent d'elles-mêmes. La fonction des spécialistes en « job évaluation » ne consisterait qu'à révéler les exigences aux directions des entreprises qui n'auraient plus alors qu'à les appliquer, fortes de détenir une objectivité indiscutable par les travailleurs.

Si on s'interroge sur la validité de cette image rassurante de la réalité de l'emploi, on constate rapidement que la pondération entre les critères varie d'une méthode à l'autre, d'une entreprise à l'autre, d'une époque à l'autre, ce qui justifie amplement qu'on la soupçonne d'être arbitraire. Sur ce plan d'ailleurs, les critiques adressées à ces pratiques soulignent que leur objet n'est pas tant une mesure de la qualification qu'un moyen de disperser et de hiérarchiser les taux de salaire. La présentation formelle des pratiques de « job évaluation » est, de ce point de vue, un voile, une fiction qui entourent une politique des salaires ou plus généralement une politique du personnel.

---

1 Cf. *La pratique de la qualification du travail dans les grandes entreprises françaises*, Paris, CEREQ 1972 ; C. Vitet : *L'évaluation des emplois et des salaires : méthodes pratiques, objectifs nouveaux*, Paris, éditions d'organisation, 1975.

2 Notamment M. Dadoy : *Les systèmes d'évaluation de la qualification du travail et politiques du personnel.* Groupe de sociologie du travail, Université de Paris VII, Paris 1976.

Par conséquent, ces méthodes ne livrent pas un concept de qualification. Par contre, on peut y trouver des descriptions d'emplois de nature à présenter de l'intérêt pour les ergonomes, pour les analystes des conditions de travail ou encore pour les spécialistes des organigrammes.

Au-delà de ce constat bien connu, un commentaire s'impose. Les méthodes de qualification du travail relèvent d'une démarche qui tend à isoler le poste de travail de son contexte. L'ensemble des tâches qui constituent le poste de travail est manifestement le résultat d'un découpage au sein d'un ensemble plus vaste. Tel poste particulier n'est qu'un moment de la division du travail à son niveau le plus détaillé. Ce moment n'a de sens que par référence à l'environnement qui le façonne et le fait évoluer. De sorte que l'isolement du poste (et par suite de la qualification) donne l'illusion que l'objet de l'analyse est à la fois inévitable et immuable. On retrouve ici la dimension justificative de la « job évaluation », mais aussi le caractère artificiel du découpage d'une réalité qui ne se prête sans doute pas à de pareilles manœuvres.

La question qui se pose ici est de savoir si la notion de qualification du poste a ou non un sens. Si on formule cette question autrement, on est conduit à s'interroger sur le point de savoir si on peut concevoir un poste de travail indépendamment des caractéristiques des travailleurs qui l'occuperont. Cette question n'est qu'un aspect d'une interrogation plus générale sur le mode de conception des techniques de production, en ce qu'elles tiennent compte de la nature de la force de travail.

Quel est alors l'intérêt de la notion de qualification du poste du point de vue analytique ? Est-elle purement un instrument de gestion du personnel, auquel cas elle ne peut être étudiée que comme élément de la stratégie patronale, ou bien est-elle en même temps la représentation au moins partielle d'une réalité ?

Cette deuxième question peut être formulée de façon beaucoup plus générale. Peut-on dissocier les caractéristiques de la force de travail du type d'équipement utilisé et du mode de division du travail ? Autrement dit, peut-on découper en tranches autonomes le concept de force productive ?

Si ce découpage est possible, c'est-à-dire s'il est conforme à la réalité du procès de travail, on peut effectivement espérer retirer un bénéfice analytique des méthodes de « job évaluation ». Le champ est alors libre pour discuter et comparer les critères retenus ainsi que les pondérations adoptées.

Nous estimons au contraire que cette dissociation n'est pas possible, qu'il y a des liens entre la technologie et la force de travail, qu'il existe une certaine cohérence des forces productives, même si les formes de cette cohérence restent à expliciter.

Il ne s'agit pas de laisser entendre que le type d'équipement et l'organisation du travail sont conçus et aménagés de façon à rendre le travail moins pénible et plus exaltant, dans ce qui serait une harmonie des forces productives. Cohérence ne signifie pas harmonie.

Le type de liens qui existent peut bien impliquer une exploitation de la force de travail, notamment sous la forme d'une excessive intensité du travail. Il peut bien comporter d'autres atteintes à la santé des travailleurs [1]. Il n'en reste pas moins qu'il ne serait guère réaliste d'imaginer que les critères de rentabilité des investissements s'accommodent de la mise en place d'équipements que la force de travail ne saurait ou ne pourrait mettre en œuvre.

Il faut bien qu'il y ait une certaine compatibilité entre les « exigences du poste » et les caractéristiques de la « main-d'œuvre ». On peut s'en convaincre en songeant que pour une production donnée, les investissements varient selon les pays compte tenu précisément des traits propres aux forces de travail correspondantes [2]. Cette souplesse est sans doute inégale selon les procès de production, mais il n'y a guère que dans les procès de production entièrement automatisés que la souplesse est réduite à peu de choses.

De sorte que, sous une forme aussi générale, l'affirmation d'une cohérence ou d'une compatibilité nous paraît difficilement contestable. Elle devient autrement source de discussion dès que l'on s'efforce de préciser ce que sont les caractéristiques de la force de travail qui sont prises en compte, autrement dit quel est le contenu de ce que négligent les conceptions de la qualification restreintes au poste de travail. Nous nous efforcerons de préciser ce premier point ci-dessous, à propos de la manière dont nous concevons le concept de qualification.

B. **La qualification des personnes.**

A l'inverse des optiques précédentes où la qualification se rapporte aux postes de travail, la qualification est le plus souvent définie comme la capacité ou l'aptitude des personnes. Elle trouve d'ailleurs grâce dans le dictionnaire « Robert », la qualification au sens professionnel y étant entendue comme « formation et aptitude de l'ouvrier qualifié ».

Plusieurs définitions insistent sur tel ou tel aspect de la qualification ainsi conçue.

Après l'avoir distinguée de la qualification de l'emploi, M. Vernières estime que « au titre d'hypothèse de travail, la qualification d'un travailleur peut se définir comme l'acquis, issu de l'expérience et de la formation » [3].

Pour M. Freyssenet, « la qualification d'un travail se mesure au degré et à la fréquence de l'activité intellectuelle qu'il exige pour être exécuté » [4].

---

1 Comme l'illustre le *Livre blanc sur les conditions de travail dans l'agglomération grenobloise.* Unions départementales CGT, CFDT, édit. Presses universitaires de Grenoble, Grenoble 1977.

2 Dans le cas d'usines « clefs en mains » conçues indépendamment des caractéristiques locales de la force de travail, il en résulte des déboires qui illustrent a contrario la nécessité d'une compatibilité.

Plus généralement, nombre de documents considèrent que la qualification est un acquis, obtenu par la formation et l'expérience professionnelle. P. Naville insiste sur ces aspects, en les englobant sous le terme d'apprentissage : « *l'élément essentiel de la qualification d'un travail, c'est le temps nécessaire à son apprentissage.* Mais cet énoncé doit être immédiatement corrigé : *le temps nécessaire, c'est le temps minimum nécessaire dans un état social donné* » [5]. Dans certains cas, la difficulté de comparer entre elles les formations de nature différente, la difficulté de rapporter à un dénominateur commun les expériences professionnelles, conduisent à ramener la qualification à la durée de formation. On obtient ainsi une échelle des qualifications qui est la même que l'échelle des temps de formation.

De fait, le temps de formation étant le seul élément objectif, il tend à s'imposer comme seul critère de mesure à chaque fois que les discussions sur les qualifications ont une incidence sur les classifications et sur les salaires.

Ainsi, on en arrive peu à peu à confondre plusieurs couples habitués à être cités dans les écrits d'économie du travail. Le travail qualifié est opposé au travail non qualifié, comme peut l'être le travail complexe au travail simple. Tout est affaire de quantité (durée) de formation.

Cette manière d'appréhender les qualifications débouche naturellement sur les discussions relatives au phénomène de déqualification. Ce n'est, en effet, que lorsque la qualification est fonction du temps de formation que l'on peut aisément discourir sur la déqualification.

Cette vision des choses constate, d'une part, que le temps de formation des individus est de plus en plus long (allongement de la scolarité obligatoire, pléthore des universités...). Elle constate — ce qui est d'ailleurs beaucoup plus discutable — qu'un nombre toujours plus considérable d'emplois ne nécessitent pratiquement pas de formation pour être accomplis [6]. Le rapprochement de ces deux « faits » témoignerait de la déqualification, où des travailleurs capables de réaliser des opérations complexes sont contraints de n'exécuter que des gestes simples, leur savoir se stérilisant peu à peu. Au mieux, comme l'estime M. Freyssenet, une petite élite technicienne bénéficie d'un phénomène inverse, suggéré sous l'appellation de surqualification. Sur un plan historique, il y aurait affirmation de cette tendance, souvent regrettée lorsqu'on rappelle la disparition, l'éclatement du métier artisanal.

---

3 M. Vernières. Qualification et déqualification, essai de définition : *Trois essais sur la qualification.* Travaux du laboratoire d'économie sociale, polycopié, Paris, février 1977, p. 8.

4 M. Freyssenet : *Le processus de déqualification-surqualification de la force de travail.* CSU, Offset, Paris 1974, p. 121.

5 P. Naville : *Essai sur la qualification du travail.* Edit. Rivière, 1956, p. 72.

6 Ce serait l'accroissement du nombre des OS; la diminution, au niveau des travailleurs, des procédures de résolution des problèmes posés par l'accomplissement d'une tâche. Pour reprendre l'expression d'Y. Barel, ce serait la desalgorithmisation du travail. (*Le rapport humain à la matière dans le passé,* IPEPS-CNRS, Offset, Grenoble, juillet 1976).

Sans entrer dans le débat sur la déqualification, on peut faire observer qu'il confond, en général, deux phénomènes qu'il y aurait avantage à distinguer.

Une première chose, en effet, est le constat d'une sous-utilisation d'un savoir, acquis par l'intermédiaire du système éducatif ou par l'intermédiaire de l'expérience professionnelle. La déqualification est alors une sorte de gaspillage de la formation, autant pour la société que pour l'individu. On a bien là un phénomène tangible, même s'il est difficilement mesurable. Un polytechnicien affecté à la manutention des colis met sans doute peu à l'épreuve ses connaissances. Cependant, à partir de quel moment, de quel critère, peut-on établir qu'il y a déqualification dans ce premier sens ?

Une toute autre chose, par contre, est l'affirmation que le contenu des emplois se déqualifie dans le temps. Globalement, les emplois seraient moins qualifiés aujourd'hui qu'ils ne l'étaient autrefois.

En dehors du fait que le raisonnement s'applique maintenant aux emplois et non plus aux individus, cette deuxième perception de la déqualification franchit implicitement des obstacles pourtant redoutables.

Comment comparer, en effet, des emplois différents à des époques différentes ? Si on s'intéresse au contenu de l'emploi, on ne peut négliger de prendre en compte toutes les caractéristiques du procès de travail, c'est-à-dire l'objet de travail (la matière travaillée), les moyens de travail (les outils, les machines) et, enfin, le travail lui-même.

Or, il se trouve manifestement que le procès de travail est en perpétuelle évolution, pour un très grand nombre de raisons évidentes, telles que changement des matières premières, changement des produits fabriqués, changement des techniques de production, changement dans la division du travail à tous les niveaux auxquels elle se manifeste. Dans ces conditions, à quel emploi antérieur faut-il comparer celui des ouvrières de l'électronique ? Un conducteur de poids lourds peut-il être assimilé à un cocher ?

Ne disposant pas d'éléments pondérés qui puissent caractériser des emplois aussi différents, on ne peut, en fait, qu'abandonner le terrain de la comparaison des emplois entre eux pour rejoindre celui des titulaires d'emploi. La proposition se transforme pour devenir l'affirmation que les formations d'aujourd'hui sont moins élaborées qu'elles ne l'étaient autrefois. Le savoir de l'artisan traditionnel était plus complet, pense-t-on, que ne l'est celui de l'ouvrier moderne, fusse-t-il professionnel. Le savoir-faire serait plus complexe, plus qualifié, au point de mériter l'appellation de métier. Ce que sait faire un ouvrier professionnel ne mérite maintenant tout au plus que l'appellation d'emploi.

Il est très vraisemblable que l'on a assisté à un éclatement de ce qui était l'unité du procès de travail traditionnel, au fur et à mesure des développements de la division du travail, en détail et en particulier. Cet éclatement se manifeste sans doute par des pertes dans l'intérêt du travail, sa signification échappant désormais de plus en plus aux travailleurs. Cela ne signifie pas pour autant que l'on assiste à une déqualification, à moins que la qualification soit définie, non plus en termes d'aptitude, de capacité, mais en termes de satisfaction.

Il semble ainsi qu'à partir d'une constatation intuitive et juste, relative à une plus grande aliénation dans le travail, on soit passé à une appréciation plus aléatoire concernant les niveaux de formation.

Il nous semble que les types de formation (niveaux et natures) ne peuvent pas davantage que les emplois être comparés utilement d'une époque à une autre, faute de points de comparaison.

De sorte que les thèses sur la déqualification, au sens non d'un gaspillage mais d'une dépréciation de la formation, ne paraissent pas reposer sur des fondements solides. Il en résulte immédiatement que les définitions de la qualification fondée sur la seule formation — au sens large — ont une portée réduite d'autant, dans la mesure où elles ne sont pas de nature à fournir un concept très fécond. Comme on le verra ci-dessous, il y a lieu de tenir compte de la formation, mais nécessité de ne pas l'isoler d'autres dimensions avec lesquelles elle prend du coup une toute autre signification.

II. NOUVELLES APPROCHES DE LA QUALIFICATION

Au fond, deux principaux reproches peuvent être adressés aux conceptions dont il vient d'être fait état.

L'un consiste à déplorer qu'elles découpent une réalité qui s'y prête mal, en courant le risque d'en ignorer une partie ou d'en exagérer un aspect. L'autre consiste à regretter l'ambiguïté dont elles font parfois preuve, au point que l'on ne sait s'il est question du contenu des emplois ou s'il est question de la formation.

Le second reproche est d'autant plus fondé que les qualifications sont au centre de négociations entre patronat, syndicats et Etat dans la mesure où s'y attachent principalement des conséquences en matière de salaire [1].

A. La distinction individu-emploi.

Ce constat a amené plusieurs spécialistes a entreprendre un effort de clarification dont l'essentiel consiste en une tentative de séparation de la dimension de la qualification liée à l'emploi de la dimension de la qualification liée à la formation, même si la plupart du temps une liaison est annoncée.

1 Les « qualifications » sont négociées en classifications auxquelles s'attachent des taux horaires qui déterminent l'essentiel du salaire.

La distinction se trouve dans le texte de A. d'Iribarne et M. de Virville : « La qualification se situe à l'intersection des systèmes productifs et éducatifs. Elle est constituée par un potentiel qui est, entre autre, acquis à travers l'appareil éducatif et qui se manifeste lors de sa mise en œuvre dans le processus de travail. Elle fait l'objet d'une reconnaissance à travers la répartition du surplus dégagé par ce processus ». Insérée dans une réflexion consacrée à une comparaison entre la situation française et la situation allemande, cette définition suggère l'existence de deux versants de la qualification.

L'un des deux versants est lié au fonctionnement du système éducatif qui intervient « entre autres » pour donner à la qualification ses caractéristiques. Cependant ces caractéristiques ne seraient en quelque sorte que conditionnelles, puisqu'il faut ensuite qu'elles se « manifestent » dans le système productif. Cette manifestation est le second versant de la qualification qui obéirait ainsi à un processus de création puis de mise à l'épreuve.

L'avantage de cette définition est d'insister sur l'autonomie certaine entre le système éducatif et le système productif, même si l' « intersection » entre les deux systèmes peut révéler des inadéquations et des contradictions.

D'autres auteurs établissent une différenciation encore plus radicale. Ainsi R. Salais insiste sur l'intérêt de distinguer deux approches de la qualification : « La première considère l'offre de travail des individus, la seconde la demande de travail du système productif » [1]. De même, M. Vernières dans son article estime qu'il y a là « deux notions distinctes, mais non sans relation ». Dès lors, et contrairement à l'usage, il serait sans doute bon de recourir à deux termes différents : classification des emplois et qualification des travailleurs.

Ces efforts ont incontestablement le mérite de supprimer un défaut majeur dans lequel se trouvait auparavant l'état des discussions sur les qualifications. D'une part, il existe un ensemble de caractéristiques individuelles qui précisent ce que sont les capacités ou aptitudes. On peut imaginer que ces aptitudes sont à la fois d'ordre intellectuel (connaissances théoriques, capacité d'analyse, de synthèse...) et d'ordre physique (dextérité, résistance à un ordre de gestes...). Ces facultés sont acquises par les individus au travers de leur passage dans le système éducatif mais aussi grâce à leur expérience professionnelle. C'est une sorte d'aptitude « ex ante » par rapport à un emploi.

D'autre part, il existe un système productif qui requiert, à un moment donné, des travailleurs dont il définit les caractéristiques (connaissances techniques, expérience...).

Dans le premier cas, il s'agit de la qualification des personnes. Dans le second, il s'agit de celle des emplois. Ces deux familles de propriétés

---

1 R. Salais. Qualification individuelle et qualification de l'emploi : quelques définitions et interrogations, *Economie et statistique*, n° 81-82, septembre-octobre 1976, p. 9.

sont le fait de logiques différentes, au point qu'une terminologie différenciée est souhaitée.

Ces différents auteurs notent avec M. Vernières que « qualification individuelle » et « qualification de l'emploi » ne sont pas sans liens. C'est le cas de A. Goy qui écrit dans son article (p. 135) : « Remarquons qu'il ne s'agit pas de définir une qualification des individus indépendamment des emplois qu'ils sont susceptibles d'occuper. La notion de qualification ne prend son sens que lorsqu'on considère le couple homme-travail et les capacités humaines mises en œuvre dans le travail. »

Indépendamment des mises en garde de ce type, il nous paraît qu'il existe un risque de mettre l'accent sur ce qui différencie plutôt que sur ce qui relie. Une tentation de cet ordre amènerait indiscutablement à réduire nombre d'ambiguïtés, sans pour autant ouvrir des voies de réflexion fructueuses.

Plaçons-nous un instant dans le cadre de cette hypothèse d'école pour nous permettre quelques rappels à l'occasion de sa critique.

On peut à bon droit distinguer qualification de l'emploi et qualification de l'individu — hors de ce qui est nécessaire à l'analyse [1] — qu'à la condition qu'il n'y ait pas de relation autre que mineure ou secondaire entre les deux phénomènes.

Cette condition revient à dire que les deux logiques, l'une du système de formation, l'autre du système productif, sont pour l'essentiel indépendantes. Il faut donc se demander si cette proposition est vraisemblable.

Les emplois sont-ils conçus et tenus indépendamment du système éducatif ? Nous avons ci-dessus exprimé l'avis qu'il n'en est rien. On peut compléter cet avis en rappelant deux éléments bien connus.

D'une part, on note fréquemment que le contenu des emplois varie selon les individus qui l'occupent. Cette constatation, qui vaut tout particulièrement pour les emplois dits supérieurs ou pour les emplois mal définis, vaut également, à un degré moindre, pour des emplois à caractère répétitif, excluant apparemment toute fantaisie. On sait qu'entre le contenu prescrit par le bureau des méthodes lorsqu'il définit une gamme de production et le contenu réel, il existe une marge, variable mais indéniable. A quoi attribuer cette marge sinon au fait que les travailleurs modèlent plus ou moins leur emploi ? Il ne s'agit naturellement pas de dire ici que leur latitude est totale ou même grande, mais de constater que les caractéristiques individuelles ne sont pas absentes de la définition du contenu des emplois. Il y a une distance considérable entre une affirmation du type « le poste est ce qu'en fait son titulaire » et l'affirmation que le poste existe indépendamment de tout titulaire. De

1 La distinction en tant qu'étape du raisonnement ne doit pas être confondue avec l'opinion selon laquelle il s'agit de deux phénomènes distincts, voire étrangers.

sorte que, outre la constatation rappelée plus haut que la conception même des emplois ne peut être élaborée en dehors des caractéristiques générales de la force de travail, il faut bien admettre une certaine souplesse au niveau de chaque poste [1]. Sur un plan général, et sur un plan particulier, on trouve deux motifs de penser que la qualification des individus a des répercussions sur le contenu des emplois.

D'autre part, on tire argument d'une prétendue « inadéquation » du système éducatif au système productif pour conclure à l'autonomie des deux systèmes.

Les thèses sur l' « inadéquation » ou l'inadaptation, selon lesquelles les formations générales et professionnelles actuellement dispensées ne correspondent pas aux « besoins » des employeurs, reposent en fait sur une série d'hypothèses rarement explicitées.

Une de ces hypothèses est que l'on connaît les conditions dans lesquelles se réalise le passage de la formation à l'emploi, autrement dit la manière dont la formation est « utile » ou « utilisée » dans le cadre de l'emploi effectivement occupé. Cette hypothèse revient à professer que l'on est au clair sur les problèmes posés par les qualifications, entendues comme un ensemble de compétences confrontées aux « exigences » de l'emploi. On ne pourrait, en effet, parler d'inadaptation dès lors qu'on aurait quelques incertitudes sur les modalités de la confrontation emploi-formation.

Ces modalités sont relatives au contenu de la formation, mais aussi aux délais pour acquérir la formation nécessaire. L' « inadaptation » est un concept qui peut reposer sur l'idée que les délais sont suffisamment longs pour constituer un obstacle à l'occupation d'un emploi, ou encore sur l'idée que la « transférabilité » (c'est-à-dire l'accès à plusieurs emplois à partir d'une même formation) est faible [2].

Il est clair que de courts délais et une transférabilité aisée se traduiraient par une absence d'inadaptation, hors les problèmes quantitatifs, et le chômage ne serait en définitive qu'une question de taux de croissance de la production et de la population.

Une autre hypothèse est que l'adéquation emploi-formation pourrait avoir lieu si le système éducatif était capable de s'adapter très rapidement à un ensemble mouvant d'offres d'emploi. Autrement dit, il devrait être susceptible de créer et de supprimer à tout moment des filières de formation, avec une adéquation régionale pour le cas où la population ne consentirait pas à être parfaitement mobile. Cela revient, le raisonnement

---

1 Cette observation est renforcée par l'idée de plus en plus admise et fortement soulignée par A. d'Iribarne et M. de Virville que l'état de la technologie ne livre pas une mais plusieurs solutions au niveau du contenu du travail : « cela signifie donc qu'il existe de nombreuses possibilités de structuration du travail, dans un pays et un contexte technico-économique donnés » art. cit.

2 Le terme de transférabilité est utilisé par J. Vincens, in *Insertion des jeunes dans la vie active et planification de l'éducation*. CEREQ, document ronéoté, Paris, avril 1976, p. 104.

une fois poussé à l'extrême, à estimer qu'on peut simultanément former les formateurs et les formés d'une filière entièrement nouvelle.

On suppose en outre que l'on connaît, pour le présent et le futur, la nature et le nombre des emplois offerts.

Si la division du travail, à tous les niveaux auxquels elle se manifeste [1], était parfaitement stable on pourrait penser que la répartition des tâches qui en résulte est elle-même stable, ainsi que le contenu des emplois. La question de la nature des emplois ne serait donc pas de l'ordre de la prévision et seule se poserait la question du nombre d'emplois à prévoir. Si telle était bien la situation, il suffirait de définir une relation entre l'emploi et le rythme d'activité. Toute erreur de prévision en matière d'emploi ne serait que le reflet d'une erreur des spécialistes de conjoncture.

On pourrait, dans cette perspective là, se satisfaire de deux catégories d'information : l'une sur la structure actuelle de l'emploi (à partir de l'enquête structure des emplois), l'autre sur les taux de croissance des branches correspondantes.

Si, par contre, la division du travail est un processus, la question de la prévision du nombre et de la nature des emplois est nettement plus compliquée. Dans cette hypothèse, deux cas de figure se présentent.

Ou bien les processus de la division du travail sont bien connus et l'on peut nuancer les projections d'emploi pour disposer de données globales à peu près sérieuses.

Ou bien les processus de la division du travail sont mal connus et la prévision doit reposer, pour avoir quelque chance d'être vraisemblable, sur les prévisions d'embauche des employeurs [2].

Dans ce dernier cas, deux questions (au moins) méritent d'être posées. L'une est relative à la disposition d'esprit des employeurs quant au fait de rendre publics leurs plans d'embauche. Ce qui est loin d'être évident pour l'embauche l'est encore plus pour les réductions d'effectifs, annoncées le plus tard possible.

En supposant toutefois que l'accès à l'information soit aisé, encore faudrait-il que la nature de l'information ait une signification et qu'elle se présente de manière cohérente pour pouvoir être exploitée.

Même en admettant que soient résolus les problèmes méthodologiques et qu'il n'y ait aucun secret, les prévisions ne sauraient être réellement envisagées que si les données de base existaient, c'est-à-dire si les employeurs disposaient de plans à long terme indiquant effectifs et struc-

1 Comme le précise M. Couetoux dans *Recherche sur les processus de la division du travail.* IREP, document ronéoté, Grenoble, janvier 1976, p. 7.

2 C'est en partie sur ces prévisions que repose une étude sur *Les relations entre l'emploi et la formation professionnelle dans la région Rhône-Alpes 1975-1976*. Lyon, Région Rhône-Alpes, document ronéoté, septembre 1976.

tures des effectifs. Si ces chiffres à long terme n'existaient pas, il faudrait au moins que les employeurs soient à même d'indiquer les tendances qu'ils décèlent ou qu'ils orientent quant à la division du travail à son niveau le plus détaillé, où elle concerne la répartition des tâches.

On pressent que les appréciations sur l'inadéquation emploi-formation restent à démontrer, ce qui entame largement l'opinion selon laquelle on se trouve en présence d'une autonomie de deux systèmes qu'il s'agirait de combattre.

B. **La qualification comme rapport social.**

Les remarques qui précèdent nous incitent à penser qu'il est dans une large mesure artificiel de concevoir indépendamment l'une de l'autre la qualification des personnes et la qualification des emplois et nous entendons poursuivre la réflexion entreprise par les quelques auteurs qui ont contribué, récemment, à ouvrir en termes nouveaux le débat sur les qualifications [1].

Plus généralement, nombre de recherches en cours explorent ce qu'on peut appeler les relations mutuelles entre l'emploi et la formation. Dépassant une appréhension très formelle des relations emploi-formation [2], ces réflexions prennent en compte, à des niveaux différents et complémentaires, une multiplicité d'influences réciproques qu'exercent l'un sur l'autre le système éducatif et le système productif.

Le concept de qualification est englobé dans cette vision des choses. Il y a manifestement un rapport entre la qualification de l'emploi et celle de l'individu, de même qu'il y en a un entre la qualification de l'individu et celle de l'emploi. Ce ne sont pas deux dimensions étrangères l'une à l'autre mais deux dimensions qui n'existent que l'une par rapport à l'autre,

Ceci explique que la qualification ne puisse jamais être isolée de tout le contexte qui la conditionne et que les comparaisons dans le temps et dans l'espace aient un caractère extrêmement aléatoire.

C'est sans doute ce qui fait dire que « dans ses fondements la qualification est essentiellement culturelle (d'autres préfèrent le terme de politique), c'est-à-dire qu'elle est inhérente au système social existant à un moment donné » [3].

Le fait que la qualification soit ainsi liée à la technologie en vigueur, au mode de division du travail mis en œuvre par les propriétaires des moyens

---

1 Essentiellement A. d'Iribarne, M. Freyssenet, A. Goy, R. Salais, M. Vernières, J. Vincens, M. de Virville...

2 Telle qu'elle apparait dans *Les relations entre l'emploi et la formation professionnelle dans la région Rhône-Alpes 1975-1976*, op. cit.

3 *Que peut-on dire sur l'évolution des qualifications en France ?* CEREQ polycopié, Paris, avril 1976.

de production, au système éducatif... en fait un élément privilégié des conflits sociaux. Fortement déterminée par les détenteurs du pouvoir économique et politique, la qualification est en même temps l'objet de contestation et de revendication. Même M. Freyssenet, qui définit par ailleurs la qualification en fonction du degré et de la fréquence de l'activité intellectuelle, en vient à penser que « la qualification officielle est l'expression d'un rapport de force entre le capital et le travail » [1].

A notre sens, ce n'est pas seulement la qualification « officielle » [2] qui est l'expression d'un rapport de force, mais la qualification tout court.

La confrontation entre les capacités individuelles des travailleurs et les disciplines édictées par les entreprises fait intimement partie de la notion de qualification.

Tandis qu'une définition tronçonnée de la qualification néglige cet aspect essentiel, la conception de la qualification comme rapport social en fait un pivot autour duquel peuvent se comprendre les versants « individu » et les versants « emploi » de la qualification.

Déjà P. Rolle soulignait l'importance du système social dans la détermination de la qualification : « La qualification est découverte sur le marché de la force de travail, comme rareté sociale relative... Rareté sociale, dirons-nous, c'est-à-dire conditionnée par le système social, et non par des déterminations qui seraient d'un autre ordre » [3].

Si nous insistons sur ce caractère de rapport social de la qualification, c'est parce qu'à notre sens, la compréhension de la qualification ne peut progresser qu'en mettant en relation des éléments que les définitions partielles risquent d'isoler.

La qualification est un rapport social qui met en relation d'une part les composantes individuelles de la force de travail et d'autre part les exigences des propriétaires des moyens de production.

C'est un rapport qui se manifeste à l'occasion de la production et à ce titre il est une relation, une combinaison entre les hommes dans le cadre matériel des conditions de la production.

L'intérêt — mais aussi la difficulté — de concevoir ainsi la qualification est de ne jamais perdre de vue les interactions dont elle est le fruit. L. Althusser insiste avec force sur le caractère de combinaison, de « distribution-attribution » que revêt un rapport social de production. Estimant qu'une structure peut être un « fait », L. Althusser rappelle qu'« ils (Smith et Ricardo) étaient à cent lieues de pouvoir le *penser*, n'ayant jamais conçu, pas plus que toute la culture de leur temps, qu'un

---

1 M. Freyssenet, op. cit., p. 122-123.

2 Ce terme est d'ailleurs très ambigu, s'agissant des qualifications. Ou bien il vise les classifications, ou bien il vise les définitions des conventions collectives auxquelles la qualification d'officiel convient mal.

3 P. Rolle : Qualités de travail et hiérarchie des qualifications. *Sociologie du travail*, n° 2, 1973, p. 169.

« fait » put être l'existence d'un *rapport* de complexité, cosubstantiel au mode de production tout entier dominant son présent, ses crises, son avenir, déterminant comme loi de sa structure la réalité économique toute entière, jusque dans le détail visible des phénomènes empiriques — tout en demeurant invisible dans leur évidence aveuglante même »[1].

Les rapports sociaux ne font pas, à notre connaissance, l'objet d'une étude spécifique, à l'exception de ce qu'en disent L. Althusser et E. Balibar[2]. C'est sans doute précisément parce qu'ils ne peuvent pas, par nature, être isolés des éléments qu'ils mettent en cause.

Nous avons essayé de montrer qu'il en était ainsi pour la qualification.

Ceci ne signifie naturellement pas qu'il faille se priver des données (enquêtes, nomenclatures...) restreintes à un seul élément du rapport. Cela invite à les regarder comme telles, c'est-à-dire comme des instruments rendant approximativement et partiellement compte d'une réalité dont il s'agit de cerner la complexité[3].

Ceci ne signifie pas non plus qu'il faille abandonner des distinctions provisoires, conçues comme un moment de l'analyse, mis au service d'une synthèse ultérieure.

L'approche de la qualification comme rapport social implique une tentation qui est de délimiter un champ au sein duquel se situe ce rapport social. Le champ étant défini de façon très large, on aboutit immédiatement à un recensement impressionnant de facteurs susceptibles d'influencer les qualifications. En effet, les caractéristiques du système éducatif, ajoutées à celles du système productif, constituent un inventaire particulièrement général. Le risque est de mettre sur le même plan des éléments d'importance inégale et de diluer la notion de qualification. Cependant ce risque a déjà été fortement réduit par les travaux qui ont cherché à repérer les facteurs essentiels d'évolution des qualifications[4].

Au-delà de cette délimitation, la difficulté essentielle est d'identifier les relations principales qui permettront d'améliorer la perception de la qualification. Dans l'état actuel des connaissances, la recherche d'identification se traduit par un effort pour formuler de bonnes questions, permettant à la recherche d'avancer.

L'intérêt de ces questions, de ces hypothèses, est d'identifier les filières, réseaux, flux... bref les relations qui, à elles toutes, constituent la qualification.

---

1 L. Althusser : *Lire le capital.* Paris, Edit. Maspéro, 1969, petitte collection, tome II, p. 55.

2 On trouve cependant des remarques à ce sujet formulées par Ch. Bettelheim : *Calcul économique et formes de propriété.* Paris, Edit. Maspéro, 1970, p. 57, ou encore par R. Fossaert : *La Société*, Paris, Edit. du Seuil, 1977, tome 2, chapitre 4.

3 Tout à fait précieux est, par exemple, le dossier rassemblé par le CEREQ : *Evolution des emplois et des qualifications dans les secteurs de l'industrie, des services et du commerce.* Paris, La Documentation française, décembre 1976.

4 Ainsi A. d'Iribarne et de M. de Virville, article p 19, A. Goy, article p. 105, etc.

Les dernières recherches entreprises tendent à formuler les premières de ces questions. Elles essaient manifestement de renouveler une problématique formulée jusque-là strictement en termes comptables (flux et stocks).

Dans cette perspective, A. d'Iribarne et M. de Virville s'interrogent sur l'impact du système éducatif sur la « structuration du travail » : « On serait donc en présence d'une action différenciatrice (ou surdifférenciation) de l'appareil éducatif sur la structuration du travail qui reste à expliquer » [1].

On peut renverser le sens de cette action et s'interroger sur l'influence que le système productif exerce sur le système éducatif. Dans quelle mesure et comment le système productif interviendrait-il non seulement dans la formation professionnelle [2], mais dans la formation générale ? Il s'agirait cette fois de l'impact du système productif sur le système éducatif et on peut imaginer que cette influence emprunte de nombreux détours et médiations qu'il reste à identifier.

La difficulté est que ces relations s'entrecroisent, agissent les unes sur les autres avec des échéanciers différents. C'est que les comportements et stratégies du patronat, des syndicats, de l'Etat englobent ce qui a trait à la qualification dans des perspectives plus complexes et plus vastes, confrontant la recherche à une réalité qui paraît inextricable.

Aussi bien la démarche réaliste consiste-t-elle à approcher ce rapport social par des descriptions modestes mais sûres, avec le souci de les inscrire dans une vision d'ensemble. N'est-ce pas répondre à l'appel d'H. Bartoli lorsqu'il invite à réhabiliter la description : « Elle est un discours situé au niveau de l'expérience vécue et de l'interprétation première, un inventaire de données empiriques guidé par des choix préalables, qui livre du « concret » où se mêlent l'apparent et le réel. Elle détermine avec le plus de précision possible, si elle est bien conduite, les caractérisques et les propriétés des phénomènes observés » [3].

---

1 A. d'Iribarne et M. de Virville, article p. 19.

2 Au niveau du choix des spécialités à enseigner, au niveau des programmes, au niveau de la pédagogie...

3 H. Bartoli : Economie et création collective. Paris, *Economica*, 1977, p. 363.

LA QUALIFICATION ET LE TEMPS*

Raymond-Pierre Bodin,
Université des sciences sociales de Grenoble
Gilbert Jean,
Echelon régional de l'emploi de Marseille

Traditionnellement les tâches ou postes de travail sont caractérisés par la qualification qu'on leur attribue. De la même manière, pour un individu, une formation générale et professionnelle, complétée par l'expérience, le conduit à un niveau déterminé de qualification. Le « concept » s'applique donc tantôt à l'emploi (ou poste) défini par l'organisation du travail, tantôt au travailleur salarié.

Mais la qualification, c'est d'abord pour nous la fonction de légitimation des différences de salaires, et par là de légitimation du mode de division du travail fondé sur la séparation des tâches de conception, gestion, préparation, d'une part, et des tâches d'exécution d'autre part. L'idée qui fonde cette légitimation est que « le travail humain engage toute la personne, qu'il est donc incomparable par nature, doté de qualités originales et précieuses qui déterminent sa place dans la distribution des emplois, de même que chaque individu possède une identité propre »[1]. Or ces « qualités » sont de moins en moins définissables analytiquement par décomposition et mesure hiérarchisée (échelle) de capacités ou d'aptitudes. « Les besoins d'adaptation, de réapprentissages, d'adaptations multiples, le caractère collectif de certaines qualifications, la simplification extrême de certaines tenues de postes, tendent à séparer les connaissances techniques des besoins et possibilités de l'homme »[2].

---

* Cet article a été réalisé à partir d'un rapport de recherche intitulé : *La mobilité professionnelle interne (La métallurgie).* Ministère du Travail - CEREQ, document ronéoté, 1977, Marseille.

1 M. Couetoux : *L'analyse des emplois et des formations de niveau supérieur.* Bibliothèque du CEREQ, volume n° 6, nov. 1973, p. 67, La Documentation française.

2 P. Naville : *Temps et technique.* Librairie Droz, Genève, 1972, p. 184.

Si cette naturalisation de la qualification est donc de plus en plus facilement contestable, du fait des nouvelles conditions technologiques de la production, elle continue néanmoins à remplir un rôle de masquage du mécanisme marchand de la détermination du salaire ainsi que de la nature même de la valeur de la force de travail (égale au temps de travail social nécessaire à son entretien et à son renouvellement).

Au-delà de l'analyse du mode de détermination des salaires et du rôle des classifications d'emploi dans les jeux de rapports de forces, comme forme inachevée, et toujours transitoire, de la revendication d'identité du travailleur collectif, la question reste de savoir si la notion de qualification est un produit du système capitaliste en ce sens qu'elle est liée à l'apparition du salariat, la qualification « sociale » reconnue à un individu étant la meilleure manière de le positionner dans la structure sociale et par la même de légitimer ce qui n'est que le prix de sa survivance — le salaire — tel que l'a défini la classe dominante, ou si elle est inhérente à tout système social.

L'approche de P. Rolle nous semble particulièrement intéressante et pertinente lorsqu'il pose comme hypothèse que « *le salariat est un mode de régulation du rapport entre la préparation du travail et son exercice effectif. Cette régulation exige une mesure sociale* dont l'effet se découvre par les valeurs différentes accordées aux forces de travail diversement éduquées et les mouvements de répartition des individus entre les différents secteurs qu'induit cette inégalité »[1].

Cette identification de la qualification comme mesure sociale est généralement rapportée au temps d'apprentissage, au temps de formation de la force de travail. Nous posons l'hypothèse que la qualification mesure également, dans une traduction en échelle hiérarchisée, l'amplitude et l'intensité du temps de travail de chaque individu à l'intérieur des qualités propres reconnues à sa force de travail.

I QUALIFICATION ET TEMPS DE TRAVAIL

Tenter une nouvelle approche de la qualification c'est se poser le problème du temps et de sa mesure comme l'élément le plus fondamental de la vie sociale, et le signifiant le plus achevé et par là le plus directement lisible de nos sociétés. Le temps, à la fois « naturel » et mesurable, traverse les institutions par sa fonction de normativisation de la vie sociale. En ce sens, il est analyseur du système social parce qu'il permet de briser le mécanisme de double occultation (par la naturalisation des faits sociaux et la diversification, l'atomisation, la « poussié-

1 P. Rolle : « Qualités de travail et hiérarchie des qualifications » in *Sociologie du travail*, n° 2, 1973, p. 157-175.

risation » de l'appareil d'état) de la domination d'une classe sur une autre.

Dans l'introduction à son ouvrage « Temps et technique » P. Naville affirme : « L'analyse des conditions et structures de travail, et plus généralement des fonctions productives, montre que l'élément le plus simple qui les commande est le temps. Le temps apparaît aussi comme un phénomène rare, disponible en quantités limitées, parce que chaque homme n'en dispose que pour la durée de sa vie, et ne peut l'utiliser productivement que pour une partie de cette durée. Il devient ainsi l'enjeu capital des conflits sociaux, des estimations et prévisions d'emploi, et des aménagements de l'espace »[1].

On peut dire que depuis Marx, l'analyse de la structure du temps de travail a fait peu de progrès. La théorie objective de la valeur d'après laquelle c'est le temps moyen de dépense de force de travail qui sert de mesure-étalon dans les échanges, dans la production et la rémunération du travail semble toujours aussi pertinente.

A. **Le temps éclaté.**

L'organisation scientifique du travail (Taylor, Gilbreth, Fayolle et autres psychotechniciens ou organisateurs) est peut-être, dans son exacerbation techniciste à vocation pseudo-scientifique, la meilleure illustration de la relativité de la notion de qualification. En effet, même si les « qualités » spécifiques de chaque individu introduisent au départ des bases de rémunération légèrement différenciées, c'est le temps utilisé pour la réalisation d'un quelconque produit qui est rémunéré et il est d'autant mieux payé que son utilisation est moindre.

L'expression « gagner du temps » prend là toute sa valeur et sa signification oppressive et répressive. La mesure et le contrôle du temps peuvent être effectués de manières très diverses par le système capitaliste.

D'un côté on trouvera la parcellisation des tâches qui est fondée sur le fait que la force de travail capable de mener à bien un processus donné peut être achetée moins chère dissociée en éléments que réunie dans les capacités d'un seul travailleur. De l'autre côté, on mettra en place, pour les travaux ne permettant pas des interventions successives, un système de « temps imparti » ou de « travail au boni ».

On admet généralement que c'est de ce côté de la rivière « productivité » que se situe encore pour le travailleur la possibilité de faire valoir ses « qualités », sa qualification, son expérience professionnelle... Cette idée prend sa source dans la considération que le système capitaliste accorderait aux travailleurs réalisant des opérations sur machines-outils, par exemple.

---

1 P. Naville, op. cit., p. 8.

Douce illusion, généralement bien entretenue, mais qu'une sociologue comme J. Woodward réduit à néant en quelques phrases : « La qualification d'un opérateur d'usine fait appel à ses facultés de perception et de conception puisqu'il doit pendant un temps apprendre à absorber une grande quantité d'informations et à travailler de façon continue. Mais, cette qualification n'étant pas reconnue formellement, l'opérateur d'usine doit être recruté parmi les ouvriers semi-qualifiés à un taux de salaire relativement bas »[1].

Par le biais de la machine, formidable réification du rapport social de domination[2], le travailleur va voir son temps de travail encore plus contrôlé et mesuré, même si, par un stratagème particulièrement ingénieux et cruel, on lui laisse encore croire qu'il en maîtrise une partie.

A l'occasion d'une rencontre avec des ouvriers travaillant sur des tours à commande numérique dans une entreprise de construction aéronautique, ils nous ont expliqué comment ils avaient découvert un moyen de faire tourner leur machine à 110 % du régime programmé par l'ordinateur et ainsi de gagner un peu de temps pour « fumer une cigarette ou discuter avec un collègue ». Or, cette possibilité technique de gagner du temps n'était pas fortuite : elle était prévue et programmée par la direction pour que les travailleurs continuent à vivre sur une impression de maîtrise de la machine et finalement de maîtrise de leur temps de travail.

C'est probablement dans la littérature actuelle, Miklos Haraszti, qui démontre et démasque le mieux ce mécanisme occulte de domination du capital sur l'homme par le biais de la machine ainsi que la nécessaire paticipation (pour sa survie purement et simplement) du travailleur au renforcement de ce mécanisme[3]. Le travail « au forfait », au « temps imparti », au « boni » repose directement sur la comptabilisation du temps et sa traduction en terme de salaire.

Il est remarquable que toutes les opinions des responsables de la production et du personnel des entreprises convergent sur un point : la maîtrise du temps de travail des salariés est indissociable des normes de production et de rendement, imposées par le système de libre concurrence. Car les entreprises elles-mêmes n'échappent pas à la loi d'airain de respect des délais : « Quant un bateau est commandé, on n'a pas encore commencé à découper les tôles qu'on sait déjà à quelle date et à quel endroit du monde il va prendre son premier chargement. Les délais sont impératifs

---

1 J. Woodward : *Industrial Organisation : theorie and practice.* Condan, 1965.

2 Voir à ce propos H. Braverman : *Travail et capitalisme monopoliste.* Maspéro, 1976.

3 Miklos Haraszti : *Salaire aux pièces.* Le Seuil, 1976.
L'analyse d'Haraszti repose sur son expérience de travailleur en Hongrie. Si son livre est d'abord un document indispensable sur l'organisation du travail en pays socialiste, il prend une dimension universalisante, grâce à la capacité de l'auteur à dégager les ravages essentiels de l'exploitation des travailleurs (voir préface d'Heinrich Boll).

et les taux du défraiement payé aux armateurs par jour de dépassement sont très élevés »[1].

Les conséquences sur le contrôle du temps de production vont dans la logique du système et la notion de qualification apparaît alors dans sa véritable dimension : « Un ajusteur OP 2 qui vous dit : moi je fais un travail d'OP 3, sur quoi peut-il se baser ? *Si on lui met un OP 3 à côté de lui, on peut lui prouver que si lui met dix heures pour faire une pièce, l'OP 3 en huit heures va la faire aussi bien. Il n'y a pas de notion de qualification* »[2], [3].

Merveilleuse clarification qui remet en cause bien des conceptions préétablies sur ce problème. *La jauge sociale première de la qualification c'est le temps.* Ce que l'on reconnaît comme « qualité » première à un individu c'est sa capacité à mettre en œuvre dans un délai imparti une force de travail maximale en quantité et qualité[4].

Dans les entreprises de métallurgie lourde, le plus souvent polyvalence et qualification vont de pair car elles représentent la complémentarité des connaissances techniques, du savoir-faire et de la disponibilité nécessaires au travailleur pour affronter des tâches variées, seul ou collectivement, dans le cadre de la chaîne spatio-temporelle que composent les différents travaux.

La qualification d'un travailleur se définit alors non pas en fonction de l'emploi qu'il occupe effectivement à tel moment, mais de l'emploi qu'il est capable de tenir si les nécessités de la production l'imposent. Tenir signifie là : être capable d'effectuer les opérations techniques dans un temps compatible avec les normes.

---

1 Extrait de l'interview du chef du personnel d'un chantier de construction navale. La plupart de nos exemples proviennent d'une investigation dans le secteur de la construction et de la réparation navales méditerranéennes.

2 Un chef du personnel dans la construction navale.

3 De la même manière certains travailleurs sont amenés à réaliser des travaux normalement affectés à des ouvriers de qualification inférieure : « Je fais une pièce, si j'attaque la série, j'estime que je fais le travail d'un OP 1 puisque j'ai fait le proto, j'ai fait la gamme de travail, donc j'estime que c'est quelqu'un d'autre qui devrait continuer la série... mais malheureusement j'ai eu beaucoup d'expériences là-dessus, une fois que je mets un jeune, je le forme et tout, six mois après le patron estime que je suis trop cher... Alors actuellement j'ai changé de tactique, je ne travaille que pour moi-même un point c'est tout... C'est malheureux, mais il faut que j'en vienne là pour sauvegarder mon emploi, pour essayer de rester un peu plus longtemps dans la même entreprise... ». Interview d'un fraiseur de la réparation navale citée in *Production et consommation dans la structuration des pratiques de déplacement,* par D. Blettrach, A. Chenu et al. Oret. Université d'Aix-Marseille, 1977, p. 281.

4 « On fait moins d'heure et on travaille beaucoup plus. Avant on avait cinq heures pour faire un travail, maintenant on a une heure, alors il faut travailler beaucoup plus vite. Ils ont amélioré, ils ont mis des machines neuves qui en réalité ne nous servent à rien. » interview d'un monteur, op. cit. voir note 3, p. 284.

B. **Une forme de gestion collective du temps de travail.**

Revenons sur la formalisation du contrôle dans la construction et la réparation navales. Le travail en équipe, nécessaire dans la réparation navale, se fait aussi dans le carcan d'un forfait collectif qui détermine un type d'organisation où la norme d'efficacité est reprise et instrumentée par les travailleurs eux-mêmes : « Les chefs d'équipe [1] ne veulent pas prendre certains travaux à forfait avec des ouvriers qui travaillent moins vite et moins bien ; c'est eux-mêmes qui nous disent : si vous nous imposez ce forfait-là, je fais mon équipe moi-même » [2, 3].

Le rejet par les ouvriers eux-mêmes de leurs camarades trop lents à produire tient, bien sûr, à la nécessité de décrocher le « boni » qui permet d'atteindre un niveau de salaire jugé suffisant pour l'entretien de la force de travail.

Malheur aux exclus, mais malheur aussi à ceux qui, dominés et exploités, ont eu la possibilité d'user leur force de travail pour quelques sequins de plus (parfois les deux tiers de la rémunération finale sont acquis par les « boni ») : « quand les gens atteignent la cinquantaine, il y en a de plus en plus qui sont inaptes aux travaux de bord. On est amené à les rapatrier dans les ateliers parce que, quand même, on ne peut vraiment pas les foutre dehors purement et simplement à cet âge-là et avec l'ancienneté qu'ils ont. Par contre, pour les gens qui n'ont pas d'ancienneté, on les chasse avec rupture du contrat de travail » [4].

Or, passer du bord à l'atelier c'est ne plus bénéficier de tout le système de primes (salissures, hauteur...) et de « boni ». Etre inapte au travail de bord à cinquante ans signifie que le terme d'entretien de la force de travail n'est pas adapté.

L'usure physique et psychique des travailleurs n'est pas un vain mot. Si pendant les années les plus productives de sa vie, le travailleur se maintient dans un état de santé satisfaisant, c'est grâce à de multiples

---

1 Les chefs d'équipe ne font pas partie de la maîtrise d'encadrement. On peut considérer, en termes de catégories, qu'ils sont l'équivalent « à bord » des agents techniques d'ateliers.

2 Ingénieur de production dans une entreprise de réparation navale.

3 Les ouvriers sont conscients de ces problèmes, et jugent souvent leurs chefs d'équipe sur leur habileté ou leur volonté à (de) laisser un minimum de liberté dans le cadre de la réalisation d'un travail ou forfait collectif : « Un chef d'équipe c'est un ouvrier comme nous, mais eux, ils ne se considèrent pas comme des ouvriers, pas tous ; dans la majorité les types sont bien. J'appelle un type bien, si vous avez un type qui est fatigué, si le chef d'équipe est un brave type, il le voit mais si vous faites une belle journée et le lendemain vous êtes fatigué, il le voit et le chef d'équipe normal qui veut pas trop monter, il dira rien. Celui qui veut monter, il ira au chef de chantier ». Interview d'un soudeur, in D. Bleitrach et A. Chenut, op. cit., p. 288.

4 Chef du personnel dans une entreprise de réparation navale.

restrictions dans les éléments (logement, loisirs, alimentation, vie familiale...) déterminant sa capacité d'adaptation à des agressions externes [1], le gain financier étant une faible compensation. D'autant plus qu'elle est aléatoire, l'accident du travail « étant en rupture du contrat de travail et pouvant amener à un licenciement » [2].

C. **Normes de production et qualification.**

La notion de temps de travail ne fait pas seulement référence à la durée, à l'amplitude, mais aussi à l'intensité de la production pendant cette durée. C'est évident pour un travail sur chaîne de montage industrielle où la cadence est imposée et modifiable selon le bon vouloir de la direction (Ch. Chaplin et « Les temps modernes » sont hélas toujours d'actualité). Dans le travail au « boni », cela peut prendre des aspects ubuesques. Pour éclairer notre propos, nous allons tenter de relater les principaux épisodes d'un conflit qui a opposé, il y a deux ans, la corporation des soudeurs à la direction de la plus grande entreprise française de réparation navale.

Les soudeurs sont rémunérés à un salaire de base prenant en compte leur catégorie professionnelle mais inférieur au salaire moyen de la métallurgie. S'y ajoute une rémunération sur la base d'un barème au métrage, c'est-à-dire un certain nombre de mètres de soudure à effectuer en un temps donné, prenant en compte les conditions techniques et physiques de réalisation de la tâche (types de soudure — état du support — à fond de cale ou à l'air libre...). Pour le travail en atelier, on utilise généralement l'IRMO (Indicateur de Rendement des Machines-Outils).

C'est dans le cadre de ce barème que peut être décroché le fameux « boni ». Par exemple, un soudeur travaillant six heures par jour (et rémunéré pour huit heures au salaire de base) arrivait à gagner 72 % de « boni ». Comme le dit le chef du personnel dans un langage significatif : « il gagnait deux fois son temps de travail ».

La direction avait essayé plusieurs fois de modifier le barème au métrage, mais devant la réponse des soudeurs, elle avait dû maintenir les avantages acquis. En octobre 1974, une bonne occasion semble se présenter. Un navire qui venait juste d'être terminé dans les chantiers navals voisins avait brûlé. Il fallait changer le « château », c'est-à-dire l'arrière du navire posé sur la poupe où se situent le poste de commandement et

---

1 « La rentabilité accrue n'est possible que dans la mesure où, malgré des conditions de travail désastreuse, les travailleurs maintiennent la même cadence, c'est-à-dire les supportent et y adaptent leur organisme. Ou ils y laissent leur santé — et parfois leur vie — ou, ils doivent accroître le temps de leur récupération, en prélevant sur le reste de leur temps de vie. Au sens très précis de ce terme, le taux de profit supplémentaire qui en résulte est le fruit de ce prélèvement sur la personne physique du travailleur ». *Livre blanc sur les conditions de travail dans l'agglomération grenobloises.* CGT-CFDT-Presses universitaires de Grenoble, 1977, p. 12.

2 Chef du personnel dans une entreprise de construction navale.

les diverses installations destinées à l'équipage. Considérant que le navire est neuf et que le travail doit se faire dans de bonnes conditions (à l'air libre, liberté de mouvement, absence de risques) la direction propose une modification partielle du barème « pour étudier la question » : « Au lieu de faire 20 mètres, vous en faites 27 »[1].

La réponse des soudeurs est immédiate : ils se mettent à la journée. Cela signifie qu'ils viennent travailler huit heures, mais ne font pas de métrage supplémentaire donc ne touchent pas le « boni »[2]. L'analyse de la direction est simple : « *Pratiquement, les soudeurs ne travaillent pas* parce que « travailler à la journée », cela veut dire faire une journée normale et conduit à chômer la moitié ou les deux tiers du temps »[1].

C'est donc une « grève perlée »[3]. L'analyse de la direction est cohérente dans la logique du système capitaliste et en même temps elle se démasque complètement. Ce n'est pas la durée du travail qui est mesurée, contrôlée, c'est son intensité par le biais du rendement. *Le « boni », ce n'est pas ce que les travailleurs peuvent « décrocher », c'est ce qu'ils doivent s'approprier. Toute la production est basée sur une norme d'utilisation maximale de la force de travail, même si elle n'est pas imposée directement, et prend la forme d'une décision volontaire de l'individu.*

Après avoir envisagé de supprimer la corporation des soudeurs en faisant faire le travail à façon par des entreprises sous-traitantes, l'entreprise a adopté un moyen terme qui, économiquement, lui coûte cher et consacre pour l'instant la victoire des travailleurs. Le barème du métrage a été supprimé. Chaque soudeur touche un « boni » forfaitaire de 80 % mais doit travailler huit heures à une cadence indéterminée, dont on peut estimer qu'elle est comparable à celle qui avait cours avant la « grève perlée ». La direction estime d'ailleurs que le rendement a un peu diminué mais qu' « on a gagné de la qualité, le travail est mieux fait ».

Ce type d'appropriation d'une amélioration de la qualité de la production est surprenant puisque ce sont les travailleurs qui ont imposé (pour

---

1 Chef du personnel.

2 Dans la réparation navale « être à la journée » est différent d'« être à la cour ». « Etre à la journée » signifie que l'on travaille sans boni et sans heure supplémentaire pour des raisons liées à un plan de charge restreint. « Etre à la cour » signifie qu'il n'y a plus de travail du tout, mais que la direction rémunère les travailleurs sur un salaire de base fixé par accord d'entreprise. Dans les deux cas, c'est la direction qui décide en fonction de son carnet de commande, le troisième cas de figure étant bien sûr le licenciement.

3 Un ouvrier-mécanicien d'entretien interrogé lors d'une autre recherche donnait son impression sur ce conflit de la manière suivante :
« Au début on avait un moyen, on faisait grève illimitée mais on s'est aperçu que c'était pas bon parce que le patron c'était lui qui sortait le plus souvent gagnant. Maintenant nouvelle tactique : on fout plus rien ! on se met plus en grève mais on fout plus rien, carrément, on est à notre poste de travail ! L'huissier dit : « qu'est-ce que vous voulez que je vous dise, ils travaillent ». Mais le patron voyait qu'on était à notre poste mais qu'on faisait rien. Mais l'huissier, il comprenait que dalle ! Il disait : « pour moi, ils sont à leur poste de travail, ils travaillent ! » Depuis qu'on a fait cette tactique, disons que le patron négocie facilement... disons qu'instantanément il nous reçoit, ça discute. » in D. Bleitrach, A. Chenu, op. cit. p. 291.

combien de temps ?) cette amélioration. *Débarrassés de la nécessité de « courir la montre », les salariés se requalifient et démontrent que la qualification du travailleur ne peut être liée à sa production que si celle-ci est quelque peu libérée du carcan temporel.*

L'intérêt de cet exemple réside dans la mise à jour de la double fonction que remplit *la norme (barème).* A la fois, *elle joue un rôle d'incitation et de planification.* Actuellement, ce rôle d'incitation a disparu puisque le « boni » est intégré au salaire et que les soudeurs deviennent pratiquement des salariés au temps, ne pouvant pas augmenter leur rémunération par l'accroissement de la production. Si la direction a accepté ce compromis, c'est d'abord que le non-respect de la norme par les soudeurs, lorsqu'ils se sont mis « à la journée », bouleversait complètement la planification.

Cette fonction de planification de la norme, permettant de calculer le coût de production des produits, la rentabilité des investissements, les délais de livraison, est sans doute, dans le cas de beaucoup d'entreprises, aussi importante que la fonction d'incitation au travail qu'on lui attribue communément.

Mais un autre élément joue dans la position de la direction. En effet, peu produire pendant le temps de travail et sur le lieu de travail, c'est la remise en cause de l'ordre établi, c'est la transgression du rituel, c'est l'intolérable apparition d'une véritable volonté individuelle ou collective sur le rendement et la production. Le « boni » n'est donc pas proposé mais imposé et l'adhésion collective des travailleurs à ce qu'il définit est la condition nécessaire du bon fonctionnement (pour le capitaliste) de l'entreprise.

Avant d'en terminer sur ce point, il est intéressant de présenter, à notre avis, des extraits assez longs de « Salaires aux pièces » sur le salaire au temps et le salaire au « boni », dans la mesure où la clarté et la simplicité apparentes de ce texte permettent une illustration de nos propos :

« L'insécurité est la principale force du salaire au rendement, aux pièces comme au « boni ». Elle nous poursuit sans relâche. C'est pour cela que le salaire au rendement est considéré comme le plus stimulant de tous.

La contrainte ouverte et la dépendance qui caractérisent les salaires au temps, font place ici à une illusion d'indépendance. Ceux qui travaillent à la chaîne sur des machines automatiques ou semi-automatiques, servent des machines qui ne sont pas dirigées par eux, qui fonctionnent à une vitesse régulière, dont le rendement est fixé au préalable, et ils reçoivent un salaire déterminé d'avance, en général un salaire horaire. Ils ne peuvent atteindre un salaire plus élevé que par l'augmentation de leur temps de travail, par des heures supplémentaires. Le niveau de leur salaire horaire est décidé, dans un cadre fixé d'avance, par une décision individualisée : toi, tu recevras tant, et toi tant. Le chef qui a fixé le salaire peut de temps à autre l'augmenter, mais toujours selon son bon vouloir.

L'ouvrier salarié au temps sait donc ce qu'on attend de lui et ce qu'il peut attendre en retour. L'essence du travail salarié est, sans analyse économique aucune, parfaitement claire à ses yeux : ils ont acheté ses huit heures, la machine surveille son rythme de travail sans échapatoire possible et il a, en vérité, autant d'influence sur le prix de sa journée de travail qu'il en a sur le par qui, le comment, le quand, le pour qui et le pourquoi de l'utilisation de la valeur qu'il produit et dont il reçoit une faible part, à savoir son salaire. Il n'a pas les moyens de se perdre dans les détails, de considérer une partie de son travail comme « payée » et l'autre comme « non payée », de ressentir un travail comme bon et un autre comme « mauvais », il lui est impossible de s'imaginer qu'il pourrait, d'une manière ou d'une autre, par des trucs astucieux ou par un effort individuel, tourner le système à son avantage. S'il trouve quelque détail injuste, par exemple le niveau de son salaire, il aura beau se casser la tête pour découvrir une possibilité de changement, il devra soit tenir tout le système pour injuste, soit l'accepter en bloc (c'est comme ça), et n'attendre d'amélioration que d'un renversement du sort. Quelle que soit la position qu'il adopte, la contrainte, la dépendance, l'assujetissement qui sont l'essence même du travail salarié, si bien payé soit-il, sont évidents pour lui. Dès que cela lui est possible, il ménage sa peine ; quand il travaille plus vite ou qu'il enfreint les prescriptions technologiques, ce n'est pas pour produire davantage, comme le salarié aux pièces ; au contraire, s'il voit qu'il risque de dépasser la production exigée, il ralentit. Bref, le salaire au temps est une affaire claire, ce n'est pas une forme de salaire « stimulante ».

Le salarié au temps sait qu'il ne peut rien exiger, qu'il doit se dire qu'on lui donne quelque chose. Le salarié aux pièces sait lui aussi que sur telle ou telle question il n'a pas son mot à dire, mais il croit que l'argent, au moins, il lui est possible de le vouloir, et quand il l'a gagné, de penser qu'il l'a gagné en se battant. Chaque jour, il repart à zéro, chaque jour miroite pour lui à l'horizon le mirage de possibilités illimitées : car chaque forint [1] qu'il gagne est le fruit d'une lutte où intervient un élément tangible qui semble ne dépendre que de lui puisque, à côté des éléments extérieurs auxquels il ne peut rien changer, comme le matériel, les règlements, les barèmes de salaire, le contrôle, subsiste sa volonté. C'est lui qui fait fonctionner la machine, et il suffit de conditions habilement déterminées pour que la contrainte de ce travail, totalement étranger à l'écoulement de son temps et à sa vie morcelée en journées, s'estompe à chaque minute et prenne l'apparence de sa propre volonté, sans cesse à nouveau arrachée à lui-même. Il suffit que soit adroitement maintenue sa croyance en la possibilité, quelles que soient les circonstances, de se dépasser à chaque instant (autrement dit, d'arracher un petit peu plus d'argent que ce qu'on lui destine) et bientôt il ne remarquera plus

---

1 Forint = 100 fillers. Au cours officiel, 1 franc vaut 4 à 5 forints.

que sa volonté est comprise dans un froid calcul, qu'en se dépassant ainsi lui-même, loin de franchir des limites fixées, il ne fait que concourir à l'accroissement du profit et d'exigences qui se retournent contre lui.

L'insécurité est le grand sorcier du salaire aux pièces, elle redonne vie aux détails que le salarié au temps ne considère plus qu'avec indifférence quand il s'installe devant sa machine : la vitesse de la chaîne, la technologie, le salaire. Si le salarié au temps se sent dupé, c'est de façon totale, générale, absolue. Le salarié aux pièces, lui, ne pourrait pas travailler du tout s'il ne tenait pas l'accessoire pour l'essentiel, s'il commençait sa journée avec le sentiment résigné et passif d'être dupé. Qu'il soit dupé, certes il le sait ; mais sa participation active à sa propre duperie lui rend impossible de voir en celle-ci le fond même de son travail et de ses conditions de vie, comme le fait le salarié au temps » [1].

D. Nouvelles formes d'organisation du travail et gestion du temps de travail.

« Il y a crise de la qualification et des qualifications, parce que la réalité des activités de production se heurte à des contraintes économiques ou technologiques globales qui traduisent les impératifs de la reproduction du capital. Les hommes comme force productive sont étroitement corsetés dans le rapport social de production alors que les possibilités de diminuer la pénibilité du travail sont techniquement plus grandes que jamais » [2].

Les expériences actuelles d'élargissement ou d'enrichissement des tâches, de restructuration du travail, largement présentées et analysées déjà [3] par ailleurs, questionnent notre approche de la qualification dans la mesure où elles se fondent sur la polyvalence des travailleurs, leur responsabilité par rapport à l'objet technique et à la qualité de la production et sur une tentative de gestion collective du temps de travail.

Les expériences actuellement en cours en France sont très diverses. D'une part, les fondements conceptuels et méthodologiques ne sont pas les mêmes (Herzberg ou Throrsrud, Emery ou Davis, etc.), d'autre part, le champ qu'elles couvrent dans une entreprise peut aller d'une simple équipe de cinq personnes à une unité complète.

Nous pensons néanmoins qu'elles reposent toutes sur un même objectif : motiver le travailleur afin d'atteindre des niveaux de productivité plus élevés en utilisant les capacités technico-administratives ouvrières ignorées jusqu'alors par l'organisation taylorienne du travail. Si un effet secondaire

---

1 Miklos Haraszti « *Salaire aux pièces* », Le Seuil, 1976, pp. 52-54.

2 Pierre Naville (Entretien avec J.-M. Vincent) in « *Critiques de l'économie politique* », nouvelle série n° 1, octobre-décembre 1977, p. 14.

3 Notamment par le CEREQ « *L'organisation du travail et ses formes nouvelles* », bibliothèque du CEREQ, vol. n° 10, novembre 1976, La Documentation française.

de la restructuration du travail est la diminution de la pénibilité des tâches par l'abandon partiel de la parcellisation, ce qui fonde à notre avis cette nouvelle orientation c'est la nécessité structurelle pour le capital de maximiser ses bénéfices.

« Les ouvrières acceptent ce nouveau système qui a certains avantages : contrôle à effectuer, cycles plus longs, permutations de postes, 25 centimes de plus à l'heure... mais elles restent tout aussi dépendantes de la production imposée et ne sont nullement responsables de l'organisation de leur tâche... L'intérêt fondamental de ce changement était l'augmentation de la productivité, qui est considérable. »

Ces quelques extraits d'un rapport d'analyse [1] d'une expérience d'enrichissement des tâches dans une entreprise métallurgique démontrent que « la division du travail mise en cause ne concerne que la division du travail entre ouvriers et ne touche en aucune manière les prérogatives des cadres ni la division plus fondamentale entre la conception du travail qui continue à revenir aux bureaux d'étude et des méthodes et l'exécution du travail » [2]. La remise en cause de l'organisation du travail se fait donc au sein de la division taylorienne du travail en maintenant et renforçant la structure sociale de domination.

La gestion collective du temps de travail, dans des normes de production imposées, est généralement restreinte à une gestion quotidienne, au mieux hebdomadaire. En fait, le carcan temporel est toujours aussi strict même s'il permet quelques adaptations au coup par coup entre les ouvriers d'une même équipe ou d'un même atelier. L'intensité individuelle du temps de travail est moins contrôlée mais les normes de production collective restent élevées et non négociables.

Il ne nous semble donc pas qu'il y ait à travers l'enrichissement des tâches une requalification du travailleur qui l'amènerait à la fois à concevoir et exécuter. Travailler quarante heures ou plus par semaine ne permet pas de se consacrer à des activités sociales de gestion, de se former de façon permanente pour pouvoir occuper des fonctions multiples dans la production. *La qualification du travailleur reste inscrite dans la stricte exécution d'un travail programmé et conçu ailleurs.*

« Il faut ramener le temps de travail salarié à trente heures hebdomadaires. C'est à partir de là que peuvent se greffer de nouvelles formes de travail et de modalités de vie hors travail [3]. »

---

1 R.-P. Bodin et F. Ollagnier « *De l'élargissement des tâches aux groupes autonomes de travail* », Université des sciences sociales de Grenoble, 1976.

2 Cl. Durand « *Le travail enchaîné* », Le Seuil 1978, p. 174.

3 P. Naville, op. cit., in « *Critiques de 'économie poitique* », p. 18.

II QUALIFICATION ET TEMPS DE FORMATION

« L'élément essentiel de la qualification d'un travail, c'est le temps nécessaire à son apprentissage... temps minimum nécessaire dans un état social donné [1]. »

Si la notion de qualification ne résiste pas à l'analyse dès lors qu'on la confronte à la réalité de l'exploitation des individus au sein de l'appareil de production, elle n'en demeure pas moins la pierre angulaire de différenciation des travailleurs face au salaire. C'est qu'elle est la formalisation d'une autre mesure du temps : le temps de formation de la force de travail.

« La qualification de la force de travail sera considérée comme le résultat d'une comparaison sociale effectuée entre les diverses forces de travail, d'une mesure. Cette mesure exige que *les différentes forces de travail* ne soient pas considérées sous l'angle de leurs qualités immédiates, mais par le moyen de leur détermination commune, à savoir qu'*elles sont toutes le produit d'apprentissages variés sans doute, mais comparables et ordonnables par leurs durées respectives* [2]. »

Ce qui mesure en partie ces durées d'apprentissages, c'est la qualification conçue comme le produit variable et évolutif du rapport entre l'utilisation de la force de travail et le temps de formation nécessaire à la produire ou à la reproduire [3].

L'école joue là un rôle fondamental de reproduction de la hiérarchie sociale, comme forme détentrice du monopole de transmission du savoir élémentaire (savoir lire, écrire, compter), savoir théorique et livresque dont le contenu même fournit une inégale possibilité d'acquisition selon l'origine sociale et pré-détermine l'ensemble du cursus scolaire et ultérieurement professionnel.

Lieu géométrique abstrait de conciliation imaginaire des intérêts réellement contradictoires de classe, l'école est le lieu d'apprentissage de la discipline, de la soumission.

« Le rapport entre l'école et l'usine est double. D'une part, le problème de l'école est lié à celui de la qualification et du contrôle social sur l'organisation du travail et une utilisation différente de la science et de la technique peuvent dégager l'école de sa fonction d'institutionnalisation d'un travail improductif forcé » [4].

---

1 P. Naville « *Essai sur la qualification du travail* », édit. Marcel Rivière, 1956, p. 12.

2 P. Rolle, op. cit., souligné par nous.

3 « La dépréciation relative de la force de travail, qui résulte de la disparition ou de la diminution des frais d'apprentissage, entraîne pour le capital un accroissement immédiat de la plus-value ; car tout ce qui réduit le temps nécessaire à la reproduction de la force agrandit le domaine du surtravail. « K. Marx » « *Le capital* », Livre I, IVe partie, ch. XII, in « Critique de la division du travail », Le Seuil 1973.

4 Antonio Lettieri « Note su qualifiche, scuola e orari di lavoro » in « *Problemi del socialismo* », n° 49.

« Former un ouvrier » disait Frank Gilbreth, « veut simplement dire le rendre capable d'exécuter les ordres de son plan de travail. Dès qu'il peut le faire, sa formation est terminée quel que soit son âge » [1].

On peut donc, tout en admettant le rôle structurel joué par la formation initiale dans les définitions des itinéraires professionnels, reconnaître que l'adaptation ou l'inadaptation de l'emploi à la formation, est d'abord à rechercher du côté de l'appareil de production plutôt que le contraire. Mais cette adaptation précise de la formation reçue par un individu à l'activité qu'on lui destine ne serait-elle pas qu'une autre forme, approfondie, de la contrainte impersonnelle, inhérente au salariat, qui détermine déjà les divisions et les articulations de notre système d'enseignement ? Si les branches et filières de l'éducation correspondaient étroitement à des postes dans l'entreprise, les procédures d'attribution des emplois réglementeraient directement ceux de la transmission du savoir.

Or cette courroie de transmission directe entre formation et emploi, outre qu'elle semble difficilement réalisable (absence de prévisions d'emploi assez fines, évolution technologique, difficulté de maîtrise de la variable « temps ») n'est pas souhaitée par l'appareil de production pour plusieurs raisons. Tout d'abord la mise en place d'un tel dispositif implique la reconnaissance « a priori » des formations et permettrait ainsi d'inclure la variable formation dans la qualification, de manière quasi-mécanique. Or les entreprises ne peuvent accepter ce type de contractualisation de la qualification sur une base de formation.

De plus, dans l'hypothèse d'un système éducatif « ouvert », contradictoire et par là non mobilisant, l'adaptation de la force de travail à un emploi spécifique et limité, neutralisant la formation sur le tas par acquisition de connaissances supplémentaires (donc la constitution d'une force de travail « large » pouvant « se vendre » à l'extérieur de l'entreprise) serait rendue difficile. Car le leurre est là : les discours des représentants de l'appareil d'état sur la nécessaire mobilité des travailleurs ne disent pas l'essentiel : tout travailleur contraint ou « volontaire » à une mobilité interentreprise voit sa force de travail dévalorisée, démonétisée.

Les entreprises n'ont que faire de travailleurs surqualifiés par un appareil de formation extérieur à elles et qu'elles ne contrôlent pas complètement ; ce sont elles qui fixent les règles du jeu sur le marché de l'offre et de la demande de travail et une de ces règles consiste dans l'immobilisation de la force de travail pendant le temps nécessaire à sa rentabilisation, immobilisation nécessitant une adaptation étroite au poste et à l'entreprise.

Dans ce cadre, la formation initiale se voit attribuer un rôle d'apprentissage technique « à minima » (hormis sa fonction première de renforcement des inégalités) et la formation permanente, ou formation profes-

1 « *The writings of the Gilbreth* ». Homewood, 1953.

sionnelle continue, devient l'instrument privilégié de l'intégration des travailleurs, de l'immobilisation de la force de travail, de leur aliénation [1].

La formation du travailleur doit se faire selon les besoins du capital. « Avec l'organisation scientifique du travail, il n'y a pas d'ouvriers non qualifiés, ou du moins la main-d'œuvre ne reste pas sans qualification. On apprend à la main-d'œuvre non qualifiée la meilleure méthode possible... aucune main-d'œuvre n'est plus sans qualification après cet enseignement » [2].

La qualification n'est décidément plus qu'un artifice de la sociologie « libérale » visant à masquer qu'« être qualifié » c'est être, pour le travailleur, conforme à la norme.

« Le travailleur peut rester une créature sans connaissance et sans capacité, une simple « main » par laquelle le capital fait son travail, mais, tant qu'il est conforme aux besoins du capital, l'ouvrier n'est plus considéré comme non qualifié » [3].

---

1 Sur ce développement, voir l'article de Jean Vincens : « La formation contre l'emploi », « *Le Monde* », 8 et 9 janvier 1976 :
« D'abord le système de formation initiale ne distribuerait plus la majeure partie des droits d'accès aux emplois de tous niveaux, de sorte que ce droit serait, en partie au moins, repris par les employeurs... Peut-être verra-t-on se développer des pseudo-formations professionnelles destinées à procurer une qualification illusoire et inutile à chaque jeune travailleur... »
Le temps de formation prend une nouvelle dimension. Il est le contrôle, le garant de la modélisation du futur travailleur, le temps nécessaire pour lui inculquer l'acceptation de son statut social — formalisé en partie par la qualification — comme « naturel » et indiscutable.

2 F. Gilbreth, op. cit.

3 H. Braverman, op. cit. p. 359.

Librairies - Imprimeries Réunies
7, rue Saint-Benoit, 75006 PARIS
Tél. : 260-24-75 - 260-72-03